OEUVRES
DE
LE SAGE.

—

TOME IV.

DE L'IMPRIMERIE DE RIGNOUX.

OEUVRES
DE
LE SAGE.

AVENTURES
DU
CHEVALIER DE BEAUCHÊNE.

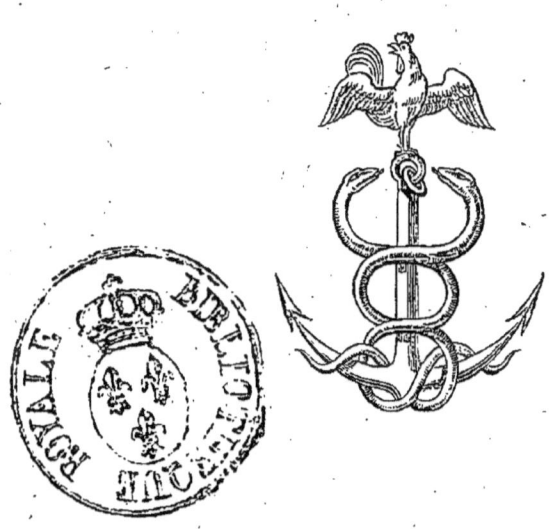

A PARIS,
CHEZ ANTOINE AUGUSTIN RENOUARD.

M. DCCC XXI.

LE LIBRAIRE

AU LECTEUR.

Le chevalier de Beauchêne, auteur de ces Mémoires, après avoir passé près de 50 ans au service du roi, tant sur terre que sur mer, vint en France avec une fortune considérable; mais la passion qu'il avoit pour le jeu le dérangea bientôt, sans parler de quelques affaires d'honneur, que son esprit brusque et violent lui suscita, et qu'il ne put accommoder qu'aux dépens de sa bourse. Il perdit plus des deux tiers de son bien à Brest, à Saint-Malo, à Nantes, et alla s'établir à Tours avec le reste. C'est dans cette dernière ville, qu'ayant pris querelle avec quelques Anglois, il se battit, le 11 décembre 1731, et trouva dans ce combat une mort qu'il avoit impunément affrontée dans les abordages les plus périlleux.

Dans les heures que sa fureur pour le jeu lui permettoit d'employer à d'autres amusements, il s'occupoit volontiers à mettre par écrit les événements de sa vie, à se rappeler tous les coups de main qu'il avoit faits, tous les dangers qu'il avoit courus : c'étoit, après le *Tope et tingue*, le plus grand de ses plaisirs.

Un autre motif l'excitoit encore à ce travail, qu'il regardoit comme utile à la société; il s'imaginoit qu'on lui sauroit un gré infini des moindres détails qu'il feroit des rencontres où il avoit commandé; puisque, selon lui, un capitaine de vaisseau et un simple patron de barque devoient avoir autant de prudence, d'adresse et de courage dans leur conduite qu'un amiral dans la sienne.

Peu de temps après la mort de M. de Beauchêne, un des amis de sa veuve et des miens m'écrivit de Tours, et me manda qu'il avoit déterminé cette dame à faire imprimer les Mémoires que son mari lui avoit laissés. Effectivement elle me les envoya, en me priant de les mettre au jour, s'ils ne me paroissoient pas indignes de la curiosité du public: je les ai lus, mon cher lecteur, et j'ai jugé qu'ils contenoient des choses qui pourroient vous être agréables; au reste, si dans quelques endroits vous trouvez le style un peu trop marin, souvenez-vous que c'est celui d'un flibustier.

AVENTURES

DU CHEVALIER

DE BEAUCHÊNE.

LIVRE PREMIER.

De l'origine de M. le chevalier de Beauchêne et des amusements de son enfance. Il se fait à sept ans enlever par les Iroquois, où il est adopté par un de ces sauvages. Ses occupations chez eux. Il est repris quelques années après par les Canadiens, et rendu à ses parents. Il s'associe avec quelques Algonquins, et fait avec eux diverses expéditions. Après avoir chassé quatre cents hommes, fait lever le siége de Port-Royal, et obligé cinq mille Anglois à se retirer, il quitte ses Algonquins, et se fait flibustier. Il va croiser sur les côtes de la Jamaïque, sous le capitaine Morpain, et ensuite sous le fameux Montauban, après la mort duquel il est élu capitaine.

Mon père et ma mère, François d'origine, allèrent s'établir en Canada, aux environs de Montréal, sur le fleuve Saint-Laurent. Ils vivoient là dans cette heureuse tranquillité que procure aux Canadiens la soumission que le gouvernement exige d'eux. J'aurois été bien élevé, si j'eusse été disciplinable; mais je ne l'étois point. Dès mes premières années, je me montrois si rebelle et si mutin, qu'il y avoit sujet de douter que je fissé jamais le moindre honneur à ma famille. J'étois emporté, violent, toujours prêt à frapper et à payer avec usure les coups que je recevois.

Je me souviens que ma mère voulut un jour m'attacher à un poteau pour me châtier plus à son aise, et que n'en pouvant toute seule venir à bout, tout petit que j'étois, elle pria un jeune prêtre, qui venoit au logis m'apprendre à lire, de lui prêter la main. Il lui rendit ce service fort charitablement, dans la pensée que cette correction pourroit m'être utile. En quoi certes il se trompa. Bien loin de regarder son action comme un trait de charité dont je lui étois redevable, elle passa dans ma petite tête pour une injure qui me déshonoroit, et que je devois laver dans son sang.

Je tournai donc toute ma fureur contre ce pauvre diable de maître, et je résolus de le tuer. Me sentant trop foible pour exécuter seul un si grand projet, je le communiquai à plusieurs enfants, aussi méchants que moi, qui ne manquèrent pas de l'approuver, et de m'offrir leurs bras pour une mort si juste. Les conjurés se munirent de pierres, et assaillirent tous ensemble le misérable auquel ils en vouloient; de façon qu'il auroit éprouvé le sort du premier martyr chrétien, si quelques personnes qui passèrent par hasard dans ce temps-là, ne l'eussent dérobé à nos coups. Ce bon ecclésiastique, nommé Periac, est revenu en France dans la suite. Il demeure actuellement à Nantes, dans un séminaire dont il est supérieur. Il n'y a pas trois mois que je l'ai vu, et c'est lui qui m'a fait souvenir de ce bel exploit, en me disant qu'il étoit ravi d'avoir fait une fausse prédiction, ayant prédit dans mon enfance que je me ferois tuer avant que j'eusse de la barbe.

Mes parents qui me voyoient faire tous les jours quelque espiéglerie, comme celle dont je viens de parler, ne jugeoient pas de moi plus favorablement, et je m'étonne aujourd'hui que je sois encore au monde, après m'être tant de fois exposé à périr. Jamais enfant n'a fait paroître tant de disposition à devenir un querelleur furieux, un nouvel Ismaël fils d'Agar. Je n'étois pas content que je n'eusse entre les mains couteaux, flèches, épées, pistolets : c'étoient là mes poupées. On faisoit de moi tout ce qu'on vouloit, quand on me promettoit de ces armes ; et si l'on avoit l'imprudence de m'en donner, je les essayois sur les premiers animaux que je rencontrois. Je n'avois pas sept ans, qu'il ne restoit ni chat, ni chien, ni porc dans le voisinage. C'est ainsi que j'exerçois ma valeur, en attendant que je fusse assez fort pour en faire un plus noble usage, et combattre avec mes trois frères contre les Iroquois.

Ces sauvages, gagnés par les présents des Anglais, faisoient quelquefois des courses jusqu'aux portes de Montréal, ils entroient dans le pays par pelotons, se tenoient cachés dans les bois pendant le jour, se rassembloient la nuit, et venoient fondre sur quelque village. Ils le pilloient, puis se retiroient promptement avec leur butin, après avoir mis le feu aux choses qu'ils ne pouvoient emporter. Mais ils avoient grand soin, surtout, de ne pas oublier les chevelures de ceux qu'ils avoient tués. Je les ai souvent vus couper de ces chevelures, et sans contredit ils s'y prennent plus adroitement que les barbiers d'Europe pour ne point perdre de cheveux, puisqu'ils arrachent en même temps la peau de dessus le crâne. Ils étendent ces peaux sur de petits cercles d'osier, et les conservent précieusement. Voilà les drapeaux qu'ils aiment à prendre sur leurs ennemis.

Il faut voir de quel œil on regarde ces trophées chez les Iroquois. On juge de leur courage par la quantité de chevelures qu'ils possèdent. Ils sont honorés et respectés à proportion, sans toutefois que la gloire d'un père qui se sera distingué des autres par son courage, influe le moins du monde, comme en Europe, sur un fils qui paroîtra indigne de lui.

La troupe d'Iroquois, qui se faisoit le plus redouter vers Cambry et Montréal, avoit pour chef un sauvage des plus célèbres. Il auroit pu lui seul fournir de cheveux le perruquier de Paris le plus achalandé. C'étoit la terreur du Canada. Ce terrible mortel s'appeloit *la Chaudière Noire*. Il n'y a personne en ce pays-là qui puisse se vanter de n'avoir pas frémi à ce nom formidable. Croira-t-on bien que l'on demandoit dans les prières publiques d'être délivré de sa rage ; de même qu'autrefois, dans certaines provinces de France, les peuples prioient Dieu de les délivrer de la fureur des Normands.

Tout ce que j'entendois dire de ce fameux sauvage, m'inspiroit moins de crainte que d'envie de le voir. Je savois que les Iroquois, au lieu de tuer les enfants, avoient coutume de les emporter pour les élever parmi eux. Cela me fit souhaiter qu'ils m'enlevassent. Je suis curieux, disois-je, de connoître ces gens-là par moi-même, et d'éprouver si j'aurai aussi peu d'agrément dans leur habitation, que j'en ai dans ma famille, où l'on me gronde et contredit à tout moment. Les sauvages sans doute me laisseront manier des armes à discrétion ; loin de combattre, comme mes parents, le plaisir que je prends à m'en servir, ils verront avec joie mon humeur belliqueuse, et me donneront des occasions de l'exercer. Je formai donc le dessein de les aller joindre dès la première course qu'ils feroient vers Montréal ; ce qui ne manqua pas d'arriver peu de temps après, ainsi que je vais le raconter.

M. de Frontenac s'embarqua pour passer en France. A peine fut-il parti, que les Iroquois voulurent profiter de son absence pour se venger des ravages qui avoient été faits l'année précédente dans un de leurs cantons [1] par messieurs de Denouville, de Caillères, et de Vaudreuil. Ainsi de toutes parts on n'entendit plus parler que de villages surpris, pillés et brûlés. Pour moi, j'attendois impatiemment que la troupe de *la Chaudière Noire* s'approchât de nous, lorsqu'un soir l'alarme se répandit dans nos quartiers. Les hommes courent aux armes, et se préparent à défendre la patrie. Quel sujet de ravissement pour mes yeux, de voir tout le monde s'apprêter au combat. Au lieu de me cacher avec les femmes, je me disposai à suivre mes frères, qui étoient en âge de se servir de leurs épées pour la défense de nos dieux pénates, et je m'écriai, dans l'excès de la joie qui me transportoit, que j'étois bien aise de voir ce sauvage dont le nom retentissoit de tous côtés : ce qui m'attira de la part de ma mère une réprimande précédée d'un soufflet, qu'à la vérité je n'osai rendre, mais que je me promis bien de ne pas laisser impuni. Je m'échappai de ses mains, quelques efforts qu'elle fît pour me retenir, et courant vers le lieu où j'entendois tirer, j'arrivai sur le champ de bataille, résolu de m'en-

---

[1] C'est celui des Sonontouans, qui fut ravagé en 1687.

fuir avec les Iroquois, ou, s'ils dédaignoient de me prendre, d'être du moins spectateur du combat, tant pour me venger de ma mère, que pour jouir d'un spectacle qui m'étoit agréable.

Les sauvages firent leur coup en moins d'un quart d'heure. Ils tuèrent une trentaine de personnes, avant qu'on fût en état de les repousser, mirent le feu à plusieurs maisons, et se retirèrent avec un butin plus gros que riche, et quelques prisonniers, parmi lesquels mon frère aîné eut le malheur de se trouver. Comme je cherchois des yeux les Iroquois, j'en aperçus douze ou quinze qui démeubloient une maison avant que de la brûler, et qui enlevoient deux petits enfants. Je criai aussitôt à pleine tête : *Quartier! messieurs! quartier! Je me rends; emmenez-moi avec vous.*

Je ne sais s'ils m'entendirent; mais je me présentai à eux de si bonne grâce, qu'ils ne purent me refuser la satisfaction d'être leur prisonnier. L'un d'entre eux me prit sur ses épaules, et nous rejoignîmes promptement le gros de la troupe. Ce qu'il y a de singulier, c'est qu'au lieu de pleurer comme les autres petits garçons, je tenois dans mes mains un chaudron et un vase d'étain, que le sauvage qui me portoit avoit quittés pour me mettre sur ses épaules.

Après une marche de huit à dix lieues, les Iroquois, remarquant l'approche du jour, s'arrêtèrent dans le bois pour s'y reposer jusqu'au soir. Comme ils alloient se remettre en chemin, ils furent tout à coup attaqués par deux cents, tant Canadiens qu'Algonquins, qui malheureusement ne s'étant pas aperçus assez tôt du lieu où les prisonniers étoient attachés, ne purent les délivrer. Les Iroquois qui les gardoient, ayant ouï le cri [1] de guerre, se hatèrent de les assommer.

On a bon marché des Iroquois lorsqu'on les surprend. Ils aiment mieux attaquer que se défendre. Aussi prirent-ils bientôt la fuite, nous emportant sur leurs épaules, et laissant neuf des leurs au pouvoir de leurs ennemis.

Les Canadiens qui venoient de faire une si brusque expédition, étoient commandés par MM. de Maricour, de Sainte-Hélène, et de Longueil, frères de M. d'Iberville, chef d'escadre; tous trois pleins de valeur, et des premiers de Montréal [2]. Ces braves officiers, poussés par les sollicitations de mes deux autres frères, firent cette tentative pour arracher des mains des sauvages mon aîné et moi.

Dans le canton d'Iroquois où je fus mené, l'on avoit coutume de brûler les prisonniers qu'on faisoit. On les lioit à un poteau, autour duquel on allumoit quatre feux à une distance assez grande, pour que ces misérables fussent des deux et quelquefois des trois jours entiers à rôtir avant que d'expirer. Les Canadiens souvent avoient menacé ces sauvages de les traiter de la même façon, s'ils n'abolissoient cette barbare coutume, et ne faisoient meilleure guerre. Les Iroquois avoient

---

[1] Ce cri que les Canadiens ont imité des Sauvages, est un hurlement qui se fait en frappant plusieurs fois de la main sur la bouche. Il sert à deux fins : à effrayer l'ennemi que l'on surprend, et de signal en même temps.

[2] Ces trois messieurs ont des biens considérables dans le pays, et surtout M. de Longueil, qui possède une terre de ce nom, située au sud de Montréal, belle, riche, bien peuplée, et qui a sept à huit lieues de longueur.

toujours méprisé leurs menaces; de sorte que M. de Maricour et ses frères, quelque horreur qu'ils eussent pour une pareille inhumanité, crurent qu'ils devoient à leur tour l'exercer sur les neuf prisonniers qu'ils venoient de faire.

Tout le monde sait que chez ces sauvages un homme qu'ils ont pris, à quelque genre de mort qu'ils le réservent, peut être dérobé au supplice par un des assistants qui l'adopte, en lui jetant un collier au cou, et une couverture sur le corps, sans autre cérémonie. Or, il faut observer que ce M. de Maricour dont je viens de parler, avoit autrefois été enlevé par les Iroquois, et adopté de cette sorte; et qu'ayant trouvé moyen de s'échapper de leurs mains, il étoit revenu à Montréal.

Il vouloit donc par représaille, comme chef de l'expédition, que les neuf sauvages qu'il avoit pris fussent brûlés. Il y étoit encore poussé par mes parents, qui demandoient leur trépas avec de fortes instances, et tous les Canadiens y consentoient; mais M. de Saint-Vallier, évêque de Québec, se trouvant alors à Montréal, où il étoit venu donner la confirmation, s'y opposa de tout son pouvoir. Il tint au peuple un discours très pathétique, et employa jusqu'aux larmes pour exciter sa compassion. Cependant la politique rendit inutile l'éloquence du prélat. M. de Maricour fut inexorable, et tous les spectateurs jugèrent aussi qu'on devoit dans cette occasion préférer la cruauté à la douceur.

On attacha les prisonniers chacun à un poteau, et l'air aussitôt retentit de leurs voix. Ils commencèrent à chanter ce qu'ils appellent leur chanson de mort. Cette chanson contient ordinairement l'énumération des personnes qu'ils ont tuées dans leurs courses, et le nombre des chevelures qui parent leurs cabanes. Malgré l'appareil effrayant de la mort qui les environne, ils paroissent tranquilles; on ne voit sur leur visage aucune impression de crainte ni de douleur. Ils regardent comme une marque de lâcheté d'avoir peur de mourir, et même de ne pas chanter quand on va perdre la vie. Il y a peu d'Européens capables d'un si grand sang-froid.

Tandis que M. de Maricour donnoit ses ordres pour le supplice des neuf Iroquois, il s'aperçut que le plus apparent d'entre eux ne chantoit pas, et qu'au lieu de témoigner autant de gaieté que ses compagnons, il étoit enseveli dans une profonde affliction. Il lui en fit des reproches en langue iroquoise qu'il savoit bien. Comment donc, ami, lui dit-il, tu manques de fermeté! Il semble que tu finisses tes jours à regret? tu te trompes, lui répondit le sauvage : ce n'est point la mort qui m'afflige et m'empêche de chanter. Je suis plus brave que toi. Regarde mon casse-tête [1]; tu y verras les marques de cinquante-cinq ennemis que j'ai tués. Ce qui m'attriste en ce moment, ajouta-t-il, c'est de t'avoir arraché toi-même, il y a dix ans, au sort que tu me fais éprouver aujourd'hui. A ces mots, M. de Maricour envisagea l'Iroquois avec plus d'attention qu'auparavant, et le reconnut pour le sauvage qui l'avoit adopté. Il court à lui d'abord en l'appelant son père; il l'embrasse avec transports à plusieurs reprises. Ensuite se tournant vers le peuple, il lui de-

---

[1] Espèce de massue recourbée par le bout, et un peu coupante dans sa convexité.

mande la grâce de ce sauvage. Le peuple, déjà tout attendri de cette reconnoissance, commençoit à crier qu'on le déliât, quand un nommé Cardinal, jeune bourgeois de Montréal, dont le frère avoit été tué dans la dernière expédition, s'étant brusquement approché de l'Iroquois qu'on vouloit sauver, lui plongea dans l'estomac le couteau que l'on porte attaché à la jarretière dans ces pays-là; ce qui fit beaucoup de peine à M. de Maricour.

Après qu'on eut fait brûler sept des huit prisonniers qui restoient, on laissa le huitième exposé deux ou trois heures aux feux qui étoient allumés autour de lui, afin qu'il pût parler plus pertinemment des douleurs cuisantes que ses camarades avoient souffertes, lorsqu'il seroit de retour dans son canton, où il fut renvoyé pour dire aux siens, que s'ils ne cessoient de brûler leurs prisonniers, ils devoient s'attendre au même traitement. Cet exemple de sévérité eut plus de force sur les Iroquois, que la douceur avec laquelle on en avoit usé toujours avec ceux d'entre eux qui avoient été pris. Effectivement on les renvoyoit libres, et quelquefois même chargés de présents. Ils ne brûlèrent presque plus de Canadiens depuis ce temps-là. Mais quelques Hurons, et grand nombre d'Algonquins me donnèrent cet amusement pendant les six années que je demeurai chez les Iroquois.

En arrivant dans le village, je retrouvai une mère. Une femme qui venoit de perdre dans le combat un de ses enfans avec son mari, m'adopta; faisant choix d'un autre époux, elle fut bientôt consolée. Mais je parle en Européen; elle n'avoit pas besoin de consolation : bien loin de s'affliger de la perte qu'elle venoit de faire, elle s'en réjouissoit : outre l'honneur infini que faisoient rejaillir sur elle les défunts qui étoient morts glorieusement pour le pays, ils lui laissoient pour succession une copieuse quantité de chevelures.

Il y avoit plusieurs enfants de mon âge dans la cabane, et un assez grand nombre dans le village. Je crus n'avoir rien perdu, puisque je me voyois un père, une mère, des frères et des compagnons. Mais ce qui me plaisoit le plus dans mes nouveaux parents, c'est qu'au lieu de m'empêcher, comme les premiers, de toucher aux armes, ils m'apprenoient à m'en servir, et m'y laissoient exercer continuellement. Je m'attirois néanmoins de temps en temps des corrections un peu rudes, parce que je cherchois souvent querelle, et que j'en venois aux mains avec d'autres petits garçons que je blessois dangereusement. Il y avoit tous les jours quelque tête cassée de ma façon. Ce qui étoit cause que mes parents sauvages vouloient quelquefois me renvoyer en Canada, quoiqu'ils m'aimassent tendrement. Ils ne pouvoient pourtant s'y résoudre, car je leur témoignois une si grande répugnance à les quitter, quand ils me menaçoient de me faire conduire à Montréal, que je les attachois plus fortement à moi. J'allai en course contre d'autres sauvages, et l'on me mit des grandes parties de chasse dès l'âge de douze ans. Il est vrai que j'étois plus robuste et plus formé que les autres jeunes gens ne le sont à dix-huit ; sans cette force qui a toujours été en augmentant jusqu'à ce jour, et qu'on peut appeler extraordinaire, j'aurois péri dans cinquante occasions où seule elle m'a sauvé la vie.

Je pourrois mieux que personne faire ici une fidèle peinture des usages et des mœurs des Iroquois; mais il y a tant de ces faiseurs de relations, que je laisse de bon cœur à d'autres le plaisir de faire connoître ce qu'il y a de faux dans celles qui sont entre les mains de tout le monde. Ayant été élevé parmi ce peuple sauvage, je dois être bien instruit de ses coutumes. J'en ai même tellement pris l'esprit, que je me suis regardé long-temps comme Iroquois. Il m'a fallu plusieurs années, je ne dis pas pour vaincre, mais seulement pour adoucir un peu cette férocité que j'avois contractée avec ces hommes si différents des autres, et dont le genre de vie ne flattoit que trop mes inclinations.

Je ne respirois que les combats. Cependant quelque envie que j'eusse de me battre, je refusois de suivre mes parents, quand ils alloient en guerre contre les Canadiens, et même contre les Algonquins; ce qu'ils faisoient assez souvent pour plaire aux Anglois qui les y engageoient, et leur envoyoient pour cela quantité d'armes, de quincaillerie et d'eau-de-vie. Ils firent de si fréquentes courses en Canada, que M. de Frontenac, qui en étoit gouverneur, se mit à leurs trousses vers l'année 1695, et vint piller le canton où je demeurois. Nos sauvages eurent cette obligation aux Anglois qui étoient avec nous, et qui leur avoient fait entendre que rien n'étoit plus aisé que d'arrêter M. de Frontenac sur la frontière même.

On ne sauroit être plus embarrassé que je le fus dans cette occasion. Je ne voulois point absolument combattre contre les Canadiens; les Iroquois me croyant assez fort pour payer de ma personne, menaçoient de me tuer si je ne faisois comme les autres. Quel parti prendre? Heureusement pour moi l'amour que je conservois pour ma patrie ne fut pas mis à une forte épreuve, puisque les Canadiens entrèrent dans notre canton en si bon ordre, qu'il nous fallut reculer et le laisser ruiner, sans pouvoir rien entreprendre contre eux, ni leur faire d'autre mal que de tuer quelques sentinelles la nuit à coups de flèches.

Comme ils bornoient leurs ravages à détruire, arracher, brûler, sans profiter de nos dépouilles, ils se lassèrent bientôt d'exercer une fureur infructueuse. Ils retournèrent sur leurs pas. Ce que nous n'eûmes pas plus tôt remarqué, qu'il nous prit envie de les poursuivre, donnant plus à la vengeance que nous n'avions fait à la défense du pays. Nous ne songions nullement à des attaques générales. Chaque chef de village conduisoit son monde ainsi qu'il le jugeoit à propos. Divisés en trois ou quatre troupes, nous ne fîmes pendant plusieurs jours que côtoyer les ennemis, et voltiger la nuit sur leur aile gauche, sans pouvoir les entamer.

Un soir pourtant nous en aperçûmes environ deux ou trois cents, qui, ne nous croyant pas si près d'eux, s'étoient retirés dans une prairie assez loin du reste de leur armée. Nous résolûmes d'enlever ce petit corps que nous attaquâmes un peu après minuit. Je me mis de la partie, sur l'assurance qui me fut donnée que c'étoient des Hurons qui prenoient sur la gauche pour gagner leur pays le long du grand lac. Nous en tuâmes d'abord une demi-douzaine; mais quatre ou cinq pelotons, qui étoient comme des gardes avancées, nous reçurent de si bonne grâce, qu'ils nous mirent bientôt en désordre et en fuite. Ils nous choisissoient à la lueur des feux allumés autour de leurs troupes, et ne perdoient pas un coup de fusil.

La passion que j'avois pour la guerre, ne me permettant pas d'être des premiers à me retirer, je fus enveloppé avec mon père adoptif, qui, voulant me dégager de cinq ou six Canadiens qui m'environnoient, se trouva pris avec moi. Nous fûmes attachés à des arbres, et nous comptions bien qu'on nous feroit brûler dès qu'il seroit jour. Je n'étois pas trop content de l'être si jeune; et ce qui me mortifioit encore plus qu'une mort prématurée, c'est que, n'ayant pas tué d'ennemis, je n'avois rien à dire pour chanson de mort. Mon père sauvage entrant dans ma peine, me disoit pour me consoler, qu'il suffisoit pour mourir en brave homme, que j'eusse été pris les armes à la main.

Quoiqu'il dût être persuadé qu'il seroit sauvé avec moi si je me faisois connoître, il m'exhortoit cependant à ne pas découvrir que j'étois Canadien. Je le lui promis sans savoir pourquoi, et sans lui témoigner qu'il me sembloit que c'étoit faire le fin fort mal à propos. Trop de vivacité néanmoins m'empêcha de lui tenir parole. Parmi ceux qui vinrent nous examiner lorsqu'il fut jour, un grand homme me prit le menton pour me regarder en face, et dit ensuite aux autres : Parbleu, messieurs, en voici un bien jeune; ce seroit dommage de le faire rôtir, ce n'est qu'un enfant. A ces paroles que je ne pus souffrir patiemment; je lui dis en colère: Grand benêt, on n'a qu'à me délier et me lâcher après toi, tu verras si je ne suis qu'un enfant.

Mon emportement causa une extrême surprise aux Canadiens, qui s'approchèrent de moi en foule pour me considérer avec toute l'attention que leur paroissoit mériter un jeune Iroquois qui parloit si bien la langue françoise. Nous fûmes aussitôt détachés, mon père sauvage et moi. L'on nous conduisit au commandant, qui, m'ayant fait avouer que j'étois Canadien, nous offrit la vie, si nous voulions qu'il nous emmenât avec lui. J'acceptai son offre sans balancer, comptant bien que je m'enfuirois dès la première occasion qui s'en présenteroit. Pour le sauvage, il refusa de me suivre, et ne cessa de me faire des reproches, jusqu'à ce que lui ayant fait donner la liberté, je lui eus promis de le rejoindre dans peu.

L'officier qui commandoit la troupe des Canadiens que nous avions attaqués si mal à propos, s'appeloit alors M. Legendre. Je dis alors, parce que je l'ai connu depuis sous le nom de comte de Monneville. J'ai couru bien des aventures avec lui, comme on le verra dans l'histoire de ma vie. Nous conçûmes dès ce temps-là l'un pour l'autre une amitié qui dure encore aujourd'hui.

Il emmenoit esclaves plusieurs femmes iroquoises et beaucoup d'enfants. J'appréhendois fort d'aller avec lui sur le même pied; et dans ce cas je me proposois de me faire connoître à mes parents de Montréal. Mais ma crainte fut vaine. Il me fit donner la paye de soldat dans une méchante bicoque où il commandoit à une cinquantaine de lieues au nord de Chambly, et j'y jouis d'une entière liberté. Il fit plus, mon air dégourdi lui plut. Il me mit de toutes ses parties, m'obligea de manger à sa table, et me traita comme son égal.

Beauchêne.

Nous passions les jours dans une belle habitation qu'il avoit dans le pays, et à laquelle tout autre que moi se seroit trouvé trop heureux de se fixer. M. Legendre menoit là une vie douce et très rangée; cela ne me convenoit point. Aussi me fut-il impossible de m'en accommoder long-temps, et de répondre à l'amitié qu'il avoit pour le repos; il me falloit des fatigues, des courses, des combats, ou du moins quelques querelles pour m'amuser, et je n'en avois là aucune occasion. Cependant dans un séjour si tranquille, M. Legendre et moi nous pensâmes mourir de mort violente.

Un officier du fort me voyant un matin avec des soldats, qui, pour chasser le mauvais air, buvoient de l'eau-de-vie, se joignit à nous. Notre entretien rouloit sur les Iroquois. Les soldats étant bien aises de s'instruire à fond des mœurs de ces sauvages, me faisoient des questions, et je prenois plaisir à satisfaire leur curiosité. L'officier, se mêlant à la conversation, se mit aussi à m'interroger. Après quoi, me priant de le suivre, il me mena dans son cabinet; il tira d'une armoire une bouteille qu'il décoiffa, prit un verre qu'il remplit, et me le présenta. Buvez de ce vin, me dit-il; je crois qu'il sera de votre goût. Je portai le verre à ma bouche; je mouillai seulement mes lèvres, et fis la grimace comme un homme qui n'aimoit point cette liqueur. Comment donc, s'écria-t-il, est-ce que vous trouveriez ce vin mauvais? Très mauvais, lui répondis-je, avec toute la franchise d'un sauvage qui ne sait point mentir par politesse. Je vois bien, reprit-il en riant, que vous ne vous y connoissez guère; c'est un des meilleurs vins de France. Je suis persuadé que M. Legendre en jugeroit autrement que vous. Je voudrois bien, ajouta-t-il, partager avec lui une petite provision que j'ai de ce bon vin, et dont on m'a fait présent; mais c'est ce que je n'oserois lui proposer moi-même. Nous sommes un peu brouillés, et peut-être recevroit-il mal mon compliment. Il faut, par votre adresse, nous réconcilier tous deux. Je ne demande pas mieux, lui repartis-je; apprenez-moi seulement de quelle façon je m'y dois prendre. Il n'y a rien de plus facile, me dit l'officier; faites-lui goûter de mon vin, sans lui dire d'où il vient; et s'il le trouve excellent, comme je n'en doute pas, vous m'en avertirez secrètement. Je lui en enverrai quelques bariques; et j'ai dans la tête que ce petit présent donnera lieu à notre réconciliation.

J'approuvai fort ce projet de raccommodement, et je promis de bonne foi de travailler à le faire réussir. Je reçus de la main de l'officier une bouteille bien cachetée, et je l'assurai que j'en ferois l'usage qu'il désiroit. Par le plus grand bonheur du monde, je ne quittai pas sur-le-champ l'officier; je m'amusai encore quelque temps avec lui; ensuite je me retirai sans emporter la bouteille que je laissai par oubli, dans le fort, et j'allai retrouver mes deux soldats avec qui je continuai jusqu'à la nuit à chasser le mauvais air. Le lendemain matin, m'étant ressouvenu que je n'avois pas fait ce que souhaitoit l'officier, je me disposois à retourner chez lui, lorsqu'un soldat vint m'annoncer qu'on l'avoit trouvé, ainsi que ses deux domestiques, morts dans leurs lits, et tous trois du même poison, suivant le rapport du chirurgien. Je ne doutai point que ce funeste accident ne fût l'ouvrage de la bouteille de réconciliation; et après avoir conté à M. Legendre ce qui s'étoit passé le jour précédent entre l'officier et moi, nous fîmes là-dessus mille raisonnements, sans pouvoir comprendre comment cela s'étoit pu faire, et sans oser décider si le défunt étoit innocent ou coupable. Quoi qu'il en soit, je remerciai Dieu de ne m'avoir pas donné de ces tempéraments posés et flegmatiques, qui songent à tout, et n'oublient pas le moindre article des commissions dont ils sont chargés.

Ce triste événement, quoique M. Legendre n'eût rien à se reprocher, ne laissa pas de le mettre dans la nécessité d'aller à Quebec. Il me proposa de faire avec lui ce petit voyage, et j'acceptai volontiers la proposition. En passant par Montréal, je voulus par curiosité voir mes parents sans me faire reconnoître. Je m'imaginois que c'étoit une chose aisée; je me trompois : ma résolution ne put tenir contre les mouvements de tendresse que la nature inspire dans ces occasions. Quand j'abordai mon père et ma mère, ces deux noms sortirent de ma bouche malgré moi, au lieu de ceux de monsieur et de madame que je croyois seulement prononcer.

Je fus reçu au logis comme l'enfant prodigue. Les auteurs de ma naissance remercièrent le ciel de mon retour; pour mes frères, qui ne m'avoient jamais aimé, ils en eurent peu de joie; et les voisins en frémirent. Ces derniers se souvenant encore de mes espiègleries, frémirent en me revoyant. Mon père et ma mère allèrent avec empressement demander ma liberté à M. Legendre, qui ne put la refuser à leurs instances, quelque chagrin qu'il eût de me perdre.

On juge bien qu'un garçon de mon humeur ne pouvoit faire un long séjour dans la maison paternelle sans s'y ennuyer. Je regrettai bientôt mes sauvages : je n'étois pas tout-à-fait le maître au logis; ce qui me paroissoit un état trop gênant : je trouvois fort dure la nécessité d'être soumis au droit que mon père et ma mère avoient de me faire des réprimandes impunément. A l'égard de mes frères, quoiqu'ils fussent officiers et mes aînés, je les mis sur un bon pied. Je les accoutumai à plier devant moi, aussi-bien que les étrangers, qui, pour n'être pas obligés d'avoir tous les jours les armes à la main, aimoient mieux se résoudre à souffrir mes airs de hauteur.

Pour éviter l'oisiveté dans laquelle je ne pouvois manquer de tomber, je me donnai tout entier à la chasse. Pour cet effet, je m'associai avec des Algonquins; et vivant plus en sauvage qu'en Canadien, j'étois souvent des six mois sans revenir chez mes parents, qui, loin de se plaindre de ces longues absences, m'en savoient alors fort bon gré. Quelquefois aussi je revenois avec une troupe d'Algonquins qui m'avoient choisi pour leur chef, et qui suivoient mes ordres. En arrivant dans Montréal à leur tête, j'étois plus fier qu'un général; et malheur aux bourgeois qui ne me saluoient pas profondément, ou qui m'osoient regarder entre deux yeux.

Une affaire que j'eus dans cette ville vers le milieu de l'année 1701, m'attacha tout de bon à mes Algonquins. Voici le fait : Nous nous chargeâmes environ cent Canadiens et moi d'escorter M. de La Mothe Cadillac, qu'on envoyoit avec deux officiers subalternes, à près de deux lieues de Montréal, commander au détroit [1]. Quand nous fûmes à l'endroit qu'on nomme le saut de la Chine, parce qu'il y en a un en effet sur le fleuve de Saint-Laurent, et qu'on est obligé d'y faire le portage, M. de Cadillac s'avisa de visiter les canots, pour voir si nous n'emportions pas plus d'eau-de-vie qu'il n'étoit permis. Il en découvrit de contre-bande dans plusieurs canots. Il éleva aussitôt la voix, et demanda d'un ton de maître à qui elle étoit. Il y avoit auprès de lui un de mes frères qui lui répondit, sur le même ton, qu'elle nous appartenoit, et que ce n'étoit point à lui à y trouver à redire.

Cadillac étoit gascon, et par conséquent vif. Il brusqua mon frère, qui tomba sur lui l'épée à la main. Cadillac le reçut en brave homme; et le faisant reculer, il alloit le désarmer lorsque, me jetant entre eux deux, j'écartai mon frère pour prendre sa place, et je poussai à mon tour si vivement son ennemi, que celui-ci n'eut pas sujet d'être fâché qu'on nous séparât. Je crois qu'il est encore vivant; qu'il me donne, s'il l'ose, un démenti.

Nous n'étions qu'à trois lieues de Montréal, Cadillac y retourna pour porter ses plaintes. J'eus l'indiscrétion de l'y suivre, au lieu de me retirer avec mes sauvages. M. de Champigny, qui étoit alors intendant, me fit dire à mon arrivée de lui aller parler. On me conseilla de m'enfuir. Je rejetai ce conseil, qui me parut moins prudent que timide, et ne balançai pas

---

[1] Le détroit est un établissement avec un bon fort, qui a été fait par ordre de M. de Pontchartrain, sur la rivière ou le canal qui joint le lac Huron au lac Érié.

un moment à me rendre chez l'intendant, sans être agité de la moindre frayeur. Je croyois, au contraire, qu'il devoit lui-même craindre, et qu'il ne seroit pas assez hardi pour me dire quelque chose de désobligeant.

J'entrai dans la salle d'un air effronté, habillé en sauvage à mon ordinaire. Je me souviens qu'il y avoit autour de lui plus de cinquante officiers, outre M. de Ramesé, gouverneur de la place, et plusieurs dames. Approchez, me dit d'un air assez doux l'intendant, approchez, monsieur le mutin. C'est donc vous qui tirez l'épée contre vos officiers? Oui, monsieur, lui répondis-je, c'est moi; et je l'ai dû faire pour ne pas laisser égorger mon frère à mes yeux. Votre frère, reprit-il, est un rebelle qu'il ne falloit pas imiter, et qui subira la rigueur des peines portées par les ordonnances, si on le peut attraper. Pour vous, je vous condamne au cachot, où vous demeurerez, s'il vous plaît, jusqu'à ce que M. de La Mothe veuille bien vous pardonner.

Je suis persuadé que l'intendant ne vouloit que me faire peur, et qu'on étoit convenu que M. de Ramesé avec les autres officiers demanderoient grâce pour moi, si je me soumettois sans murmure à l'arrêt prononcé; mais il n'y eut pas moyen. Le terme de cachot me fit monter le feu à la tête; et regardant M. de Champigny d'un air irrité : Ce ne sera pas, lui répondis-je fièrement, tandis que j'aurai mon sabre que j'irai au cachot, ni tant que mes sauvages seront dans la place. Là-dessus je fis quelques pas pour sortir; alors tous les officiers se mirent au-devant de moi, me désarmèrent en m'assurant qu'il ne me seroit rien fait, si j'obéissois à M. l'intendant. Comme je n'en voulois rien faire, malgré tout ce qu'on me pouvoit dire, les gardes du gouverneur me saisirent enfin, et me menèrent, ou plutôt me portèrent en prison, non sans recevoir de moi bien des gourmades, qu'ils me rendirent au centuple.

Je passai trois jours dans le cachot les fers aux pieds, et rongeant mon frein. Après cela l'intendant, dont l'intention étoit de ménager mes sauvages qui murmuroient de ma prison, me fit venir devant lui, et me dit qu'il étoit fâché que je l'eusse réduit à me punir; qu'il m'estimoit; que je pouvois compter qu'il me serviroit en tout ce qui dépendroit de lui; qu'il m'exhortoit seulement à faire tous mes efforts pour modérer ma violence, et qu'à ma considération il faisoit grâce à mon frère. Grâce qui devint inutile à celui-ci, puisque la honte d'avoir été battu par Cadillac le fit passer chez les sauvages, d'où il n'est point revenu depuis ce temps-là.

Le jour que je sortis de prison, j'appris que M. de Ramesé avoit, par amitié pour moi, fait des excuses à M. de La Mothe, et qu'il avoit d'abord obtenu de l'intendant que je ne serois qu'une heure au cachot, mais qu'une vieille madame d'Arpentigny, qui, par malheur pour moi, grossissoit alors la cour de M. de Champigny, avoit fait surseoir mon élargissement; que cette méchante femme avoit représenté qu'on ne pouvoit me traiter trop sévèrement; qu'elle avoit dit à l'intendant : Ah! monseigneur, vous devriez le laisser pourrir en prison, vous rendriez en cela un grand service au pays; personne n'est à couvert des fureurs de ce garnement; moi, qui vous parle, monseigneur, j'ai sujet de me plaindre de lui; il m'a dernièrement insultée avec une insolence à mériter punition corporelle.

Voici en quoi consistoit cette prétendue insulte faite à la dame d'Arpentigny. Je lui avois vendu des pelleteries à crédit, en lui prescrivant un temps pour me payer. Elle l'avoit laissé passer sans me satisfaire; je lui demandai de l'argent, elle m'en refusa; je la menaçai dans des termes qu'elle ne trouva peut-être pas assez mesurés. Je ne fis pourtant que lui dire en jurant, que si je n'étois pas payé dans vingt-quatre heures, j'irois l'écorcher toute vive dans sa maison et y mettre ensuite le feu.

Indépendamment des bontés de M. de Ramesé à mon égard, il y avoit une bonne raison pour me mettre en liberté. Je devenois nécessaire par rapport aux sauvages qui m'étoient attachés. La guerre étoit recommencée en Europe au sujet de la couronne d'Espagne, et par conséquent entre les Anglois de la nouvelle Angleterre et les Canadiens. C'étoit là une de ces conjonctures où il est important de ménager les sauvages. Les Iroquois avoient enterré la hache, pour parler leur langage, c'est-à-dire avoient fait la paix; mais on craignoit qu'ils ne la rompissent dès l'année 1698. M. de Frontenac, peu de temps avant sa mort, avoit fait une espèce de trêve avec eux, les trouvant tout étourdis de la perte de leur fameux chef *la Chaudière Noire*, tué par un parti de jeunes Algonquins. On fit si peu de fonds sur un traité si irrégulier, que M. de Callières, jugeant qu'on en devoit faire un autre, conclut une paix solide avec les Iroquois en 1701, par les soins et l'adresse de M. de Maricour, et du père Anselme, jésuite. Ces deux habiles négociateurs se transportèrent chez tous ces sauvages, dont ils connoissoient parfaitement le génie, et les engagèrent à envoyer à Montréal leurs députés, qui y plantèrent, comme ils disent, *l'arbre de paix*, et y dansèrent le *Calumet* au nombre de huit à neuf cents.

Depuis ce temps-là, les Anglois n'ayant rien épargné pour déterrer la hache contre nous, y réussirent en partie, puisqu'à force de présents, ils gagnèrent quelques-uns de ces sauvages, qui, vers la fin de l'année 1703, mirent le feu par surprise au fort où M. de Cadillac commandoit au détroit.

La nation des Iroquois, en général, ne regarda pas néanmoins cette entreprise comme une infraction du traité, puisqu'en ayant rencontré dans les bois plusieurs troupes peu de temps après, nous en fûmes reçus en amis plutôt qu'en ennemis. Ils voulurent absolument fumer, et faire chaudière [1] avec nous. Trente Algonquins qui m'accompagnoient avoient d'abord appréhendé qu'il ne nous fallût en venir aux mains; mais les Iroquois nous protestèrent que jamais ils ne leveroient la hache sur le François ni sur ses alliés; que pour l'Anglois, dont ils avoient sujet d'être mécontents, ils ne lui feroient point de quartier. Je fus curieux de savoir pourquoi ils se plaignoient des Anglois, et je le leur demandai. Ils me répondirent qu'ils n'en étoient pas satisfaits pour plusieurs raisons, et entre autres

---

[1] Faire cuire les viandes et les manger.

pour une qui leur tenoit fort au cœur; qu'ils avoient porté quelques pelleteries à Corlard dans la Nouvelle-York, où après avoir cherché pendant deux jours un des leurs qui s'y étoit égaré, ils l'avoient trouvé pendu dans un lieu écarté.

A ce mot de pendu, tous les Iroquois poussèrent des cris effroyables, et firent éclater une vive douleur. On eût dit qu'ils avoient encore devant les yeux le compagnon malheureux dont ils déploroient la destinée. Je ne perdis pas une si belle occasion de les exhorter à ne point laisser impuni un affront si sanglant. Je fis plus; je m'offris à servir leur vengeance et à partir sur-le-champ avec eux pour aller tirer raison de cet outrage. Ils me prirent au mot. Ensuite réfléchissant sur notre petit nombre, ils me demandèrent si je ne pourrois pas obtenir un plus grand secours de notre père *Onuntio* [1]. Je crus que notre gouverneur, qu'ils appeloient de ce nom, ne seroit pas fâché de profiter de cette conjoncture pour faire quelque entreprise qui brouillât ces sauvages pour long-temps avec les Anglois. Dans cette confiance, je conduisis à Montréal une partie des Iroquois en qualité de députés de leur nation. Je les présentai à M. de Ramesé, qui flatta fort leur ressentiment, et leur promit du secours. Effectivement, après en avoir écrit à M. de Vaudreuil, il leur donna trois cents Canadiens commandés par M. de Beaucour, ingénieur, capitaine de compagnie. Outre cela, il me pria d'engager le plus d'Algonquins que je pourrois à se

[1] Les sauvages nomment ainsi un souverain, un maître, et Dieu même.

mettre de la partie. Je l'assurai que si je n'en déterminois pas un grand nombre à me suivre, ce ne seroit pas ma faute. Je lui donnai cette assurance avec un zèle qui m'attira des compliments de sa part. Mais, pour dire la vérité, si j'entrois si chaudement dans ses vues politiques, c'étoit moins par amour pour le bien public que par le plaisir que je sentois quand on me proposoit des ravages à faire.

Je haranguai donc les Algonquins ; près de quatre cents se laissèrent persuader ; et lorsqu'ils m'eurent donné leur parole, nous partîmes pour cette expédition sur la fin de juin 1704. Les députés iroquois s'en étoient auparavant retournés dans leurs cantons, pour donner avis à leurs frères du résultat de leur députation. Une partie devoit nous venir joindre en chemin, et les autres à certain jour marqué, entrer dans le pays en plusieurs troupes. Nous arrivâmes au rendez-vous avant le jour prescrit, quoique la route fût difficile, et longue de plus de cent cinquante lieues. Malheureusement M. de Beaucour avoit amené avec lui quelques soldats français, qui, n'étant pas accoutumés à nos canots, ne pouvoient résister à la fatigue et nous incommodoient beaucoup plus qu'ils ne nous servoient. Quand il y avoit des portages à faire, comme il y en avoit plusieurs, surtout un de vingt-cinq lieues, ils avoient assez de peine à se traîner eux-mêmes ; ce n'étoit pas le moyen de nous aider à porter nos canots et nos vivres. Cependant ce n'auroit été rien que cela, si l'un d'entre eux ne nous eût fait manquer notre coup par la plus noire des trahisons.

Ce perfide, pendant que nous nous arrêtâmes dans

les bois, à trente lieues des premiers villages anglois, pour cacher nos canots, et nous reposer en attendant le jour dont nous étions convenus avec les Iroquois, ce traître ayant repris des forces nous prévint, et alla avertir nos ennemis de notre arrivée; de sorte que nous demeurâmes fort sots, quand nous approchâmes d'un gros bourg, que nous nous étions fait fête de ravager le premier. Nous aperçûmes bien deux mille Anglois armés, qui nous y attendoient de pied ferme. Ce qui nous obligea de nous retirer promptement, et de regagner les bois. Comme nous n'étions pas éloignés d'Orange [1], dont la garnison pouvoit nous couper, nous fûmes contraints de retourner à nos canots sans avoir tiré un coup de fusil. Cela nous piqua d'autant plus, que l'année précédente, M. de Beaubassin, fils de M. de La Valière, major de la ville de Montréal, avoit ravagé plus de vingt-cinq lieues de ce même pays, quoiqu'il n'eût avec lui qu'une poignée de Canadiens, et beaucoup moins de sauvages que nous n'en avions.

Les frais de l'armement n'étoient pas si considérables que nous ne fussions aisément consolés de cette fausse démarche, si nous en avions été quittes pour perdre nos pas; mais nous n'avions porté des vivres que pour la moitié du voyage, comptant que les magasins ennemis nous en fourniroient de reste pour notre retour. C'est ainsi que nous nous étions trompés dans notre calcul; et notre équipée nous pensa coûter la vie à tous, du moins y périt-il plusieurs de nos compagnons, qui demeuroient en chemin sans pouvoir nous suivre,

---

[1] Ville de la Nouvelle-York.

ou qui par foiblesse laissoient emporter leurs canots à la rapidité de l'eau, et se noyoient des sept ou huit hommes à la fois.

Mes sauvages se tiroient d'affaire un peu moins mal que les autres; ils attrapoient toujours quelques poissons ou quelques pièces de gibier, mais en petite quantité, la saison n'étant pas favorable pour la pêche à cause des chaleurs. Ce qui les faisoit murmurer contre MM. de Beaubour et de Vaudreuil, et surtout contre moi, pour l'amour de qui ils s'étoient mis en campagne. L'un d'entre eux, gros garçon des plus simples, porta son ressentiment plus loin, et nous fit rire un soir, malgré la misère où nous étions. On sait que les sauvages soumis à la France, sont presque tous baptisés, et si ignorants, qu'ils ne savent pas les premiers principes de la religion chrétienne; on les regarde comme des docteurs, et comme les théologiens du canton, lorsqu'ils poussent l'érudition jusqu'à retenir par cœur les litanies de la Vierge, qu'ils disent publiquement soir et matin pour toutes prières. Quant aux autres, indociles élèves des missionnaires, ils ne savent que répondre : *Ora pro nobis.* Encore écorchent-ils ces trois paroles. Il arriva donc qu'un gros réjoui de ces derniers, qui nous étourdissoit tous les jours de ses *ora pro nobis*, ayant un soir gardé un profond silence, nous surprit tous par cette nouveauté. Comment donc, Makina, lui dis-je après la prière, tu n'as rien dit aujourd'hui? Tu n'as point prié l'*Onuntio*. Il me répondit brusquement : *Matagon tarondi, Matagon ora pro nobis.* Que Dieu me donne à manger, je lui donnerai des *ora pro nobis.*

La plupart des autres sauvages ne trouvoient pas qu'il eût si grand tort. Quelques-uns même l'imitèrent; et comme nous n'avions presque rien mangé depuis trois jours, le désespoir commençoit à s'emparer de nous. Personne ne se sentoit assez de vertu pour exhorter les autres à la patience. Je crois que nous serions tous morts enragés dans les déserts, si nous n'eussions pas tout à coup été secourus par cette même Providence, contre laquelle nous n'avions pu nous défendre de murmurer. Il nous restoit encore près de la moitié du chemin à faire, lorsqu'il nous arriva des vivres.

C'étoit M. de Vaudreuil lui-même qui nous les envoyoit. Averti de l'état déplorable où nous étions par un de ces sauvages, qu'on appelle jongleurs, il s'étoit hâté de prévenir notre perte. Ce jongleur l'avoit assuré que son *oualiche*, ou démon, lui avoit dit pendant la nuit que ses frères étoient trahis, et revenoient sans vivres aussi-bien que toute leur troupe. Nous avions en effet avec nous deux frères de ce sauvage, l'un desquels étoit son frère jumeau. Ceux qui me connoissent savent bien que mon défaut n'est pas d'être trop crédule; néanmoins je confesse que des jongleurs m'ont souvent étonné, s'ils n'ont pu me persuader. Je rapporte ce fait, parce qu'il est certain que, sans ce jongleur, nous aurions tous péri dans les bois. De quelque façon qu'il eût appris l'état où nous nous trouvions, soit par magie, soit en songe, ou, comme disent nos savants, par sympathie, que nous importe? Il le devina toujours à bon compte, et nous sauva.

M. de Vaudreuil s'étoit moqué le premier de l'avis du jongleur, et ne s'étoit déterminé à nous envoyer du secours à tout hasard, qu'à la pressante sollicitation de plusieurs officiers, qui lui représentèrent que, sans avoir égard aux visions du sauvage, il falloit faire semblant de les croire mystérieuses, et le charger de conduire lui-même un petit convoi; ce qui fut exécuté plus par plaisanterie qu'autrement. Quiconque a fréquenté M. de Vaudreuil, lui aura sans doute entendu raconter cette histoire, qu'il ne se lassoit point de répéter, non plus que vingt-cinq François qui furent témoins de la confiance avec laquelle le jongleur lui débita l'entretien qu'il prétendoit avoir eu avec son démon.

Le mauvais succès de cette entreprise rendit mes sauvages plus circonspects, et moins empressés à se joindre aux Canadiens; la perfidie du soldat françois les prévint terriblement contre toute la nation. Ils ne vouloient plus avoir de liaison avec un peuple qui leur paroissoit capable de violer ce qui doit être le plus sacré parmi les hommes; et s'ils demeuroient encore soumis à la France, je m'apercevois que c'étoit plutôt par crainte que par inclination, tant ces bonnes gens, dans leur ignorante simplicité, aiment qu'on ait de la bonne foi.

Je fis moi-même quelque temps après dans leur esprit assez mal l'apologie de la nation françoise, en les quittant d'une manière qui ne dut pas leur faire plaisir. Ils n'auroient pas manqué de me le reprocher, si, pour me mettre à couvert de leurs reproches, je ne les eusse abandonnés pour jamais. C'est un détail que je vais faire, sans chercher à m'excuser de leur avoir faussé compagnie.

M. de Subarcas, gouverneur d'Acadie, fit freter

dans son port une frégate nommée *la Biche*. Ensuite il s'adressa, pour avoir du monde et former son équipage, à M. Raudot, intendant de Canada, et à M. de Vaudreuil, qui envoyèrent à Montréal un officier de Québec, appelé Vincelot, avec ordre de faire cette levée. Cet officier, en arrivant, apprit que le moyen le plus sûr d'avoir des Algonquins, étoit de me mettre dans ses intérêts et de m'engager le premier. Il m'en fit la proposition d'une manière qui ne me permit pas de balancer un moment à l'accepter, puisqu'il débuta par me faire entendre que sur cette frégate nous ferions tous les jours des courses sur les côtes de la Nouvelle-Angleterre, et que plus nous serions de braves gens, plus nous ferions de captures considérables.

L'envie que j'avois d'essayer de la guerre sur mer, où je m'imaginois que tous les jours j'aurois occasion d'en venir aux mains, me fit employer tout le crédit que j'avois sur mes sauvages, pour les obliger à me suivre. Mais c'étoit un voyage à faire, plus long encore que celui que nous avions fait vers Orange, et le malheureux succès de notre entreprise, qu'ils n'avoient point eu le temps d'oublier, ne les prévenoit pas en faveur d'une nouvelle. Je n'en pus enrôler que vingt, qui, ne s'engageant dans cette affaire que par amitié pour moi, exigèrent avant leur départ de n'être soumis qu'à mes ordres. Ils firent plus ; armés d'une défiance qui leur paroissoit bien fondée, ils demandèrent des vivres pour eux et pour moi, avec la liberté de faire notre route en particulier, soit devant ou après les François et les Canadiens qui se préparoient à partir au nombre de cent trente ; ce qui leur fut accordé.

Beauchêne.

C'étoit sur la fin de l'hiver; et les glaces que nous avions à rompre à chaque pas nous firent employer à notre voyage près d'un mois par delà notre calcul; si bien que M. de Subarcas, qui, sur la nouvelle de notre départ, avoit envoyé plusieurs fois un brigantin pour nous faire passer le détroit, ou la baie françoise, qui sépare l'Acadie de la Nouvelle-Angleterre, apprenant qu'il ne voyoit personne, le rappela dans Port-Royal, et ne nous attendit plus. Ce furent des sauvages du lieu qui, nous voyant là tous rassemblés, sans savoir quel parti prendre, nous donnèrent cet avis.

Après avoir donc attendu à notre tour neuf à dix jours, vivant des poissons que nous laissoient les marées, nous tînmes un conseil, dont le résultat fut de choisir un jour calme, et de hasarder dans un de nos canots quelques-uns des nôtres, pour aller informer de notre arrivée M. de Subarcas. Le danger étoit tel, qu'il ne pouvoit être bravé que par des personnes qui ne le connoissoient point. Il y avoit pour le moins trente lieues de trajet; et pour peu que la mer s'agitât, elle devoit engloutir le canot et les hommes. Les Canadiens, qui voyoient tout le péril, ne s'empressoient nullement à s'y exposer. Ils furent ravis, lorsqu'ils entendirent que je voulois bien courir le risque d'une pareille navigation avec cinq de mes sauvages. Nous nous embarquâmes tous six dans un petit canot d'écorce, et habillés en Algonquins. C'est de cette façon que je vis la mer pour la première fois.

Par bonheur pour nous, le calme fut tel que nous pouvions le désirer. On eût dit que le dieu des vents, pour favoriser notre témérité, avoit enchaîné les aquilons. Nous ne sentions pas même le doux souffle des zéphyrs. La surface des eaux étoit unie comme une glace : pour comble de bonne fortune, le temps ne changea point; et, plus heureux que sages, nous fîmes notre route sans qu'il nous arrivât aucun fâcheux accident. M. de Subarcas, charmé de notre venue, qui lui parut un coup du ciel, nous reçut avec autant de joie que de surprise.

La frégate *la Biche* étoit encore sur les chantiers. Elle fut lancée à l'eau devant nous; et la manière dont cela se fit, fut, pour mes sauvages de même que pour moi, un spectacle aussi amusant qu'il étoit nouveau. Nous montions continuellement dessus, comme sur un brigantin qui étoit dans le port. Nous en admirions la construction; et un si bel ouvrage de l'art nous donnoit une furieuse impatience d'être sur mer pour voir la manœuvre de ces vaisseaux. Cependant le hasard satisfit en partie notre curiosité, en amenant au port un bâtiment sous voiles. Nous fûmes étonnés de sa vitesse et de sa légèreté; quoiqu'il fût presque aussi gros que la frégate neuve, il sembloit voler sur la mer.

C'étoit un vaisseau de flibustiers, dont le capitaine, qui se nommoit Morpain, est présentement, je crois, capitaine de port sur les côtes de Canada. Il venoit de faire du bois et de l'eau, et vendre la prise qu'il avoit faite sur les Anglois, qui consistoit en deux petits bâtiments chargés de farine. M. de Subarcas a toujours regardé l'arrivée de ce navire et la nôtre comme un secours certain du génie qui protége la France; puisque huit jours après nous vîmes venir mouiller à la vue de la place vingt-huit vaisseaux anglois, qui comptoient se rendre aisément maîtres de l'Acadie.

Pour leur faire voir que nous étions en état, ou du moins dans la résolution de nous opposer à leur dessein, nous eûmes la hardiesse de nous avancer vers eux trois ou quatre cents, tant Canadiens et sauvages, que flibustiers ou habitants du pays. Nous avions ordre de faire d'abord belle contenance, comme si nous eussions voulu troubler leur descente; mais pour deux cents hommes tout au plus que nous étions de chaque côté à tirailler sur leurs chaloupes, ils mirent à terre plus de quatre à cinq mille Anglais, qui nous firent bientôt reculer. Néanmoins, en reculant, nous faisions sur eux trois ou quatre décharges avant qu'ils pussent nous débusquer de derrière les arbres, et nous obliger à nous retirer plus loin. De sorte qu'en recommençant à tirer ainsi de vingt-cinq en vingt-cinq pas, nous leur tuâmes bien du monde. Notre retraite, semblable à celle des Parthes, étoit funeste à nos ennemis.

Le gouverneur, craignant qu'à la fin il ne nous fût très difficile de rentrer dans la place, sortit pour nous soutenir à la tête de toute sa garnison, composée d'environ cent soldats. Nous combattîmes tous ensemble avec une extrême vigueur, jusqu'à ce que, voyant notre cavalerie démontée, nous jugeâmes à propos de nous renfermer dans la place, c'est-à-dire, après que le gouverneur eut perdu son cheval, qui fut tué sous lui, et qui étoit le seul que nous eussions dans notre garnison.

Pendant les premiers jours que les Anglois nous tinrent comme bloqués, ils envoyèrent le long des côtes piller et ravager tous le pays par divers partis, pour tirer quelque fruit du blocus; ce qui pourtant ne demeura pas long-temps impuni. Le capitaine Baptiste, brave Canadien, quoiqu'il n'eût avec lui qu'une quarantaine de sauvages, les obligea bientôt à se tenir sur leurs gardes. Il leur surprenoit à tout moment quelque troupe qu'il battoit; puis il se retiroit dans le bois; et harcelant ainsi l'ennemi, il ne laissoit pas de l'inquiéter.

De notre côté, nous commençâmes aussi à faire des sorties, le baron de Saint-Castin avec ses sauvages, et moi avec les miens. Ce gentilhomme étoit fils d'un baron français, et d'une sauvagesse, que son père avoit épousée étant prisonnier parmi les sauvages; et il poussoit la bravoure jusqu'à la témérité. Aussi étoit-il estimé de tout le monde, et regardé comme un officier fort utile à la France. Il joignoit à sa valeur toute la probité d'un honnête homme, avec un mérite singulier. Il se faisoit, ainsi que moi, un plaisir d'être toujours habillé en sauvage.

Enfin les Anglais, considérant que leurs ravages leur coûtoient plus de sang qu'ils n'en tiroient de profit, rappelèrent leurs partis, et firent quelques tentatives pour emporter la place; mais ils furent repoussés à tous les assauts qu'ils y donnèrent. M. de Subarcas sentit alors le besoin qu'il avoit des flibustiers et des Canadiens. Outre que sa garnison n'étoit pas nombreuse, elle étoit si peu aguerrie, que sans nous elle n'auroit pas tenu vingt-quatre heures. Le soldat, principalement, avoit si bien perdu l'espérance de résister long-temps, qu'il ne songeoit qu'à déserter, et les officiers avoient bien de la peine à les en empêcher. Un jour il en déserta deux qui donnèrent par leur fuite occasion aux flibustiers de me connoître, et un grand désir de m'avoir pour confrère. Voici l'aventure en peu de mots.

Les deux déserteurs ayant trouvé moyen de s'écarter, tournèrent sans précipitation leurs pas vers les Anglois, devant nous et en plein midi. Le gouverneur, qui les voyoit déserter si tranquillement, fut irrité de leur procédé, et marqua une extrême envie de les ravoir, pour les traiter comme ils le méritoient. J'entrai dans son ressentiment, et je m'offris à les lui ramener. Il faisoit difficulté de me prendre au mot, à cause du péril où il falloit me jeter pour tenir ma parole; mais sans m'amuser à vaincre sa répugnance par mes discours, je choisis trois de mes Algonquins les plus alertes, et me mis avec eux sur les traces des deux soldats. Nous passâmes avec une vitesse surprenante à cinquante pas des ennemis qui firent feu sur nous, et nous coupâmes les déserteurs qui s'étoient arrêtés pour nous voir courir. Nous les saisîmes et les ramenâmes au gouverneur, qui sur-le-champ leur fit couper la tête. En même temps il m'accabla de caresses, et me donna publiquement des louanges, dont ma vivacité le fit repentir une heure après.

Pour proportionner la récompense au service que je venois de rendre, il eut la bonté de m'assigner pour mes sauvages et pour moi une portion copieuse de viande et d'eau-de-vie, dont on commençoit à nous faire des parts assez minces. Le garde-magasin, nommé Dégoutin, qui avoit eu apparemment en France le même emploi, et qui croyoit avoir encore affaire à des soldats françois, nous voulut faire passer quinze livres pour vingt, et des os pour de la chair. Je m'en plaignis ; il me brusqua : et moi qui n'ai jamais été fort endurant, je lui répliquai par quelques coups de sabre qui le mirent hors d'état de m'empêcher de me faire moi-même bon poids et bonne mesure.

Ce trait fut aussitôt rapporté au gouverneur, qui sortit d'un air furieux, et vint sur moi un pistolet à chaque main, jurant, comme on dit, ses grands dieux, qu'il casseroit la tête à quiconque oseroit manquer de respect à ses officiers. Sa colère m'effraya si peu, que j'eus la témérité de jurer plus haut que lui, et de le défier de tirer. Il étoit homme à punir mon audace, et je crois qu'il auroit déchargé sur moi ses pistolets, si Morpain et quelques autres flibustiers ne lui eussent retenu les bras, et représenté qu'un sauvage étoit excusable d'ignorer les lois de la discipline militaire; et que si nous les apprenions peu à peu de ses soldats, nous leur apprendrions peut-être aussi à être intrépides et fidèles.

Ces raisons, ou plutôt le besoin qu'il avoit de mes sauvages, qui, jusqu'au dernier, se seroient tous fait tailler en pièces en me vengeant, ralentit son courroux. Il nous fit une longue leçon sur nos devoirs, et me dit ensuite qu'il me pardonnoit mon emportement, parce qu'il étoit persuadé que je ne m'y serois pas laissé aller, si j'avois su que s'en prendre à un des officiers, c'étoit l'attaquer lui-même, qui représentoit la personne du roi. Telle fut la belle action qui fit souhaiter aux flibustiers de m'avoir avec eux. Ils jugèrent par là que j'étois un téméraire qui ne connoissoit point le péril, et qui étoit incapable de plier. En un mot, je leur parus digne d'augmenter le nombre des flibustiers. Cependant ils ne me le proposèrent pas encore.

L'entreprise que formèrent les Anglais après cela, ne leur réussit pas mieux que le reste. Ils s'efforcèrent vainement de brûler les vaisseaux qui étoient sous le canon de la place. Si bien que se voyant près de manquer de vivres, et faisant réflexion que nous les battions de leurs propres armes, en nous servant de farines que Morpain leur avoient enlevées, et qu'ils destinoient pour leur flotte, ils prirent prudemment le parti de se retirer.

Ils ne nous croyoient pas assez hardis pour oser les attaquer dans leur retraite; et dans cette confiance ils se rembarquoient avec assez de tranquillité, lorsque, sortant brusquement de nos bois, nous tombâmes à l'improviste sur onze à douze cents hommes, qui, en attendant les chaloupes, pilloient quelques maisons situées sur le rivage. Nous en tuâmes un grand nombre avant qu'ils se missent en défense; mais ils ne tardèrent pas à s'y mettre, et furent bientôt soutenus. Il y eut alors une action des plus chaudes, et dans laquelle nous eûmes le malheur de perdre M. de Saillant, l'un de nos plus braves officiers. Le baron de Saint-Castin y fut blessé dangereusement, aussi-bien que M. de La Boularderie.[1]

Quelques flibustiers, auprès de qui je combattois,

---

[1] C'est ce même officier auquel, il y a quelques années, il arriva un accident à Brest. Il donnoit un repas à plusieurs messieurs et dames de la ville sur une frégate neuve, qu'il voulut leur faire voir sous voiles; le bâtiment fit capot à la vue de toute la ville, et tous les convives périrent.

me remarquèrent avec plaisir dans la mêlée. Ils aperçurent qu'après avoir cassé mon sabre, je me servis de la crosse de mon fusil comme d'une massue, sans m'effrayer d'un coup de feu que j'avois reçu dans la cuisse. Cela les confirma dans la bonne opinion qu'ils avoient de mon courage; et ils résolurent de m'engager à quelque prix que ce fût dans la flibuste. Je découvris leur dessein à la façon seule dont ils firent mon éloge à M. de Subarcas, qui, pour me dédommager de la perte de mon fusil que j'avois entièrement brisé sur les têtes anglaises, me fit présent de celui qu'il portoit lui-même. Ce fusil étoit fort bon, et je m'en suis utilement servi dans la suite.

Au lieu d'employer la frégate *la Biche* à l'usage auquel d'abord elle avoit été destinée, M. de Subarcas aima mieux l'envoyer en France porter la nouvelle de l'entreprise des Anglais, et il chargea M. de Laronde d'en aller rendre compte à la cour. Plusieurs Canadiens furent de ce voyage. Pour mes Algonquins et moi, quelque envie que nous témoignassions de nous mettre en mer, nous ne pûmes en obtenir la permission; le gouverneur voulant nous garder jusqu'à ce qu'il eût des réponses de France, et se proposant même de ne nous renvoyer en Canada qu'à la fin de l'été, s'il ne lui venoit pas des ordres contraires. Je me plaignis hautement de son procédé, disant que je ne m'étois engagé que pour faire des courses sur la Nouvelle-Angleterre, et nullement pour m'enfermer dans une place, et en grossir la garnison.

Les flibustiers, pour attiser le feu, nous représentoient qu'on se moqueroit de nous en Canada, si l'on nous y voyoit retourner au bout de quatre mois sous l'aile de nos pères et mères, après leur avoir dit adieu pour long-temps. Ils m'exposoient en particulier, et me vantoient tout ce que leur état avoit de plus propre à flatter mes inclinations. Ce qu'il y a de gracieux parmi nous, disoient-ils, c'est que chacun est officier, et ne travaille que pour lui. Nous sommes tous égaux, et notre capitaine n'a point d'autre privilége que celui de passer pour avoir lui seul deux voix dans les délibérations; je dis passer, car, pour dire les choses comme elles sont, il n'a qu'une voix comme les autres, ou plutôt il n'en a point du tout, puisque quand il s'agit de résoudre si l'on attaquera ou non, l'alternative n'est pas à son choix, et qu'il doit nécessairement opiner pour l'attaque, afin de n'être jamais obligé de combattre contre son sentiment. Vous nous avez vu les armes à la main, ajoutoient-ils; vous avez pu remarquer que nous avons le cœur au métier. Faut-il en découdre ? Nous nous y portons en braves gens; l'occasion nous manque-t-elle d'exercer notre valeur? rire, boire, jouer, voilà notre occupation. Peut-être vous étonnez-vous que nos vaisseaux soient petits; mais songez qu'ils en sont plus légers, et nous les voulons de cette sorte pour joindre facilement ceux que nous avons dessein d'attaquer. Si vous étiez d'humeur à prendre parti avec nous, vous verriez que les plus grands vaisseaux ne nous épouvantent point. Avec nos bâtiments de six ou huit pièces de canons, nous en emportons quelquefois de cinquante pièces et de deux ou trois cents hommes d'équipage. Pourquoi cela? c'est que sans canonner nous allons tout d'un coup à l'abordage, et qu'alors un brave officier vaut mieux que dix soldats.

Vous avez pu juger aussi, poursuivoient-ils, par les farines que nous avons vendues au gouverneur, que dans les prises que nous faisons, nous ne payons qu'un dixième à l'amirauté, et que tout le reste est pour nous. D'abord que nous nous sommes rendus maîtres d'un vaisseau, nous faisons le partage de ses marchandises au pied du grand mât, quand cela se peut, sinon, nous envoyons vendre la capture au premier port, et nous en partageons le prix. Nous ne sommes pas alors fâchés de n'être qu'un petit nombre; moins il y a de parts, plus elles sont grosses. Au reste, on a souvent éprouvé qu'on est toujours assez de gens à un bord, pour peu qu'on soit d'hommes vaillants. Quoique nous ne soyons pas ordinairement un grand nombre lorsque nous attaquons, cela ne nous empêche pas de combattre à découvert sans nous bastinguer ou retrancher, comme on fait sur tous les autres vaisseaux.

Tous ces discours et beaucoup d'autres encore que ces flibustiers me rendoient tous les jours pour me débaucher, m'inspirèrent enfin l'envie d'exercer leur profession avec eux. Je leur promis de les aller joindre le jour de leur départ, le plus secrètement qu'il me seroit possible, attendu que M. de Subarcas, qui se doutoit de notre complot, leur avoit défendu de m'emmener avec eux, sous peine de leur faire perdre ce qui leur étoit dû de reste pour leurs farines, et qu'il leur devoit payer en lettres de change.

J'avois coutume de passer de temps en temps des deux ou trois jours à chasser dans les bois avec quelques-uns de mes sauvages, ou bien j'allois le long des côtes à la découverte. Lorsque je sus le jour que le vaisseau devoit partir, et le lieu où je devois l'attendre, je pris au magasin des provisions pour plusieurs jours, et je sortis à mon ordinaire avec neuf ou dix de mes Algonquins, que je menai jusqu'à l'endroit qu'on m'avoit indiqué. Dès que je l'eus reconnu, je leur fis reprendre la route de Port-Royal en nous écartant dans les bois, afin de pouvoir leur échapper. J'avoue que ce fut pour moi un triste quart d'heure que celui-là. En considérant que j'allois quitter des amis tout dévoués à mon service, j'en soupirai de douleur; et malgré la dureté de mon naturel, je me sentis presque aussi affligé qu'un père que la nécessité oblige à s'éloigner de ses enfants.

J'avois peut-être trente ou quarante pistoles en monnoie du pays, c'est-à-dire, en cartes à jouer, signées du gouverneur et de l'intendant. J'avois envie de leur donner cela; mais je ne savois comment m'y prendre. Cependant je m'avisai de dire à l'un d'entre eux que je m'étois imprudemment chargé de ces cartes plus incommodes que pesantes, et que je le priois de les porter à son tour pour me soulager. Après quoi m'étant arrêté en chemin, je leur dis d'aller toujours au petit pas. Ce qu'ils firent dans la pensée que je les rejoindrois dans un moment. Si tôt que je les eus perdus de vue, je retournai vers le lieu où les flibustiers m'avoient donné rendez-vous, et je m'y cachai en attendant leur arrivée.

C'étoit une petite île à douze ou quinze lieues de Port-Royal. Le soleil commençoit à se coucher, quand je découvris le vaisseau des flibustiers : il étoit temps qu'il parût. Touché de l'inquiétude où j'étois sûr que je mettois mes pauvres sauvages, je les plaignois, et il y avoit des moments où je me sentois tenté de les aller retrouver dans le bois. Je suis persuadé qu'ils y passèrent la nuit à me chercher, en poussant des cris et des hurlements. Quoi qu'il en soit, d'abord que je vis venir mes nouveaux compagnons, je cessai de m'occuper des autres, et ne songeai plus qu'à me distinguer dans la flibuste par des actions d'éclat.

La première chose que me dirent les flibustiers, fut que le gouverneur, ravi de les voir partir sans moi, leur avoit expédié leurs lettres de change le plus galamment du monde : ce qui nous fournit une belle occasion de rire à ses dépens. Je n'aurois guère tardé à m'apercevoir, si je n'en eusse pas déjà été convaincu, que je ne pouvois être avec des vivants d'une humeur plus conforme à la mienne. Ils me revêtirent d'un habit d'ordonnance, se cotisèrent tous pour me faire une bourse, afin que je pusse jouer avec eux : car enfin, que faire sur mer si l'on ne joue? J'eus peu de peine à m'y accoutumer, et de là prit naissance et racine en moi la maudite passion que j'ai pour le jeu, et que je ne saurois me flatter de pouvoir jamais vaincre.

Je donnai, au commencement, la comédie à ces grivois par mes naïvetés, et par la trop docile simplicité avec laquelle j'exécutois tout ce qu'ils me disoient qu'il falloit faire. Le désir d'apprendre la marine me rendoit capable de tout ; je me souviens, par exemple, qu'ils eurent la malice de me laisser pendant un demi-quart d'heure me tourmenter pour empêcher le vaisseau de pencher sur les flots, comme si le poids de mon corps eût pu produire cet effet sur un grand bâtiment de même que sur un petit canot. Heureusement je ne faisois pas deux fois la même sottise, et quinze jours après notre embarquement, je n'étois pas plus neuf que les autres.

Ils voulurent voir un jour, pour se divertir seulement, si j'avois mauvais vin; et, remarquant que je n'aimois point cette liqueur, ils me firent boire de l'eau-de-vie. Je m'enivrai de cette boisson sans répugnance, et me mis dans l'état où ils me souhaitoient pour faire leur épreuve. A mesure que les vapeurs de l'eau-de-vie troubloient ma raison, j'en devenois plus gai; ce qui obligea quelques-uns de mes confrères à m'agacer. Ils affectèrent de me dire des choses désobligeantes et de me pousser à bout. Je fus piqué tout de bon; et me jetant sur eux le coutelas à la main, je ne sais ce qu'il en seroit arrivé, si des flibustiers qui m'observoient ne m'eussent saisi par-derrière, et attaché jusqu'à ce que ma fureur et mon ivresse fussent passées. Ce qu'il y eut de malheureux dans cette scène, c'est que je balaffrai un flibustier fort aimé de tout l'équipage, quoiqu'il fût espagnol. J'en eus beaucoup de chagrin, lorsque j'appris que tout cela n'avoit été qu'une comédie concertée entre mes camarades. Telle est souvent la fin des jeux de la folle jeunesse : ils dégénèrent en affaires sérieuses.

Je brûlois d'impatience de rencontrer un vaisseau pour en venir aux prises avec lui. J'étois fort curieux de voir de quelle façon je me tirerois d'un combat naval, et j'avouois franchement aux flibustiers que s'ils me faisoient demeurer encore quelque temps dans l'inaction, ils m'obligeroient à regretter mes sauvages.

Néanmoins, malgré la démangeaison que j'avois d'aller à l'abordage, il se passa près d'un mois sans qu'il s'en offrît la moindre occasion. A la fin pourtant nous rencontrâmes une frégate angloise de vingt-quatre pièces de canon et de cent trente hommes d'équipage.

Je n'avois point été surpris qu'on fît la prière publique soir et matin sur le vaisseau; mais je le fus au-delà de tout ce qu'on peut penser, quand j'entendis notre équipage entonner joyeusement le *Salve*, si tôt que nous fûmes à la portée du canon. Effectivement cette prière se trouva très convenable à une vingtaine des nôtres, qui furent tués pendant une demi-heure que nous demeurâmes exposés au feu du canon et de la mousqueterie des Anglois, sans qu'il nous fût possible de les aborder. Aussi, dès que nous eûmes mis le pied sur leur pont, nous terminâmes cette affaire; et pour cinq hommes que nous perdîmes encore, ils en eurent plus de soixante d'expédiés, et le reste se rendit.

Morpain et les autres jugèrent bien alors qu'ils ne s'étoient pas trompés, quand ils m'avoient fait l'honneur de me croire doué des qualités requises pour être flibustier; car je fus un des premiers à sauter le bord ennemi, et à me jeter au milieu des Anglois, à qui toutefois je ne fis pas grand mal, parce qu'ils ne m'en donnèrent pas le temps, et qu'ils me gratifièrent d'un coup de feu, sans préjudice d'un coup d'épée que je reçus dans le corps. Ces deux blessures m'arrêtèrent tout court, et me mirent hors de combat. Nous eûmes huit ou neuf des nôtres qui furent aussi blessés, les ennemis ayant fait sur nous, par leurs meurtrières, deux ou trois décharges de mousqueterie avant que d'amener. [1]

C'est la coutume, parmi les flibustiers, que chacun ait son matelot, qu'il appelle son ami, son frère, ou son associé. Ce matelot le sert dans sa maladie, le veille, prend soin de lui, et devient son héritier s'il meurt. Si j'eusse perdu la vie, je n'aurois pas fort enrichi le mien ; nos parts n'étoient pas considérables : la capture ne valoit pas ce qu'elle nous avoit coûté. Nous la vendîmes au port de Paix [2], dans l'île Saint-Domingue.

En arrivant dans ce pays-là, je fus étonné des chaleurs qui s'y font sentir, moi qui n'avois jamais ouï parler de Zône Torride. Je ne me vis pas plus tôt guéri de mes blessures, et en état de pouvoir sortir, que je m'allai promener sur le port, où j'appris qu'il y avoit un homme de Montréal, établi à quelques lieues de là, dans une jolie habitation. On me le nomma ; je connoissois sa famille ; je me proposai de me rendre chez lui, et d'y passer quelques jours pour éprouver s'il faisoit aussi grand chaud à la campagne que dans le bourg. Notre capitaine m'y fit conduire, après m'avoir assuré que d'un mois entier nous ne serions en état de nous remettre en mer. Il le croyoit ainsi ; mais dès le lendemain de mon départ, ayant été averti qu'un bâtiment anglois, qui traînoit après lui une prise françoise, venoit de passer à la vue du port ; il s'informa de sa route, et se mit aussitôt à ses trousses ; sans se donner le temps de m'attendre, ni même de me le faire savoir. De ma-

---

[1] C'est baisser le pavillon, pour marquer qu'on se rend.
[2] Ce n'est qu'un gros bourg sur la côte septentrionale de l'île ; mais il a un très bon port.

nière qu'au bout de quinze jours étant revenu au port de Paix, je ne trouvai plus personne.

J'avois entendu dire qu'on étoit quelquefois des trois ou quatre mois en mer sans relâcher dans aucun port. Outre que je ne me sentois pas d'humeur à rester si long-temps oisif, j'ignorois si le vaisseau de Morpain reviendroit mouiller en cet endroit. Cependant j'eus la patience de m'y arrêter tant que j'eus de l'argent, après quoi, mon hôte me conseilla de prendre la route du Cap, qui est à quinze lieues de là, en me disant qu'il y avoit toujours dans ce lieu quelque flibustier, et que même on en voyoit souvent plusieurs qui y venoient relâcher ensemble.

Je partis pour le Cap ; je n'avois, je m'en souviens, pour arme que mon coutelas, et pour garde-robe que ma chemise, avec mes culottes, et une petite veste qui, de blanche qu'elle avoit été comme le reste, avoit pris une teinture de gris-brun que je lui fis perdre dans un fort beau ruisseau que je rencontrai sur mon chemin. M'étant blanchi de cette sorte, je continuai ma route en laissant au soleil le soin de me sécher. Sur la fin de la journée, j'aperçus six cavaliers qui paroissoient se promener dans la campagne. Ils s'approchèrent de moi, et commencèrent à me questionner. Je leur avouai ingénument qui j'étois et où j'allois. Là-dessus ils me dirent qu'il y avoit pour moi du péril à faire mon voyage à pied ; que je trouverois plusieurs rivières que je ne pourrois passer à la nage, sans m'exposer à être dévoré par des poissons [1] monstrueux dont elles étoient pleines.

---

[1] On appelle ces poissons caymans.

Je ne crains point les poissons, messieurs, leur répondis-je ; je nage aussi bien qu'eux, et ils n'ont pas de sabre comme moi.

Cette réponse, et plusieurs autres que je leur fis, leur inspirèrent l'envie de me retenir et de me rendre service, ainsi que je l'éprouvai dans la suite. Le principal de ces messieurs étoit un capitaine de côtes, nommé Rémoussin, né créole, de même que son épouse ; et les personnes qui l'accompagnoient étoient ses parents pour la plupart. Il possédoit de grandes richesses, et son habitation contenoit un petit monde de nègres.

M. de Rémoussin m'invita fort poliment à faire quelque séjour chez lui ; et voyant que je m'en défendois : Du moins, me dit-il, demeurez avec nous jusqu'à demain. Je ne souffrirai pas que, si près de ma maison, un galant homme comme vous passe la nuit à l'air. J'eus beau leur dire que dès mon enfance, parmi les sauvages, je m'étois accoutumé à coucher sur la dure ; ma résistance fut vaine. Deux de ces cavaliers descendirent de cheval, et me mirent de force en croupe derrière M. de Rémoussin. Je n'aurois pas eu besoin de leur secours ni même d'étriers pour y monter de bon gré ; mais j'étois décontenancé à ne savoir quel parti prendre. Ils m'embarrassoient plus par leurs honnêtetés, qu'ils m'auroient fait en m'attaquant tous six à la fois.

Quand on se trouve dans un pays inconnu, avec de nouveaux visages, on ne sait si leurs caresses sont les préludes du bien ou du mal qu'ils vous veulent faire. Suivant la différence des peuples, les uns vous surprennent et vous conduisent à la mort par les mêmes moyens que les autres emploient à vous secourir. C'est un embarras où je me suis vu bien des fois; et franchement, dans cette occasion, je ne fus pas sans défiance. Quoique ces gens-ci, disois-je, parlent françois, ce sont peut-être des Anglois qui vont me mettre aux fers, ou me faire mourir cruellement : encore s'ils se déclaroient mes ennemis, j'en tuerois quelqu'un, et je mourrois satisfait.

Je croyois pourtant qu'il n'y avoit dans ce pays que des François et des Espagnols, qui devoient alors être unis d'intérêts; mais d'un autre côté, je me souvenois que les flibustiers m'avoient dit que, malgré l'alliance de ces deux nations, il falloit un peu se défier de la dernière, qui poignardoit quelquefois un homme en le caressant.

Il y avoit aussi des moments où je m'imaginois que je pouvois être avec des voleurs; et lorsque je m'arrêtois à cette pensée, je ne trouvois pas qu'ils eussent grand sujet de s'applaudir de ma rencontre, puisque je n'avois pour tout argent qu'une trentaine de sous en monnoie pour faire mes quatorze lieues. Autre embarras; je n'avois jamais été à cheval; je n'avois pas peu de peine à m'y bien tenir, et je craignois en tombant d'exciter les ris de mes conducteurs à mes dépens.

L'habitation où l'on me menoit n'étoit pas éloignée : nous y arrivâmes bientôt. Hola, ho! mesdames, s'écria M. de Rémoussin en appelant sa femme et plusieurs parentes qui étoient avec elles, voici un sauvage curieux que je vous amène. Sans aller en Canada, vous allez voir un Iroquois, mais un Iroquois qui ne vous fera pas peur. A ce mot d'Iroquois, les dames se formant une idée de monstre, fait à peu près comme leurs nègres, s'avancèrent pour me considérer, et ce ne fut pas sans étonnement qu'elles virent un gros garçon d'assez bonne mine, blanc et blond comme le sont communément les Canadiens.

Quoiqu'à la vue de ces aimables personnes je me fusse un peu rassuré, et que je jugeasse bien que j'étois avec d'honnêtes gens, je ne laissai pas de les aborder d'un air qui sentoit tant soit peu l'Iroquois. Mais il falloit me le pardonner, je n'étois guère propre à m'entretenir avec le beau sexe. Néanmoins, n'étant alors obligé que de répondre aux questions que les dames me faisoient sur le Canada, sur les sauvages, et sur leur façon de vivre, il ne me fut pas difficile de les satisfaire. Je m'aperçus même que je les divertissois infiniment, malgré ce qu'on appelle les gros mots dont j'assaisonnois ma narration. Elles me trouvoient une naïveté qui les réjouissoit.

On servit un souper splendide. Il ne me manqua rien pour être charmé de ce repas, que la permission de boire de l'eau pure ; mais tous les convives me forçoient à boire du vin à leur exemple ; ce qu'ils faisoient avec des manières si engageantes, que je ne pouvois m'en défendre, quelque peu de goût que j'eusse pour cette boisson. Elle me donna tant de vivacité, que la compagnie ayant témoigné qu'elle étoit curieuse de savoir pourquoi j'avois abandonné les Iroquois, et ensuite le Canada, elle eut sujet d'être contente des discours que je tins là-dessus. Je fis surtout avec enthousiasme le détail du siége de Port-Royal, de l'attaque du vaisseau anglois et de sa prise, sans oublier la moindre circonstance. Ce qu'il y a de plaisant, c'est qu'à chaque phrase je disois : *Oh! je vais me remettre en mer!* et ce refrain faisoit pousser aux convives de grands éclats de rire.

Madame de Rémoussin, étonnée de me voir, dans un âge si peu avancé, ne respirer que les combats, m'en fit des reproches, en me demandant malicieusement combien j'avois mangé d'Anglois depuis que je courois les mers, ne doutant point que je ne fusse assez inhumain pour suivre la coutume des sauvages, qui disent qu'un ennemi vaincu augmente personnellement leurs provisions de bouche. Je sentis bien que je méritois ce trait railleur, et que j'avois tort en effet de faire des portraits si cruels devant des dames. Mais c'est une règle générale que chacun aime à parler de son état. Je fus pourtant dans la suite un peu plus retenu.

Lorsque nous fûmes levés de table, M. de Rémoussin me conduisit lui-même dans une salle où il me dit : Voilà votre chambre et votre lit; vous avez besoin de repos, et vous pouvez le goûter ici comme si vous étiez dans votre famille. On va vous apporter tout ce qui est nécessaire pour la nuit. S'il vous faut autre chose, vous n'avez qu'à le demander librement. Il sortit en disant ces paroles, et deux négresses vinrent étendre sur le lit deux draps des plus fins; elles me présentèrent ensuite une chemise, un bonnet et des serviettes, tandis que deux nègres qui avoient apporté un grand bassin d'eau claire, me répétoient sans cesse : *Laver, maître, laver.* Comme je n'étois point fait à de pareilles cérémonies, je regardois tranquillement ces nègres sans leur répondre. Ils prirent mon silence pour un consentement, et se mirent en devoir de me déshabiller; mais peu satisfait de l'empressement de mes valets de chambre, je me préparois à leur donner leur congé, et à les mettre à la porte, lorsque M. de Rémoussin, qui de son appartement entendoit notre contestation, revint me trouver pour me demander pourquoi je faisois de telles façons. Je lui répondis que n'étant pas en état de reconnoître ses bontés, il me suffisoit de passer la nuit dans la cabane d'un de ses nègres, pour moins incommoder, et pour partir dès la pointe du jour.

Vous comptez sans votre hôte, répliqua-t-il, si vous vous proposez de nous quitter dès demain. C'est ce que nous ne vous permettons nullement; nous connoissons trop le danger qu'il y auroit pour vous à poursuivre votre chemin. Si vous voulez absolument aller au Cap, au lieu d'attendre ici vos compagnons, je vous promets de vous y mener moi-même incessamment dans ma pirogue [1]. En attendant, ajouta-t-il en mettant huit ou dix louis d'or dans ma poche, voilà de quoi vous amuser et jouer avec nous, si cela vous fait quelque plaisir. Enfin regardez-moi de grâce comme votre frère, et soyez tranquille.

Ce procédé si noble et si généreux du maître, me fit recevoir sans façon les services de ses esclaves; et laissant faire les nègres, je fus bientôt déshabillé, lavé, frotté et couché. Je puis dire que le lendemain et les jours suivants on me traita en enfant gâté. Les dames ainsi que les hommes me faisoient des caresses à l'envi. C'étoit à qui prendroit plus de soin de moi; cela me fit bien sentir la différence qu'il y a des secours qu'on peut

---

[1] Espèce de chaloupe souvent faite d'un seul tronc d'arbres surtout dans l'Amérique méridionale. Ces pirogues sont légères, et il y en a qui peuvent porter jusqu'à cinquante personnes.

attendre des sauvages, à ceux qu'un malheureux éprouve chez une nation civilisée, humaine et obligeante. Telle est entre autres la françoise, particulièrement dans ces îles.

N'étant pas accoutumé aux chaleurs excessives du climat, je restois ordinairement avec les dames, pendant que leurs époux montoient à cheval, et faisoient leurs tournées vers les côtes. L'habitation étoit un vrai sérail pour ces femmes infortunées; elles ne voyoient que leurs maris, et encore avoient-elles des rivales dans leurs négresses. Quelques parentes de madame de Rémoussin, qui ne s'en apercevoient que trop, s'en plaignoient assez hautement; mais elles avoient affaire à des maris qui ne s'en soucioient guère.

Une de ces épouses négligées, qui souffroit apparemment avec plus d'impatience que les autres cette aliénation de ses revenus, jeta les yeux sur moi pour en être dédommagée. Elle me fit toutes les avances que peut faire une honnête femme qui médite un dessein qu'elle se reproche sans pouvoir y renoncer. Mais j'étois alors si peu au fait sur cet article, qu'à moins de me dire bois, je n'aurois jamais osé toucher au verre. Souvent elle me tirailloit en particulier, me prenoit les mains qu'elle serroit entre les siennes; et me regardant d'un air passionné, elle me plaignoit de l'incommodité que me causoient les chaleurs du climat : elle gémissoit sur les blessures que j'avois reçues dans l'attaque du vaisseau anglois, et m'exhortoit tendrement à n'en plus chercher de nouvelles. N'est-ce pas grand dommage, me disoit-elle, que jeune et aussi aimable que vous l'êtes, vous ayez embrassé la plus pénible et la plus dangereuse de toutes les professions? Est-ce que vous n'aimeriez pas mieux demeurer avec nous dans cette charmante solitude, que de vous exposer à tant de périls? Je suis persuadée, ajoutoit-elle, que vous êtes de meilleur goût que nos maris, et que vous nous préféreriez aux négresses? Parlez, M. de Beauchêne, n'est-il pas vrai que nous valons mieux qu'elles? Je vous confesse qu'à des questions qui me donnoient si beau jeu, je ne savois répondre que *oui, madame; vous avez bien de la bonté, madame.*

La plupart de mes lecteurs diront sans doute que je faisois là un vrai rôle de sot; j'en conviens; mais quelques-uns pourront s'écrier: O précieuse ignorance! O trop heureuse simplicité! Ce qu'il y a de certain, c'est que si j'eusse violé les lois de l'hospitalité en profitant de la foiblesse qu'on me témoignoit, M. de Rémoussin et tous ses parents auroient fort bien pu m'en punir. Quoi qu'il en soit, je ne me reproche aujourd'hui en me rappelant cette aventure, que de m'être quelquefois repenti d'avoir été trop honnête homme.

La dame qui m'avoit inutilement agacé ne manqua pas de dire aux autres qu'elle me croyoit insensible à l'amour. Elles pensèrent toutes la même chose de moi. Les unes en rioient; mais il y en avoit qui disoient fort sérieusement, c'est dommage. Cela leur paroissoit un grand défaut dans un adolescent de ma figure. Elles en parlèrent à leurs maris; enfin le bruit s'en répandit parmi les nègres, et je devins bientôt, sans m'en apercevoir, la fable de l'habitation.

Pour mes péchés, une maudite négresse des plus

malignes, et qui servoit de femme-de-chambre à madame de Rémoussin, s'offrit à venger les dames de mon insensibilité. Elle se vanta qu'elle trouveroit bien le secret de me donner du goût pour les femmes. Tout le monde applaudit à cette entreprise qui parut digne de récompense. Quatre messieurs promirent chacun un louis d'or à l'entrepreneuse si elle réussissoit. O gens du monde, qu'il est difficile que l'innocence se conserve long-temps parmi vous !

La négresse ne perdit pas de temps; dès le soir même, ce ministre de Satan, agissant avec moi comme avec un sauvage et un flibustier, vint me trouver dans ma chambre une nuit. M. de Rémoussin et ses amis étoient aux écoutes à ma porte. Elle s'approcha de mon lit effrontément, et m'adressant la parole : Monsieur le Canadien, me dit-elle, je me suis bien aperçue que vous m'aimez, et je ne veux pas vous faire languir davantage. Ce début étonnant, si j'eusse été bien éveillé, auroit été plus propre à soutenir ma vertu qu'à la corrompre. J'aurois indubitablement repoussé les caresses d'une impudente dont je connoissois la laideur; mais j'étois encore tout endormi, et par conséquent je n'ai qu'une idée très confuse de la réception que je lui fis.

Cependant nos messieurs, qui ne croyoient pas avoir donné pour rien leur argent, ne pouvoient se lasser de rire entre eux de la pièce qu'ils m'avoient faite. Le jour suivant, pendant le dîner, ils se mirent à faire la guerre aux dames sur ce qu'elles n'avoient pas l'art d'amuser leur hôte. Effectivement, mesdames, dit M. de Rémoussin, vous devriez, ce me semble, nous épargner le soin d'inventer des passe-temps pour le retenir dans notre habitation. Il est bien honteux pour vous que vos charmes seuls n'aient pas le pouvoir de la lui rendre agréable. Ce qui nous en console, répondit en riant madame de Rémoussin, c'est que le cœur de monsieur le chevalier n'est accessible qu'à la gloire. C'est une conquête interdite à l'amour. S'il est insensible à ce que nous valons, ajouta une autre dame, du moins ne nous fait-il pas l'injustice de nous préférer des monstres tels que vos maîtresses.

Vous avez trop mauvaise opinion de monsieur le chevalier, dit alors un autre homme; je juge de lui plus favorablement. Je parie que ces monstres ne lui déplaisent pas, et qu'il donne comme nous la pomme à l'Amour africain. Oh! pour cela, non, m'écriai-je d'un ton brusque. Il faudroit que j'eusse perdu le bon sens et la vue, pour être capable de faire un pareil choix; et je ne saurois croire qu'il y ait un homme au monde qui puisse trouver aimables de si vilaines créatures. Vous l'entendez, mesdames, reprit M. de Rémoussin. Vous devez tenir compte à monsieur le chevalier de ce qu'il dit là; car il ne parle ainsi que par politesse, et par considération pour vous. Non, monsieur, lui repartis-je; il me semble que je dois me connoître. Encore une fois, je n'aime point ces beautés infernales, et ne les aimerai jamais.

A cette repartie, M. de Rémoussin appelant la négresse qui m'avoit séduit : Approchez, Angolette, lui dit-il, venez confondre monsieur le chevalier. Dites-nous la vérité, ma fille; on ne vous fera pas le moindre mal; mais si vous vous en écartez, je vous ferai attacher à un poteau, et donner cinquante coups de fouet bien appliqués. Que s'est-il passé cette nuit entre ce monsieur et vous? Là-dessus Angolette fit en tremblant le récit de l'aventure nocturne, et en dit même beaucoup plus qu'il n'y en avoit. Les dames, qui connoissoient la pèlerine pour une drôlesse accoutumée à jouer de semblables tours, ne me firent pas l'honneur de me croire, quelque chose que je pusse leur dire, pour leur persuader que la négresse débitoit une imposture. Mon embarras, la surprise des femmes, et les risées des hommes, formoient un tableau assez plaisant. Pour moi, je n'avois aucune envie de rire; j'aurois volontiers étranglé l'effrontée qui étoit la cause de ma confusion. Quand j'aurois eu une faute inexcusable à me reprocher, elle eût été bien expiée par ma honte. Je fus deux ou trois jours sans oser regarder nos dames en face. Le chagrin même que j'en eus fut si vif, qu'il me causa une maladie dont je serois mort infailliblement, sans les soins extraordinaires qu'on eut de moi.

Ne pouvant plus me résoudre à tenir compagnie aux dames, lorsque leurs maris étoient absents, je me promenois tout seul dans l'habitation. En me promenant, je cueillois et mangeois des oranges, et j'en mangeai tant un jour, que j'en eus la fièvre la nuit avec un cours de ventre affreux. L'estomac commença aussi à m'enfler, comme il arrive à la plupart des personnes qui viennent de France dans ces îles. Quand on vit que c'étoit le mal qu'on appelle dans le pays, *mal d'estomac*, on me donna deux nègres des plus forts, qui, me prenant sous les bras, me promenoient par force, et me faisoient monter et descendre par des chemins très rudes, et pleins de haut et de bas. Sans ce pénible exercice, qui est l'unique remède à ce mal, le malade tombe malgré lui dans un assoupissement, pendant lequel ses jambes deviennent enflées après l'estomac, et il en revient rarement.

Outre les nègres qui me promenoient le jour, il m'en falloit d'autres pour me veiller la nuit; et ceux-ci n'avoient pas moins d'occupation que les premiers. On étoit obligé de me tenir de force, et quelquefois de me lier; autrement je me serois blessé ou tué peut-être dans mes accès de fièvre, qui d'ordinaire étoient très violents. Dans mes délires, j'allois à l'abordage, et tantôt à la chasse avec des Iroquois. A la fin d'une de ces crises, et la connoissance m'étant revenue, j'aperçus la négresse Angolette auprès de mon lit. Dans le premier mouvement, je fus tenté de feindre que l'accès n'étoit pas encore passé, de la saisir, et de me venger à coups de poings du tour qu'elle m'avoit joué. J'avois même déjà commencé à crier en iroquois : *Thetiatbeghein kahoonrai, kahoonrai, acistah* [1]. Mais remarquant que la pauvre fille s'empressoit fort à me secourir, je ne pus me résoudre à payer si mal ses services.

Les nègres, qui toutes les nuits étoient occupés autour de moi, n'étoient plus en état de travailler pendant le jour; ce qui ne laissoit pas de faire tort à M. de Rémoussin. Heureusement ma maladie ne fut pas de longue durée, et je me rétablis enfin peu à peu. Pénétré des attentions de mon hôte et de mon hôtesse, ainsi que des bontés de toute leur famille, j'aurois, je crois, renoncé à la mer pour demeurer toujours avec

---

[1] C'est-à-dire, mes frères, aux armes, aux armes, feu.

eux, quand Morpain vint mouiller au port de Paix. Il envoya plusieurs flibustiers s'informer de moi dans le pays : j'étois trop près de la ville pour que ses perquisitions fussent inutiles. D'ailleurs on ne parloit aux environs que de l'Iroquois de M. de Rémoussin. Deux de mes camarades arrivèrent donc bientôt chez lui, et parurent transportés de joie en me revoyant.

Quoique leur arrivée fît peu de plaisir dans cette maison, puisqu'ils y venoient pour m'en arracher, ils y furent fort bien reçus. Telle étoit l'amitié qu'on avoit conçue pour moi, que mon départ affligea tout le monde. Je ne puis y penser encore sans m'attendrir. Personne ne voulut me dire adieu. Il n'y eut que M. de Rémoussin qui eut la force de me voir partir. Je lui protestai que je n'oublierois jamais ce qu'il avoit fait pour moi : je lui dis que je ne pouvois lui offrir que mon bras; mais que, s'il arrivoit qu'il en eût besoin, de même que de tout l'équipage, je le priois de compter sur moi; que je me ferois toute ma vie un devoir de répandre pour lui jusqu'à la dernière goutte de mon sang. Ce que j'exige de vous, mon cher chevalier, me répondit-il, les yeux couverts de larmes, c'est de ne nous point oublier, et de nous donner de vos nouvelles le plus souvent qu'il vous sera possible. Je souhaite que vous n'ayez pas besoin de nous, ajouta-t-il; mais quelle que soit votre destinée, regardez toujours ma maison comme si elle étoit à vous. En prononçant ces paroles, il m'embrassa tendrement, et nous nous séparâmes. Pour comble de générosité, il me fit conduire au port de Paix, avec quatre chevaux chargés, l'un d'habits et de linge pour mon usage, et les autres d'oranges et d'eau-de-vie, et d'autres rafraîchissemens pour notre vaisseau.

Morpain fut ravi de me retrouver tel qu'il m'avoit laissé; je veux dire fort disposé à partager avec lui de nouveaux périls. Il me parut qu'il y avoit bien du changement sur son bord. Je ne vis que des visages inconnus. C'est le sort des flibustiers : ils vieillissent rarement dans leur profession. Morpain m'apprit que mes premiers compagnons avoient péri presque tous dans trois combats où il avoit fait trois prises différentes, et qu'il cherchoit partout de braves gens pour les remplacer.

Comme ce n'étoit pas ma faute, si je n'avois point combattu avec eux, j'eus ma part ainsi que les autres dans les captures qui avoient été faites. Elles étoient assez considérables, et je ne fus pas peu surpris de me trouver riche si promptement. Je crus que le ciel m'envoyoit tous ces biens pour témoigner ma reconnoissance à M. de Rémoussin. Je fis un troc de quelques meubles qui m'étoient échus, contre une montre d'or qui tomboit à un de mes camarades; je la mis dans une petite corbeille sous un rouleau de deux cents louis, et je fis porter mon présent à M. de Rémoussin, par un bourgeois que je connoissois pour un homme qui faisoit ses affaires au port, et qui avoit soin de l'avertir de tout ce qui s'y passoit.

J'avois chargé mon commissionnaire de dire que nous étions partis, et qu'il nous avoit vus déjà loin du port; mais il n'obéit pas, puisqu'il me rapporta ma corbeille dès le soir même, avec une longue lettre, par laquelle M. de Rémoussin me reprochoit mon procédé, qui lui faisoit craindre, disoit-il, que je n'eusse pas reçu les marques de son amitié d'aussi bon cœur qu'il me les avoit données. Il me mandoit pourtant que, pour ne pas tout refuser, il avoit retenu la montre. Cela étoit vrai : il avoit remis à la place vingt-cinq louis, et c'étoit plus qu'elle ne valoit. Enfin, il étoit écrit que j'aurois à ce galant homme toutes les obligations du monde, sans pouvoir dans la suite lui témoigner que j'en étois reconnoissant; car tant que j'ai couru les mers depuis ce temps-là, je n'ai pas eu occasion de relâcher au port de Paix, quelque envie que j'en eusse, et je n'ai rencontré sur mer personne qui vînt de ce port à qui il n'ait demandé de mes nouvelles [1].

Quatre ou cinq jours après que j'eus rejoint Morpain, il se trouva en état de partir. Nous allâmes croiser sur les côtes de la Jamaïque, et nous y fîmes plusieurs prises pendant cinq mois que nous y demeurâmes. Nous vendîmes la dernière au petit Goave, dont M. le comte de Choiseul étoit gouverneur. C'étoit un bâtiment chargé de vins de Madère; ce qui fit un plaisir extrême à ce seigneur, de même qu'à tout le pays. Il nous fallut plusieurs mois pour radouber notre vaisseau, qui étoit en mauvais état. Pendant ce temps-là, M. de Choiseul, pour nous occuper, résolut de nous faire faire quelques courses sous un vieux et célèbre flibustier qui s'étoit retiré de la mer pour vivre tranquillement dans une riche habitation qu'il avoit aux environs du petit Goave. C'étoit le fameux Montauban, qui, dans la guerre précédente, avoit conduit à

---

[1] En arrivant à Nantes, en 1712, j'appris de quelques personnes de Saint-Domingue, qui se disoient de ses parents, qu'il étoit mort depuis peu. Je l'ai regretté plus que mon père.

Bordeaux cinq prises angloises, qui jetèrent tant d'argent dans cette ville.

M. de Choiseul eut bien de la peine à tirer Montauban de sa retraite, soit que ce flibustier n'aimât plus que le repos, soit qu'il eût un pressentiment de ce qui devoit lui arriver. Cependant il se laissa vaincre; il accepta la commission avec une belle frégate de quatorze pièces de canon : M. de Choiseul, qui l'avoit dans son port, lui en fit présent. Elle se nommoit *le Néron* : nous ne sûmes pas plus tôt que Montauban alloit se remettre en mer, que nous nous engageâmes presque tous avec ce héros de flibuste. Nous mîmes à la voile au bruit des fanfares et du canon de la place. On eût dit que nous étions assurés de la victoire.

Sur la route que nous faisions vers la Jamaïque, en passant à la vue d'un petit port, appelé la Caye Saint-Louis, nous y découvrîmes un vaisseau espagnol, qui y avoit relâché pour échapper à un garde-côte anglois qui lui avoit donné la chasse pendant deux ou trois heures. Ce navire espagnol étoit de quarante pièces de canon et foible d'équipage, quoiqu'il fût chargé de piastres. Il est vrai qu'il n'avoit pas cru faire route tout seul, ayant été écarté de plusieurs autres par la tempête. Le capitaine nous fit demander si nous voulions l'escorter jusqu'à la Havane, nous offrant pour cela telle somme qu'il nous plairoit. Nous lui répondîmes, après avoir tenu un petit conseil là-dessus, qu'un voyage jusqu'à la Havane nous écarteroit trop, et dérangeroit le dessein que nous avions, et pour l'exécution duquel un temps nous étoit prescrit; que nous allions croiser sur les côtes de la Jamaïque, et que tout ce qu'il nous étoit permis de faire pour son service, c'étoit de le mettre sur celles de Cuba au port de San-Iago, ou peut-être à celui du Saint-Esprit.

Le capitaine espagnol accepta nos offres, et Montauban, qui étoit connu de la plupart des hommes de son équipage, leur jura sur notre vie que, jusqu'à ce qu'ils fussent en sûreté, nous ne les quitterions que pour courir sur les Anglois que le hasard nous pourroit faire rencontrer; qu'en ce cas nous n'exigions d'eux que la complaisance de nous attendre, leur promettant de les rejoindre après nos expéditions. Les Espagnols, charmés de nous avoir pour défenseurs de leurs piastres, voguoient joyeusement en notre compagnie, en faisant mille démonstrations de reconnoissance; et pour nous engager encore mieux à leur être fidèles, il ne se passoit point de jour qu'ils ne nous régalassent sur leur bord par détachements.

Une nuit le gros temps nous écarta d'eux considérablement, et le lendemain sur les dix heures du matin, quand nous les revîmes, nous remarquâmes qu'ils étoient à deux portées de canon d'une frégate angloise de trente-six pièces de canon. Lorsque nous eûmes rejoint les Espagnols, ils nous dirent qu'ils avoient fait semblant de vouloir aller aux Anglois; mais que dans le fond ils n'en avoient eu aucune envie.

Pour nous, nous ne fîmes pas tant de façons : nous poursuivîmes le vaisseau anglois, et le joignîmes en peu de temps, bien qu'il fût assez bon voilier. Il faut que je rende justice au capitaine espagnol : il fit tout son possible pour nous suivre, et courir avec nous la fortune du combat. Nous avions sur notre bord quatre

Espagnols, avec qui nous avions passé la nuit à jouer. Ils ne furent pas d'abord spectateurs oisifs; mais ils le devinrent bientôt en nous voyant tout à coup une vingtaine de flibustiers sur le pont de la frégate, expédier des Anglois avec tant de vigueur, que, sans être soutenus par nos confrères et par le vaisseau espagnol qui s'approchoit, nous les aurions contraints d'améner. Aussi les quatre *señores cavalleros* qui étoient sur notre bord, dirent-ils à leur capitaine après l'action, que nous étions des diables et non des hommes. Le meilleur de notre prise consistoit en cent trente nègres, que nous envoyâmes vendre à Saint-Louis, et encore n'en retirâmes-nous aucun profit, puisque nous n'entendîmes plus parler ni d'eux ni du vaisseau qui les portoit.

Si nous montrâmes aux Espagnols notre manière de combattre, nous leur fîmes connoître après cela que la parole d'honneur n'est pas moins sacrée parmi les flibustiers que chez les guerriers les plus polis. Un jour un des nôtres, j'en ai oublié le nom, s'étant échauffé le cerveau à force de boire avec les Espagnols sur le bord, nous dit, quand il fut revenu sur le nôtre, que si nous voulions suivre son conseil, nous ferions d'un seul coup notre fortune, sans nous exposer au moindre péril. Nous lui demandâmes là-dessus, comment? En enlevant, reprit-il, le vaisseau espagnol que nous escortons. Nous nous retirerons avec lui à Bucator, après nous être défaits de tout l'équipage.

Montauban, à ce discours, nous regarda tous fixement, comme pour lire dans nos regards ce que nous pouvions penser d'une pareille proposition; et quoiqu'il n'y eût parmi nous personne qui n'en parût indigné : Messieurs, nous dit-il, je vous remets la place que vous m'avez donnée, s'il faut que je sois témoin de l'impunité d'une trahison proposée : mettez-moi plutôt à terre sur la première côte; je vous demande cette grâce. Pourquoi nous quitter, monsieur? lui répondîmes-nous. Y a-t-il ici quelqu'un qui approuve la perfidie qui vous fait horreur? C'est au lâche qui l'a pu concevoir à se séparer de nous; qu'il aille chercher des complices ailleurs. Nous délibérâmes aussitôt sur le traitement que nous ferions à ce misérable; et il fut décidé que nous le mettrions à terre sans différer; nous jurâmes même qu'aucun de nous dans la suite ne le laisseroit recevoir sur un vaisseau de flibustiers. Nous cinglâmes sur-le-champ vers la Cuba, et quatre hommes l'ayant descendu dans la chaloupe, le menèrent sur la côte, précisément au cap de la Croix, où il demeura armé seulement de son sabre, et sans autre provision de bouche que celles qu'il avoit encore dans l'estomac.

Les Espagnols, bien loin de soupçonner pourquoi nous en usions ainsi avec un de nos camarades, intercédèrent fortement pour lui. Ils eurent beau nous presser de leur apprendre ce qu'il avoit fait, ils n'en furent instruits qu'à la vue de leur port par Montauban lui-même, qui en fit confidence au capitaine en le quittant, n'ayant pas jugé à propos de le lui dire auparavant, de peur de lui causer de l'inquiétude. Les Espagnols, à qui leur capitaine révéla ce secret, nous firent des présents beaucoup plus considérables que ce que nous aurions pu exiger d'eux, et furent si contents de notre procédé à l'égard du traître flibustier, qu'ils répandirent le bruit de cette action dans toutes les îles avec des éloges infinis, comme si l'honnête homme en faisant son devoir méritoit des louanges.

Nous continuâmes deux mois encore à croiser sur cette mer. Nous eûmes pendant tout ce temps-là bien des moments de loisir, que nous avions coutume d'employer à nous réjouir, tantôt à jouer ou à boire de l'eau-de-vie, et tantôt à entendre raconter à Montauban ce qu'il savoit de l'histoire de la flibuste pendant la dernière guerre. Les récits qu'il nous en faisoit nous enchantoient. Nous prenions, entre autres choses, un grand plaisir aux détails des combats où il s'étoit trouvé, et dans lesquels il avoit fait des prodiges de valeur. Messieurs, nous disoit-il un jour, tandis que je me suis vu à la tête de braves flibustiers tels que vous, je puis vous assurer qu'il ne s'est point passé d'année que je n'aie vu renouveler presque tout mon monde; ce qui ne doit pas vous surprendre, puisqu'il y a deux à parier contre un qu'un flibustier ne fait jamais trois campagnes complètes.

Ainsi mes amis, poursuivit-il, je vous conseille de vous borner, à mon exemple, et de vous retirer dès que vous aurez gagné quelque chose. Quand je me rappelle tous les périls auxquels je me suis exposé, je me regarde comme un homme unique en mon espèce, d'avoir eu le bonheur de conserver jusqu'ici ma vie. Vous me blâmerez peut-être, après ce que je viens de dire, d'avoir fait cette nouvelle entreprise avec vous; mais M. de Choiseul a sur moi un pouvoir absolu. Il a souhaité que je lui donnasse cette marque de ma considération pour lui; je n'ai pu la lui refuser. Ce n'est certainement pas l'avarice qui m'a fait quitter les plaisirs et les douceurs dont je jouissois dans ma paisible retraite. C'est encore moins pour rendre mon nom plus fameux que je viens affronter de nouveau les hasards attachés à nos campagnes : elles sont comme les mariages; il suffit d'en courir une fois les risques. Si l'on est assez heureux pour enterrer une femme, deux femmes, on fait toujours une veuve de la troisième. Je rapporte ce discours de Montauban, pour faire observer au lecteur que nous pressentons quelquefois les malheurs qui doivent nous arriver.

Nous rencontrâmes peu de temps après deux vaisseaux anglois, l'un de vingt-quatre et l'autre de trente-six pièces de canon. Il y avoit de la témérité, ou, pour mieux dire, de la folie à les attaquer. Néanmoins l'attaque fut unanimement résolue, rien ne nous paroissant devoir tenir contre l'expérience et l'habileté de notre chef, qui, de son côté, oubliant les choses sensées qu'il nous avoit dites pour nous dégoûter des combats, fut celui qui témoigna le plus d'impatience d'en venir aux mains. Les Anglois nous virent prendre ce parti sans s'émouvoir, et nous firent éprouver qu'ils savoient bien ce que c'étoit que d'avoir affaire à des flibustiers. Nous nous en aperçûmes à leur manœuvre, et au soin qu'ils prenoient de rendre l'abordage très difficile en mettant les boute-dehors [1], dont ils étoient pourvus. Ajoutez à cela que leurs deux vaisseaux s'entendoient aussi bien

---

[1] Ce sont de longues pièces de bois, des bouts de mâts, par exemple, posées de travers sur les ponts d'un navire, et qui s'avançant en saillies des deux côtés, empêchent qu'un autre bâtiment n'en approche.

que si le même capitaine les eût commandés. Quand nous faisions nos efforts pour en aborder un, l'autre nous lâchoit sa bordée. Leur mousqueterie nous incommodoit aussi ; et elle étoit si supérieure à la nôtre, qu'ils tiroient trois cents coups de fusil contre nous cinquante.

Notre chef, voyant bien alors que nous avions fait une sottise en nous engageant dans ce combat, redoubloit de courage pour surmonter tous les obstacles qui nous empêchoient d'en sortir victorieux. Il écumoit de rage ; et sentant bien qu'il en étoit à sa troisième femme, il nous auroit tous laissé périr, si, par bonheur pour nous, il n'eût été tué d'un boulet de canon, après une grosse demi-heure de combat. Je fus aussitôt élu capitaine, non pour continuer à batailler si désagréablement pour nous, mais pour sauver le reste de notre monde, qui étoit réduit à une cinquantaine d'hommes, la plupart blessés, et hors d'état de se défendre.

Voilà de quelle manière la dignité de capitaine me fut déférée pour la première fois, avec condition expresse que mon premier ordre seroit de faire retraite, et que mon autorité se borneroit à reconduire au petit Goave notre vaisseau tout délabré, vingt-cinq estropiés, et même nombre de gens qui n'avoient reçu que de légères blessures, ou qui n'étoient nullement blessés.

Quand le capitaine d'un vaisseau flibustier a été tué, l'équipage en porte le deuil de la façon suivante. On amène la flamme à mi-mât, ainsi que le pavillon, qui, par ce moyen, traîne tristement dans la mer. On dépouille le bâtiment de ses parois et banderoles ; la manœuvre s'y fait dans un grand silence, et très lentement; et l'on tire un coup de canon de demi-heure en demi-heure. C'est ce qui apprit à M. de Choiseul la mort du malheureux Montauban, avant que nous arrivassions dans le port. Ce gouverneur, je dois rendre ce témoignage à la vérité, pleura ce brave homme à chaudes larmes. Il ne pouvoit se consoler de l'avoir tiré de sa solitude pour lui faire faire cette campagne funeste. Il fut aussi fort touché de notre malheur.

Il me semble que je ne dois pas oublier ici de parler d'un usage qui est parmi les flibustiers. Quand ils ont perdu leur capitaine dans un combat, on vend le vaisseau et tout ce qu'il y a dedans, avec les armes même, pour faire prendre soin des blessés, et payer ce qui est assigné à chacun pour ses blessures. Voici le règlement qu'il y a là-dessus. On donne deux mille livres à un flibustier pour la perte d'un bras, d'une jambe, d'un œil, d'une oreille, d'un nez, d'un pouce ou d'un petit doigt; et si quelqu'un demeure estropié de ses blessures, de droit il est reçu sur le premier vaisseau de flibuste, où, quoiqu'il soit inutile, il partage avec les autres également.

FIN DU PREMIER LIVRE.

LIVRE SECOND.

Le chevalier de Beauchêne refuse de remplir l'emploi de capitaine. Il se remet en mer avec soixante-quinze flibustiers. Ils rencontrent quatre vaisseaux anglois qui les maltraitent. Le chevalier va joindre à Saint-Domingue quelques flibustiers françois. Aventure galante d'un Rochelois de ses camarades. Ils vont croiser sur les côtes des Caraques, et prennent, avec un bâtiment de huit pièces de canon, deux vaisseaux anglois, l'un de vingt-quatre et l'autre de trente-six pièces. Ils retournent à Saint-Domingue où ils partagent leurs prises, et font toutes sortes de débauches. Ils se remettent en mer. Ils attaquent un vaisseau de quarante-six pièces et de trois cents hommes d'équipage, et le prennent après un rude combat; mais ils n'ont pas fait cette prise qu'elle leur est enlevée par un navire anglois garde-côte, de cinquante-quatre, et une frégate de trente-six pièces, qui les font prisonniers, on les envoie d'abord à la Jamaïque, et de là dans les prisons de Kinsal en Irlande. Détail des maux qu'on leur fait souffrir. Ils meurent tous, excepté le chevalier qui trouve moyen de se sauver. Il va à Cork, où il a le bonheur de trouver une veuve qui, par générosité, lui rend service, et qui engage un capitaine anglois à le mettre à terre à l'Espagnole, d'où il va au petit Goave. Là, M. de Choiseul lui donne un vaisseau et quatre-vingt-dix hommes, avec lesquels il a l'audace d'aller croiser à la vue des ports de la Jamaïque, pour se venger sur les premiers Anglois des cruautés exercées en Irlande sur ses camarades et sur lui. Il prend un vaisseau anglois, dont il traite cruellement l'équipage. Il a un démêlé avec le gouverneur et les bourgeois de la ville de Canarie. Il attaque un autre vaisseau anglois, où il trouve deux prisonniers françois, dont l'un est de sa connoissance.

Monsieur de Choiseul, après avoir fort regretté Montauban, nous offrit un autre vaisseau, nommé *la Sainte-Rose*, qui avoit été pris sur les Espagnols par les Hollandois, et depuis peu repris sur ceux-ci par les François. Nous acceptâmes l'offre; mais il en falloit former l'équipage, ce qui demandoit deux ou trois mois. Au bout de ce temps-là, nous nous trouvâmes soixante-quinze hommes de bonne volonté, et nous mîmes aussitôt à la voile.

Tout le monde m'exhortoit à garder la place de capitaine, qui m'avoit été donnée après la mort de Montauban. Je la refusai, ne me sentant pas encore assez d'expérience pour me bien acquitter d'un pareil emploi ; et l'on choisit, sur mon refus, un Canadien de Quebec, appelé Minet, bon homme de mer, et aussi prudent que courageux.

A la hauteur de la partie orientale de la Cuba, dont nous commencions à découvrir les côtes, nous aperçûmes un brigantin de quatorze pièces de canon. Nous le chassâmes long-temps, quoique la mer fût grosse. S'il y avoit pour lui du danger à ne pas amener ses voiles, il n'y en avoit pas moins à nous attendre. Aussi les mit-il toutes dehors. Cependant nous nous en approchions, et nous n'en étions plus guère qu'à la portée du canon, lorsqu'un coup de vent des plus furieux lui fit faire capot à nos yeux. Tout son équipage périt, à la réserve de trois personnes, qui aimèrent mieux encore tomber entre nos mains qu'entre celles de la mort.

Nous fûmes si piqués de nous voir enlever cette proie, que nous apostrophâmes le sort dans les termes de la flibuste les plus énergiques. Nous aurions, je crois, dans notre mauvaise humeur, laissé noyer ces trois misérables, sans daigner les secourir, si nous n'eussions pas eu la curiosité d'apprendre toute la perte que nous venions de faire. Nous les sauvâmes donc dans cette intention, et l'on peut juger quel fut notre désespoir, quand ils nous dirent que leur capitaine étoit le fameux Charles Gandi, mulâtre de la Jamaïque, qui venoit de faire la traite sur les côtes des Caraques avec cent mille piastres pour le compte d'un traitant. La perte de ce brave capitaine en étoit une plus grande pour les Anglois, que celle de tout cet argent.

Nous passâmes après cela trois ou quatre mois sans rien rencontrer qu'une grosse barque de pêcheurs que nous prîmes. Nous demandâmes au patron des nouvelles de Paneston, ville de la Jamaïque. Il nous dit qu'il n'en savoit point, quoiqu'il y fît dans l'année plusieurs voyages. C'étoit un homme de quarante-cinq à cinquante ans, lequel avec trois de ses enfants et deux valets, y portoit quelquefois du poisson sec. Nous étions las d'attendre vainement l'occasion de faire quelque bonne prise. Il vint en pensée à notre capitaine de se servir de ces gens-ci pour savoir s'il y auroit quelque chose à faire. Il retint les trois fils du pêcheur, et donnant au père six de nos plus forts boüais, appelés mousses sur les vaisseaux de guerre, il l'obligea d'aller à Paneston, en l'assurant que la vie de ses enfants dépendoit de sa conduite; qu'il n'avoit qu'à se charger de poisson, entrer dans le port à son ordinaire, et s'informer adroitement s'il ne partoit point quelque bâtiment, ou si l'on n'en attendoit pas dans peu. Vous n'avez, ajouta Minet, qu'à exécuter de point en point ce que je vous dis; et quand vous viendrez me rendre compte de votre commission, je vous remettrai vos fils entre les mains. Mais prenez-y garde; si vous vous avisez de nous faire la moindre trahison, nous les pendrons en votre présence à notre beaupré.

Le pêcheur étoit bon père; il fit à merveille ce qu'on exigeoit de lui. Il est vrai qu'outre la menace qui leur avoit été faite, deux de nos boüais, armés de poignards et de pistolets, avoient un ordre secret de le bien observer et de le tuer, s'il faisoit quelque démarche suspecte. Ils nous rapportèrent que cinq vaisseaux anglois, le plus gros de vingt-quatre pièces, et les autres de la moitié moins, se préparoient à mettre à la voile pour la Nouvelle-Angleterre, et qu'ils sortiroient du port incessamment. Nous ne les attendîmes en effet que huit jours; le neuvième, nous les aperçûmes, et nous remarquâmes qu'il y en avoit un qui étoit au vent, et fort éloigné des autres.

Notre capitaine nous proposa d'abord d'attaquer celui-là, disant que nous en étant rendus maîtres, nous nous en servirions contre les quatre qui l'accompagnoient; c'étoit le parti le plus prudent. Mais nous ne voulûmes pas le prendre. Nous craignions que les quatre bâtiments qui étoient ensemble ne nous échappassent, tandis que nous poursuivrions celui qui alloit tout seul. D'ailleurs les premiers étoient plus à notre portée, et les mains, comme on dit, nous démangeoient. Le capitaine eut beau nous remontrer que l'ardeur de combattre, qui le plus souvent est indiscrète dans les flibustiers, les empêche de peser toutes les circonstances, et leur attire ordinairement les malheurs qui leur arrivent. En un mot, il eut beau nous parler raison, personne ne fut de son avis. Enfin quand il vit que nous demandions tous qu'il nous conduisît aux quatre vaisseaux: Messieurs, nous dit-il, je vais vous y mener, quoique ce soit plus donner à votre courage qu'à la prudence. Vous brûlez d'impatience d'aller au feu, vous en verrez un dont je ne vous promets pas de vous tirer.

Quoique les Anglois jugeassent bien que nous nous disposions à les attaquer, ils continuoient leur route aussi tranquillement que s'ils ne nous eussent point aperçus. Il ne sembloit pas qu'ils songeassent à nous; et toutefois ils prenoient des mesures pour nous faire repentir de notre audace. Ils savoient que, suivant notre coutume, nous ne manquerions pas de tenter l'abordage. Ils s'y préparèrent; et quand nous fûmes à la portée du canon, leur plus grosse frégate s'y présenta comme d'elle-même. Nous l'accrochâmes aussitôt, et sautâmes bien vite sur son pont. C'étoit justement ce qu'ils demandoient. Nous trouvâmes leur équipage si bien retranché entre les deux ponts, qu'il nous fut impossible de l'y forcer.

Ils avoient outre cela pris la précaution de scier la barre de leur gouvernail, de sorte que ne pouvant manœuvrer, nous demeurâmes là une demi-heure exposés à toute leur mousqueterie, occupés les uns à briser à coups de haches le retranchement qu'ils avoient fait, et les autres à répondre par un feu très inférieur à celui que faisoient sur nous les trois vaisseaux, qui, passant de temps en temps à nos côtés, nous tiroient des bordées chargées à mitrailles, qui nous tuoient autant de monde que s'ils nous avoient choisis à leur gré. Nous fûmes contraints de repasser sur notre bord, de couper nos grapins, et de nous retirer en hissant notre voile de fortune [1]. Nous étions dans un si mauvais état, qu'à

[1] Voile de réserve, dont on se sert quand les autres ne peuvent plus servir.

peine nous trouvâmes-nous quinze capables de manœuvrer. Les flibustiers sont des gens si terribles pour des vaisseaux marchands, que, tout maltraités que nous étions, nous ne laissâmes pas de tenir nos ennemis en respect. Ils sembloient craindre encore qu'il ne nous prît envie de retourner à la charge, et rendoient grâces au ciel de se voir débarrassés de nous, au lieu que s'ils nous avoient suivis, et qu'un seul de leurs navires nous eût harcelés un quart d'heure, nous aurions été obligés de nous rendre à discrétion.

Ce second échec nous mit si bas, que M. de Choiseul perdit toute espérance de nous relever. Le vaisseau fut encore vendu pour les blessés, du nombre desquels j'avois le bonheur de n'être pas. Nos malheurs consécutifs ne donnoient envie à personne de s'associer avec nous, et nous étions forcés de reposer, en attendant qu'il vînt quelque vaisseau flibustier relâcher au petit Goave. C'étoit une nécessité bien triste pour un homme aussi peu patient que moi. J'y étois néanmoins résolu, de même que mes confrères, lorsque plusieurs flibustiers françois, qui étoient à Saint-Domingue, m'écrivirent que si j'étois d'humeur à les aller trouver, ils me feroient donner un vaisseau de huit pièces de canon, dont le gouverneur de la place, Espagnol affable et généreux, avoit promis de leur faire présent, quand il les verroit en nombre suffisant pour se mettre en mer. Je ne pouvois recevoir de nouvelles plus agréables. J'en fis part à mes camarades; mais il n'y en eut que quatre qui voulurent me suivre, quoiqu'il s'en trouvât dix-huit ou vingt en état de servir.

Ceux-ci nous dirent pour leurs raisons, que tous

les François qui s'étoient ainsi fiés aux Espagnols, s'en étoient repentis tôt au tard. Nous nous moquâmes de leur défiance, et eux de notre sécurité. Nous nous entreprêchâmes de part et d'autre, et nos discours ne furent pas moins infructueux que les sermons qui se font à la cour contre la flatterie et la dissimulation. Je fis donc bande à part avec les quatre flibustiers qui étoient dans la même disposition que moi, et nous nous préparâmes à partir tous cinq au travers des terres.

La veille de notre départ, nous en avertîmes notre hôte, afin qu'il nous enseignât la route que nous devions tenir, et qu'il prît en même temps de nous des billets de ce que nous pouvions lui devoir; car dans ces lieux-là tout flibustier trouvoit alors crédit. On lui prêtoit volontiers tout ce qu'il vouloit, et ces sortes de dettes étoient payées préférablement à toute autre, sur la première prise qui se faisoit, le débiteur même ayant été tué. Un jeune pensionnaire de notre auberge nous demanda le soir si nous aurions pour agréable qu'il se joignît à nous avec un de ses amis qui venoit d'arriver d'une riche habitation qu'avoient ses parents à quelques lieues de là. Nous avons dessein tous deux, ajouta-t-il, de nous rendre à la ville Espagnole; et pour faire voyage sans aucun risque, nous nous adressons à de braves gens comme vous, pour vous prier de nous souffrir en votre compagnie.

Outre qu'il capta notre bienveillance par son compliment, il s'offrit à nous défrayer sur la route, et même à prendre des guides à ses frais et dépens. C'étoit le moyen d'obtenir notre consentement. Nous ne pûmes le lui refuser. Comme il nous marqua qu'ils souhaitoient lui et son ami de partir secrètement, et que nous avions nous autres la même intention, pour éluder les instances que M. de Choiseul nous auroit pu faire pour nous retenir, nous convînmes avec le jeune homme que nous partirions après le souper, la nuit suivante.

Notre hôte nous dit en particulier qu'il ne connoissoit pas son pensionnaire ; mais que son ami étoit créole, un enfant de famille qui avoit été élevé à Paris, d'où il n'étoit de retour que depuis deux mois ; qu'il étoit sur le point d'épouser une demoiselle très riche, et que cependant ce jeune homme paroissoit avoir pour elle moins d'amour que d'aversion. Nous vîmes arriver le créole le lendemain. Il étoit monté sur un bon cheval, et il avoit en croupe une grosse valisse pleine de tout ce qu'il avoit pu emporter d'argent et de bijoux à ses parents. Il eut assez de peine à trouver un cheval pour son ami ; ce qui retarda notre départ jusqu'à minuit.

A peine étions-nous hors de l'auberge, que nous nous vîmes dans un nouvel embarras. Le pensionnaire, ami du créole, étoit très mauvais écuyer. Il chanceloit à chaque pas sur sa selle ; si bien qu'il fallut que l'un de nous montât sur son cheval pour l'y prendre en croupe : ce qui, joint à son air fluet et délicat, nous fit soupçonner dès lors ce que nous découvrîmes peu de jours après. Pour ne pas crever son cheval, qui n'étoit pas des plus forts, on choisit le plus léger d'entre nous, pour lui rendre ce gracieux service, qui portoit avec lui sa récompense. C'étoit un Rochelois alerte et mince, que nous appelions *Tout-en-muscles*, à cause qu'il étoit très fort, quoiqu'il n'eût pas cinq pieds de haut. Il avoit l'esprit fin et rusé ; il perça le mystère dès le premier jour; et, sans nous faire part de sa découverte, il voulut en profiter. Les chaleurs nous obligeoient à marcher plutôt la nuit que le jour; ce qui favorisoit l'entreprise de notre camarade. Le maraud disparoissoit de temps en temps comme un homme qui s'égare, et revenoit nous joindre un quart d'heure après. Ces petites absences furent remarquées, et l'ami du créole nous parut une fille déguisée. Il ne nous fut plus permis d'en douter, lorsqu'un matin nous nous aperçûmes qu'elle étoit partie la nuit avec le Rochelois, les deux chevaux et la valise. Ce qu'elle voulut bien nous apprendre par un billet qu'elle nous laissa pour son amant, et dont voici les paroles :

J'ai fait réflexion, monsieur, qu'étant mineur, vous ne pouviez en conscience m'épouser malgré vos parents. Je crois aussi que vous devez être las de voyager avec moi. Je vais donc, pour vous faire plaisir, prendre un autre guide. Je le dois, quand ce ne seroit que pour vous rendre à une famille qui vous pleure présentement, et à la demoiselle qui vous est destinée pour épouse. Adieu, monsieur, ne songez point à me chercher, je suis égarée tout de bon.

Ce billet nous fit bien rire. Les uns disoient que cette nouvelle fiancée du roi de Garbe avoit apparemment trouvé que monsieur *Tout-en-muscles* lui convenoit mieux que son petit créole. C'est le Rochelois, disoient les autres, qui sans doute a exigé d'elle cette lettre, afin qu'elle eût tout l'honneur de cette action, faisant un scrupule de mettre sur son propre compte le soin généreux d'avoir obligé une famille qu'il ne connoissoit point. Enfin chacun donnoit son lardon à la pèlerine. Cependant, nos ris firent bientôt place à des mouvements de pitié, dont il ne nous fut pas possible de nous défendre.

Le jeune homme à qui ce billet étoit adressé, n'en eut pas si tôt fait la lecture, qu'il demeura immobile d'étonnement, puis tout à coup passant de cet état à la fureur, il fit éclater un désespoir qui nous toucha. Il se seroit tué de sa propre main, si nous ne l'en eussions pas empêché. Il nous disoit ensuite qu'il nous suivroit à pied pour rejoindre son infidèle, et l'accabler de reproches. Après cela, cédant au foible qu'il avoit pour cette créature, il fondoit en pleurs, et sanglotoit avec tant de violence, qu'il nous attendrissoit, tout flibustiers que nous étions.

Cette scène comique et sérieuse en même temps se passa dans une habitation où nous séjournâmes. Nous y employâmes un jour entier à le consoler, et à l'exhorter à retourner chez ses parents. Nous affoiblîmes peu à peu sa douleur en la combattant, et il se rendit insensiblement à la force de nos raisons. Nous lui demandâmes en quel endroit du monde il avoit fait connoissance avec une ingrate qui ne méritoit pas ses larmes Pour satisfaire notre curiosité, il nous conta, non sans pousser de temps en temps des soupirs, que c'étoit une fille de Paris; qu'il avoit aimé la perfide dès le premier instant qu'il l'avoit vue à Paris, où elle étoit soudoyée par un maltôtier; qu'il s'étoit attaché à elle, et qu'après avoir dépensé des sommes immenses pour la souffler à l'homme d'affaires, il en étoit venu à bout. Il ne m'en a pas moins coûté, ajouta-t-il, pour la déterminer à me suivre en ce pays-ci; et, pour achever mon histoire, je n'allois avec cette volage à la ville espagnole que pour l'y épouser, en dépit de mes parents, qui me destinent une autre personne.

Quand nous vîmes le créole disposé à s'en retourner chez lui, nous joignîmes ce que nous avions d'argent tous quatre à ce qui lui en restoit dans ses poches, pour engager deux guides, l'un à le conduire à petites journées, et l'autre à prendre les devants pour avertir sa famille de lui envoyer un cheval. En faisant une action si généreuse, nous ne songions pas que c'étoit nous couper le nez pour sauver celui d'autrui; comme en effet, faute d'argent, nous fûmes obligés de faire des repas de saint Antoine durant tout le reste de notre route.

En arrivant à Saint-Domingue, nous vîmes venir au-devant de nous plusieurs flibustiers françois, qui nous parurent bien aises de notre arrivée. Le Rochelois étoit parmi eux. Dès qu'il put nous parler en particulier, il nous avoua ce que nous savions, sans nous apprendre ce que la Parisienne étoit devenue, nous priant, au surplus, de lui garder le secret; ce que nous fîmes, quoiqu'il ne le méritât point. Il avoit effectivement raison de craindre qu'on ne sût son aventure. On auroit bien pu lui pardonner le ravissement de cette Hélène; mais la valise emportée avoit un air de vol qui eût fait tort à sa réputation.

Le gouverneur de Saint-Domingue, qui nous avoit attendus avec impatience, nous honora d'une réception gracieuse, et moi particulièrement. Il me donna vingt braves Espagnols à commander, avec soixante François qu'il avoit assemblés. Pour répondre à l'estime qu'il me témoignoit, j'usai de tant de diligence, que nous appareillâmes et mîmes à la voile en moins de quinze jours. Je reviens à notre Rochelois. Je fus fort étonné de voir avec lui, sur notre bord, sa Parisienne, qu'il faisoit passer pour son jeune frère, à qui, disoit-il, il vouloit apprendre le métier de bonne heure. Le pauvre flibustier y fut pris comme le créole; il devint éperduement amoureux de cette fille, à qui toute la journée il montroit à faire des armes, quoique nous lui conseillassions en particulier de la laisser à la demi-part en qualité de bouais ou de garçon chirurgien. Ce conseil n'étoit pas de son goût; car il étoit si jaloux, qu'il falloit qu'elle fût toujours à ses côtés. Il souffroit cruellement lorsqu'il la voyoit parler à quelqu'un, et surtout à ceux qui, comme moi, étoient de sa confidence malgré lui. Sa jalousie lui faisoit passer bien des mauvais moments. Un jour, pendant qu'il jouoit, s'étant aperçu que son jeune frère n'étoit pas devant ses yeux, il parut extraordinairement troublé. Depuis ce temps-là il ne joua plus. Il est vrai qu'il nous arriva, huit jours après, une aventure qui le guérit radicalement de la passion qu'il avoit pour le jeu, ainsi que de la jalousie.

En croisant sur les côtes des Caraques, nous rencontrâmes un vaisseau de vingt-quatre pièces, que nous regardâmes d'abord comme un bien à nous appartenant, attendu qu'il ne pouvoit nous échapper par le calme qui régnoit alors sur la mer. Nous le joignîmes bientôt à force de rames; et l'ayant accroché, nous l'obligeâmes d'amener en moins d'un quart-d'heure, sans avoir perdu que six des nôtres, du nombre desquels fut l'amoureux *Tout-en-muscles*, par sa faute. A l'abordage, il sauta avec nous sur le pont du navire anglois; sa maîtresse, emportée par la presse, se trouva comme forcée d'en faire autant; et n'étant pas accoutumée à cette sorte d'escalade, elle tomba dans la mer. L'amant la voyant qui se noyoit, s'empressa d'aller à son secours; mais un des nôtres l'arrêtant, le menaça de lui casser la tête s'il se retiroit [1]. Le Rochelois, entraîné par l'excès de son amour, méprisa la menace, et reçut à l'instant un coup de fusil dans la tête. Ainsi périt ce malheureux, pour s'être abandonné à une passion qui convient encore moins à un flibustier qu'à un autre homme.

Nous fûmes très contents de notre entreprise. Je mis sur le navire anglois une vingtaine des miens, et dans mon fond de cale, la plupart des prisonniers. Nous conduisions notre capture comme en triomphe, quand nous découvrîmes un autre vaisseau qui, profitant d'un petit vent qui venoit de se lever, faisoit force de voiles pour venir à nous. Nos prisonniers nous avoient dit qu'ils faisoient route avec un autre navire de trente-six pièces de canon, dont ils n'avoient été séparés que depuis deux jours par le gros temps. Je ne doutai point que ce bâtiment ne fût celui dont ils nous avoient parlé; et ce qui s'accordoit fort avec ma conjecture, c'est qu'il me sembloit que ce vaisseau cherchoit à rejoindre l'autre. Je fis donc amener toutes mes voiles, parce que notre figure, qui étoit particulière, nous auroit

---

[1] Dans l'action le moindre boüais a droit de tuer tout flibustier qui recule d'un pas.

trop tôt fait reconnoître. J'arborai aussi pavillon anglois ; et de peur que nos prisonniers ne se révoltassent pendant le combat, nous les mîmes tous aux fers. Outre cela, je faisois route vers la Jamaïque très doucement ; et les Anglois, trompés encore par l'habillement des leurs qu'ils apercevoient sur le vaisseau que nous avions pris, vinrent jusqu'à la portée du canon sans reconnoître leur erreur.

Alors, faisant hisser toutes nos voiles à la fois, et mettant pavillon de France sur nos deux vaisseaux, nous allâmes si brusquement au leur, que nous l'accrochâmes, et montâmes à l'abordage avant qu'ils connussent bien à quelles gens ils avoient affaire. En récompense, si tôt qu'ils le surent, ils firent des efforts incroyables pour nous repousser. Ils étoient forts d'équipage ; par conséquent, ils nous tuèrent bien du monde. Ils nous auroient même fait déborder peut-être malgré tout notre courage, si nos camarades, qui étoient sur le bâtiment pris, n'eussent aussi jeté leurs grapins, et sauté sur le gaillard, après avoir lâché deux ou trois bordées de canon. Les Anglois, attaqués de l'un et de l'autre côté, ne tinrent plus guère, et furent obligés d'amener, quoiqu'ils fussent encore pour le moins trois contre un.

Nous ne laissâmes pas d'avoir dans cette occasion vingt-huit personnes de tuées ou blessées. Lorsque nous arrivâmes à Saint-Domingue, nous allâmes rendre compte de notre campagne au gouverneur, qui fut extrêmement surpris d'apprendre ce que nous avions fait. Il ne pouvoit concevoir comment cinquante personnes avoient été capables d'en enchaîner deux cents, et d'enlever avec huit pièces de canon deux vaisseaux, l'un de vingt-quatre, et l'autre de trente-six. Pour le profit qui nous revint de ces deux prises, il étoit si considérable, qu'indépendamment de ce qui avoit été de nature à être partagé manuellement entre nous, comme cela se pratique, je me souviens que l'amirauté, pour ses droits sur le reste, tira près de cinquante mille écus.

On va croire sans doute qu'après avoir fait deux si beaux coups de filet, cinquante flibustiers vont devenir cinquante bons bourgeois qui vivront heureux et tranquilles. Pardonnez-moi : ce ne sont pas là leurs maximes. Nous passâmes six ou sept mois à faire dans Saint-Domingue ce que feroient cinquante mousquetaires parmi la bourgeoisie d'une ville rendue à discrétion. Jeux, bals, cadeaux, querelles, tapages, nous n'avions pas d'autres occupations. Quand un Espagnol trouvoit mauvais que nous donnassions une sérénade à sa femme, et qu'il n'avoit pas l'honnêteté de nous ouvrir sa porte, nous montions chez lui par les fenêtres. Il y avoit tous les jours quelque père ou quelque mari qui portoit ses plaintes au gouverneur. D'un autre côté, ceux qui n'avoient ni femmes, ni filles jolies, et qui trouvoient leur compte dans nos dissipations, s'intéressoient et parloient pour nous. Ils se soucioient peu que nous fissions des ravages pendant la nuit, pourvu que le jour ils nous vendissent une piastre ce qui ne valoit pas un escalin.

La licence pourtant fut poussée si loin, que le gouverneur, après nous avoir inutilement priés d'être plus raisonnables, se vit obligé de nous défendre de porter des armes dans la ville; encore eut-il besoin pour en venir là, qu'un flibustier fît une insulte à un officier de sa maison, lequel avoit le nez d'une longueur excessive. Ton nez me choque, lui dit le flibustier en le rencontrant ; je veux à coups de sabre en ôter ce qu'il y a de trop : allons, mon ami, l'épée à la main. L'officier, qui étoit Espagnol, défendit son nez en brave homme ; mais ne voulant pas être réduit à le conserver de cette façon, il s'en plaignit à son maître, qui fit publier une ordonnance, par laquelle il étoit enjoint aux flibustiers de ne porter aucunes armes dans Saint-Domingue.

Nous obéîmes, et nous parûmes plusieurs fois en vrais courtauds de boutiques devant le gouverneur, qui nous remercia d'abord du respect que nous avions pour ses ordres ; mais quand il apprit que nous faisions porter nos épées par nos valets, comme avoient fait en pareil cas à La Rochelle les Canadiens de l'équipage de M. d'Iberville, il fut irrité contre nous. Il ordonna de nouveau qu'aucun flibustier ne porteroit des armes dans la ville ; il ajouta que si quelqu'un en faisoit porter, il en seroit puni par six mois entiers de prison ; de sorte qu'il nous mit hors d'état de nous battre dans la ville autrement qu'à coups de poings.

Cette juste sévérité du gouverneur produisit différents effets. Les bourgeois commencèrent à ne plus tant nous craindre, et les femmes à nous aimer davantage. Notre vaisseau devint le théâtre des fêtes galantes ; et telle femme que nous n'avions pu voir qu'en prenant son appartement par assaut, sautoit à son tour par ses fenêtres, plutôt que de manquer au cérémonial de la politesse, en ne nous rendant pas nos visites. Pour les Espagnols, irrités de ce que, sans en être requis, nous introduisions avec tant de succès la politesse françoise parmi leurs femmes, ils se défaisoient à l'espagnole de ceux de nous autres qui se trouvoient la nuit sous leurs mains. Nous perdîmes de cette gentille manière quatre ou cinq de nos plus galants flibustiers, de ceux qui pouvoient passer pour les petits-maîtres de notre troupe.

Comme nous connoissions les intrigues qui leur avoient été si funestes, nous résolûmes de venger leur mort. Nous ne le pouvions dans la ville sans une révolte ouverte, et nous étions en trop petit nombre pour oser nous révolter. Nous jugeâmes qu'il falloit attirer sur notre bord les jaloux que nous soupçonnions d'avoir assassiné nos camarades. Pour mieux tromper ces assassins, nous cessâmes de nous plaindre du malheur de nos confrères; nous affectâmes de paroître tranquilles. Nous disions même hautement que ceux d'entre nous qui faisoient du bruit dans la ville contre les ordres de M. le gouverneur, se rendoient bien dignes des accidents qui leur arrivoient. Sur de semblables discours, les bourgeois nous crurent plus timides et moins terribles que nous n'étions. Ils s'imaginèrent même que nous voyant réduits au nombre de trente-cinq François, nous jugions plus à propos de filer doux que de faire les méchants. Ils étoient encore dans une autre erreur: ils pensoient que les flibustiers espagnols ne s'entendoient point avec nous; et toutefois ce furent ceux-ci qui nous livrèrent quatre des maris que nous regardions comme flibusticides; et voici de quel stratagême ils se servirent pour nous les amener sur un des vaisseaux anglois que nous avions pris. Ils proposèrent de les y conduire vers la nuit, en leur disant que nous leur vendrions à bon compte une partie des bijoux dont nous avions dessein de nous défaire secrètement pour frauder l'amirauté.

Ces bourgeois, qui ne demandoient pas mieux que de gagner avec nous, donnèrent facilement dans le piége; et quand nous les eûmes en notre pouvoir, nous prîmes un air rébarbatif. Nous les interrogeâmes juridiquement sur les meurtres commis dans leurs quartiers, et qu'on leur imputoit. Ce fut en vain qu'ils protestèrent de leur innocence; ils avoient affaire à des juges qui les avoient condamnés avant que de les entendre. Il ne s'agissoit plus entre nous que de convenir du supplice que nous leur ferions souffrir, lorsque reconnoissant parmi eux un petit homme mutin qui avoit une très belle femme qu'il avoit toujours eu l'adresse de nous rendre inaccessible : Par ma foi, messieurs, dis-je à mes camarades, si ces trois patrons-là ont des épouses aussi jolies que celle de celui-ci, je suis d'avis que nous leur fassions grâce de la vie, pouvu qu'ils nous les envoyent chercher tout à l'heure ; et je prétends qu'ils fassent la lecture à fond de cale, tandis que nous souperons avec elles.

Une si plaisante idée de vengeance fit rire tout le monde, et sauva les bourgeois espagnols, qui sans cela auroient infailliblement passé le pas. On ne songea donc plus à répandre du sang : on raisonna seulement sur l'arrêt que j'avois prononcé ; et chacun ayant opiné, il fut résolu que, pour éviter les inconvénients, nous irions nous-mêmes, munis de bonnes procurations de la main des maris, souper chez eux avec leurs femmes à huis clos, pour éviter le scandale. Nous prîmes un plaisir infini à voir les différentes grimaces que ces quatre époux faisoient en écrivant leurs procurations. Les plus jaloux surtout nous réjouirent par les frayeurs mortelles qui étoient peintes sur leurs visages. Tout cela pourtant ne fut qu'un jeu. Nous allâmes souper à nos auberges, bornant notre vengeance à retenir les maris pendant la nuit dans le vaisseau, et à leur faire croire que nous ne laisserions pas leurs procurations inutiles. Nous avions fait connoissance avec tant d'autres dames, qu'on ne doit pas s'étonner si nous n'eûmes pas la curiosité d'aller voir celles-là, qui, lorsqu'elles revirent leurs époux, que nous eûmes soin de leur renvoyer le jour suivant, n'eurent pas, je crois, peu de peine à leur persuader qu'ils en étoient quittes pour la peur.

Tandis que nous menions à Saint-Domingue une vie délicieuse, dépensant notre argent aussi vîte que nous l'avions gagné, il nous arriva du petit Goave un renfort de douze flibustiers françois, qui nous arrachèrent à la mollesse. Nous abandonnâmes brusquement les plaisirs pour appareiller, et nous mîmes à la voile avec tant d'ardeur, qu'on eût dit que nous partions pour remporter une nouvelle victoire. On s'endort dans l'iniquité. Nous ne songions pas qu'ayant passé tant de temps dans la débauche, nous courions peut-être au devant des châtiments que la justice divine nous préparoit.

Parmi les flibustiers qui nous étoient venus du petit Goave, il y en avoit un d'un caractère bien nouveau dans cette profession. C'étoit un parfait philosophe, un méditatif malebranchiste, qui n'avoit jamais vu d'épées nues, et ne connoissoit la poudre à canon que par les expériences qu'il avoit faites sur le ressort de l'air qu'elle contient. Ce qui paroîtra fort singulier, c'est que nous nous accommodions de lui à merveille, quoiqu'il ne sût ni se battre, ni jouer, ni jurer, ni boire. Nous l'écoutions tous avec plaisir, surtout lorsqu'il parloit physique, et nous expliquoit la cause des éclipses, des vents, du flux et reflux de la mer, enfin des effets les plus surprenants de la nature; ce qu'il faisoit en s'assujettissant le plus qu'il lui étoit possible aux expressions simples et convenables à la portée de ses auditeurs.

Sa conversation nous réjouissoit. Je n'oublierai jamais le discours qu'il nous tint la première fois qu'il nous raconta par quel hasard il se trouvoit avec nous. Il n'y pouvoit penser sans faire des exclamations qui nous divertissoient. Il semble, nous dit-il, que je sois né pour faire connoître au monde toute la bizarrerie du sort. Après avoir été depuis mon enfance jusqu'à présent comme enseveli dans l'étude des belles lettres, me voilà réduit aujourd'hui à courir les mers, non en curieux naturaliste, mais en qualité de flibustier. Quelle étrange métamorphose! encore n'est-elle qu'une suite d'un autre caprice de mon étoile, dont je ne comprends pas moi-même comment j'ai pu être le jouet. Il s'arrêta dans cet endroit, et parut n'en vouloir pas dire davantage. Nous le priâmes de s'expliquer plus clairement; et nos instances furent d'autant plus fortes, que les flibustiers qui l'avoient amené du petit Goave, et qui savoient son histoire, rioient à gorge déployée de sa réticence; ce qui nous faisoit penser que ce qu'il nous céloit, méritoit bien d'être entendu. Nos prières ne furent pas superflues. Il reprit la parole en ces termes :

Vous voyez, messieurs, que je ne me répands pas volontiers en discours vains, et que je suis assez silencieux. Mais vous ne me connoissez pas encore. C'est dommage qu'on ne puisse ici pratiquer un cabinet éloigné du bruit et du mouvement continuel qui se fait sur votre vaisseau : vous m'y verriez enfermé des cinq ou six jours de suite, sans sortir et sans dire un seul mot à ceux mêmes qui m'apporteroient à manger. Tel est mon goût. C'est ainsi que j'ai toujours vécu ; aussi ai-je toujours passé pour un mortel farouche, ennemi des hommes, et encore plus des femmes. Cependant, messieurs, le pourrez-vous croire, je ne me suis exilé moi-même dans ce nouveau monde que pour en éviter une que j'ai épousée dans un de ces moments malheureux où le philosophe, cédant lâchement au concupiscible, malgré sa philosophie, se laisse attacher au joug de l'hyménée.

Dans une ville de France assez loin de Paris, je pris pour femme une jeune personne des plus aimables, et en même temps des plus vives. Je ne fus pas quatre jours sans m'apercevoir que j'avois fait une sottise, et que je venois d'embrasser un état qui ne me convenoit nullement. Mon épouse à force de soins et de complaisances devint mon bourreau. Elle me suivoit sans cesse, m'accabloit de caresses, et ne m'abandonnoit pas un instant à moi-même. Etois-je à lire dans mon cabinet, elle m'y venoit chercher en dansant et en chantant; elle m'arrachoit le livre que je tenois dans mes mains, et me disoit d'un air folâtre, qu'elle valoit mieux que tous les volumes de ma bibliothéque; de sorte que pour lire en liberté j'étois obligé de sortir de la ville, ou de me retirer chez un ami. Enfin elle aimoit autant la société que j'avois de goût pour l'étude et pour la retraite. Depuis qu'il étoit jour chez madame, c'étoit jusqu'au soir une compagnie nombreuse. Passe encore si, ne trouvant pas mauvais que ma femme vécût de cette sorte, j'eusse eu de mon côté la liberté de vivre à ma fantaisie; mais non, elle prétendoit que je suivisse la sienne; elle vouloit, disoit-elle, me convertir, me façonner, et surtout empêcher que la lecture ne m'incommodât. Comme vous êtes changé! s'écrioit-elle quelquefois; c'est la lecture qui vous échauffe; il faut que je brûle tous ces vilains livres qui vous tuent à vue d'œil.

J'avois beau enrager en moi-même et maudire mon mariage, ma folle épouse m'obligeoit à faire par complaisance tout ce qui lui plaisoit. Cependant après quelques mois elle cessa de me tourmenter; et désespérant de changer un philosophe endurci, elle me laissa lire tout à mon aise, sans s'obstiner davantage à vouloir me faire tenir une autre conduite, et sans songer à réformer la sienne. Au contraire, elle redoubla sa dépense, et fit une si prodigieuse dissipation de mon bien en repas, habits, meubles, jeux et spectacles, qu'en moins de deux ans elle me ruina. Je ne me voyois, pour toute ressource, qu'une habitation que mon père m'avoit laissée en mourant, et qui étoit habitée par un homme qui y avoit quelque part, et qui, différant toujours à compter avec moi, ne m'avoit encore envoyé en Europe aucun argent.

Quand je vis donc, il y a cinq ou six mois, qu'il ne me restoit pas de quoi payer le quart de ce que ma femme devoit au boulanger, au boucher, au rôtisseur, à la lingère, etc., je partis sans lui dire adieu, pour m'épargner la peine d'entendre la musique qu'elle m'auroit chantée là-dessus ; je m'embarquai pour Saint-Domingue, dans l'espérance d'y vivre heureux et tranquille, puisque j'y vivrois loin de ma femme. Mais en y arrivant, je trouvai que l'habitation sur laquelle j'avois compté avoit été vendue, et que le fripon de vendeur n'étoit plus dans le pays. Cette nouvelle me frappa si vivement, que je pensai me repentir d'avoir quitté mon épouse, c'est tout dire. On ne parloit alors au petit Goave que des richesses immenses que les François gagnoient à la ville espagnole. Je logeois avec plusieurs de ces messieurs qui m'écoutent. Je leur avois conté mon infortune. Ils me plaignoient ; et voyant que je ne savois de quel bois faire flèches, ils me proposèrent de les suivre. J'acceptai la proposition ; et je m'en applaudirois, si je ne craignois de paroître un confrère indigne de vous. Car enfin je n'ai pas le cœur guerrier ; je le sens bien. Je ne saurois entendre un coup de fusil sans trembler.

Ce nouveau flibustier, s'il faut lui donner ce nom parce qu'il étoit parmi nous, finit là son histoire. Je pris ensuite la parole, et je lui dis qu'il seroit bien plus tôt aguerri avec des flibustiers qu'avec sa femme ; qu'il n'auroit pas été deux fois au cul d'un gros vaisseau, exposé à des coursiers de vingt-quatre livres de balle qu'il ne seroit plus épouvanté du bruit d'un coup de fusil. J'ajoutai néanmoins qu'il seroit maître de se tenir d'abord à la manœuvre, et de nous voir combattre, sans se mettre de la partie, jusqu'à ce qu'il fût fait aux mousquetades et aux coups de canon.

Nous étions plus impatients que lui de rencontrer quelque vaisseau qui nous donnât occasion de lui montrer de quelle manière nous prétendions l'accoutumer au feu; ce qui pourtant n'arriva que deux mois après. Un matin, en doublant la petite île des Tortues, il se présenta devant nous un bâtiment anglois, auquel nous allâmes sans balancer. Le capitaine qui le commandoit, auroit cru se déshonorer en nous évitant. En effet il ne voyoit qu'un petit vaisseau de huit pièces de canon, qu'il ne croyoit pas assez téméraire pour oser en attaquer un de quarante-six pièces, et de trois cents hommes d'équipage. Il ne connoissoit pas encore les flibustiers. Son maître et son contre-maître, qui savoient quelle sorte de gens nous étions, eurent à ce sujet une prise très vive avec lui, à ce qu'ils nous dirent eux-mêmes après l'action. Le maître, remarquant que nous nous approchions toujours d'eux à bon compte, lui conseilla de se préparer au combat. Ne vous inquiétez point, lui dit le capitaine; devez-vous craindre une chaloupe que je pourrois faire hisser tout entière sur mon pont? C'est une chaloupe, si vous le voulez, lui répondit le maître un peu piqué; mais cette chaloupe contient une centaine d'hommes que vous allez voir sauter sur votre bord, pour vous épargner la peine de les y hisser; et, si vous n'y prenez garde, ils vous culbuteront vous et votre équipage, tout nombreux qu'il est.

Après une assez longue altercation, la prudente sagesse du maître l'emporta sur la trop grande confiance du capitaine Rodomont. Ils se préparèrent un bon retranchement; après quoi ils nous firent la galanterie de nous attendre, bien résolus d'empêcher l'abordage, ou du moins de faire pour cela tous les efforts dont ils étoient capables. La mer étoit fort agitée, et leurs premières bordées de canon nous firent moins de mal que de peur à notre philosophe. Mais dans la suite, nous fûmes presque entièrement désemparés de nos voiles et de nos manœuvres; de sorte que si nous n'eussions pas saisi l'occasion qu'un coup de vent nous offrit de jeter nos grapins d'abordage à leur poupe, nous allions être totalement rasés. Leur canon leur devint alors inutile, à l'exception de leurs deux coursiers, dont ils ne firent pas même grand usage, parce que je faisois faire feu sans relâche dans leurs sabords. Nous montâmes à la fin sur leur pont, non sans beaucoup de peine à cause des vagues, et en essuyant un feu si terrible de leur mousqueterie, que j'y perdis au moins le tiers de mon monde. Nous ne commençâmes à respirer que quand nous combattîmes avec les armes blanches.

Dans le temps que nous nous battions, nous avec nos sabres, et eux avec leurs épées et des espontons, le hasard voulut que le capitaine et moi, sans nous connoître, nous en vinssions aux mains seul à seul. Nous nous attachâmes l'un à l'autre; et j'avouerai sincèrement que je n'ai jamais eu affaire à un si rude joueur. Rebuté de lui voir parer tous mes coups, je commençois à ne lui en plus porter de fort rudes, et je sentois que j'allois tomber sous les siens, lorsque tout-a-coup il eut la cuisse cassée d'un coup de pistolet. Ne pouvant plus se soutenir, il mesura la terre de son corps, ou plutôt le pont; et sa chute un instant après fut suivie de la mienne, tant j'étois affoibli par les coups de feu que j'avois reçus, et par le sang que j'avois perdu. Cependant mes camarades pressèrent si bien les Anglois, qu'ils les obligèrent à se retirer entre leurs deux ponts, où, les accablant de grenades et de flacons de poudre qui brûloient jusqu'à leurs habits, ils les contraignirent d'amener.

J'étois entre les mains du chirurgien, qui, me voyant sans connoissance, employoit toute son habileté à me faire reprendre mes esprits; et quand il en fut venu à bout, je lui demandai si nous étions vainqueurs ou vaincus. Il m'apprit, avec une joie que l'idée d'une grande fortune lui inspiroit, que le vaisseau anglois étoit à nous; qu'il revenoit d'Angola; que son lest étoit de morfil ou d'ivoire, et sa charge de cinq cent cinquante nègres, avec beaucoup de poudre d'or. Véritablement on ne pouvoit faire une plus riche prise. Aussi mes confrères s'en applaudissoient-ils, en faisant éclater leur ravissement par des transports inexprimables. Mais, hélas! que leur joie fut de peu de durée! Ils n'eurent pas le temps de compter leurs richesses. La fortune les leur enleva bien promptement. Elles ne furent à eux que depuis huit jusqu'à onze heures du matin; et ils payèrent chèrement une si courte possession.

En voulant gagner la caye Saint-Louis, qui étoit le port françois le plus proche de l'endroit où nous nous trouvions, nous allions justement à la rencontre du *Jarsey*, navire anglois, garde-côte, de cinquante-quatre pièces de canon. Ce vaisseau croisoit sur les côtes de l'Espagnole, avec une frégate de trente-six pièces. Notre bâtiment étoit si délabré, que nous n'eûmes pas même la pensée de chercher à leur échapper. Néanmoins, dans notre désespoir, nous nous préparâmes à nous défendre. Je me fis porter sur le pont, où, ne pouvant me soutenir, même assis, on m'accommoda de façon qu'étant couché sur le dos, les bras libres, et la tête un peu élevée, je pouvois encore tirer quelques coups de fusil. Quinze hommes qui conduisoient notre prise, furent d'abord tentés de mettre le feu aux poudres, et de faire sauter le vaisseau; mais remarquant que nous nous apprêtions au combat, ils firent la même chose. Je n'avois avec moi que vingt-cinq hommes, en comptant le philosophe et les blessés.

Le *Jarsey* vint à nous le premier; et nous voyant si peu de monde, nous attaqua sans attendre la frégate. Les quinze hommes qui montoient le navire pris, suffisant à peine pour manœuvrer, ne lui parurent pas fort à craindre. Il ne s'attacha qu'à notre vaisseau; et comme il s'aperçut que, trop foibles pour songer à l'abordage, nous prenions par nécessité le parti de nous tenir sur notre bord, il ne manqua pas de se régler là-dessus. Pour nous expédier plus promptement, il chargea son canon à mitrailles; et indigné contre nous de ce que malgré de tels préparatifs, nous ne nous disposions point à amener, il se mit à nous passer sur le corps à chaque instant avec son gros vaisseau, qui brisa le nôtre; il alloit indubitablement nous couler à fond, si nous ne nous fussions pas prudemment déterminés à nous rendre.

Le capitaine trouva notre prise bien maltraitée ; et piqué de la résistance que nous avions osé lui faire avec des forces si inégales, il nous traita très rudement de paroles et d'effet. Il nous fit charger de fers, tout blessés que nous étions, et nous laissa le reste du jour sans nous faire panser. Ainsi périrent plusieurs de nos compagnons, de qui les blessures sans cela n'auroient pas été mortelles. Considérant toutefois le lendemain que nous étions réduits à une vingtaine tout au plus, il permit à notre chirurgien de prendre soin de nous, et nous fit ôter nos fers trois jours après.

Ce n'étoit qu'en chemin faisant que le *Jarsey* nous avoit pris ; il s'imaginoit que la fortune lui gardoit encore d'autres faveurs. Il continua de croiser au nord de l'Espagnole, nous traînant après lui comme en triomphe. Nous désirions ardemment qu'il rencontrât quelque gros bâtiment espagnol ou françois, afin que nous pussions nous révolter pendant le combat. Nos vœux ne furent pas exaucés, et le *Jarsey* ne fit point d'autre capture. Il demeura pourtant en mer si long-temps, que l'eau lui manqua. Il étoit obligé d'envoyer la nuit ses chaloupes à terre pour en faire.

La vue de nos côtes nous donna une si furieuse envie d'essayer de sortir d'esclavage, qu'il n'y eut pas moyen d'y résister. Un soir, entre autres, ayant reconnu au clair de la lune le lac Tiburon, j'entrepris avec trois autres flibustiers, aussi téméraires que moi, de nous y sauver à la nage, quoiqu'il fût éloigné de nous pour le moins de deux milles. Nous aurions peut-être réussi dans cette périlleuse entreprise, sans un accident qui nous arriva. Un de mes trois camarades, qui étoit le meilleur de mes amis, et très mauvais nageur, ayant voulu être de la partie, s'épuisa bientôt. Nous n'étions pas au quart du chemin, qu'il m'appela. J'allai à son secours. Il s'appuya quelques instants sur moi pour se reposer; après cela il se remit à nager; mais, sentant bien qu'il n'auroit pas la force de gagner le lac, il jugea plus à propos de reprendre ses fers, que de les briser sottement en se noyant. Il cria donc, et découvrit notre fuite. On tira aussitôt quelques coups de canon pour avertir les chaloupes qui étoient à terre de venir nous reprendre; ce qu'elles firent, non sans nous régaler de quelques coups de rames, pour servir de prélude aux souffrances qu'on nous préparoit. On nous remit aux fers dès que nous fûmes à bord du *Jarsey*, et l'on nous conduisit dans cet état à la Jamaïque.

Là nous fûmes livrés à toute la mauvaise volonté qu'avoit pour les François un vieux gouverneur à tête chauve, qui néanmoins étoit lui-même François de nation. Il nous fit enfermer à trois lieues de Keneston, dans une prison où l'on mettoit ordinairement les nègres déserteurs. Huit jours après, il nous manda pour nous exhorter à servir contre la France, m'offrant en particulier un plus grand vaisseau que celui que je venois de perdre. Nous lui répondîmes tous sans hésiter, que nous étions nés sous le pavillon blanc, et que nous y voulions mourir. Irrité de notre réponse, qui lui parut un reproche que nous lui faisions d'avoir tourné casaque à son prince, il donna ordre fort charitablement qu'on diminuât nos vivres, et qu'on nous reconduisît en prison, par des chemins remplis de broussailles et d'une espèce d'épines appelée raquette, dont les pointes déchiroient nos jambes nues, et nous entroient dans la plante du pied. Sitôt que nous étions arrivés à notre prison, nous étions obligés de nous arracher soigneusement les uns aux autres toutes ces épines, parce qu'autant qu'il en restoit de pointes dans notre chair, autant il s'y formoit d'abcès douloureux.

Le dessein qu'avoit le vieux renégat de nous contraindre à trahir comme lui notre patrie, nous procuroit si souvent l'honneur de lui aller de cette manière faire notre cour à Keneston, que nos plaies n'étoient pas plus tôt guéries, que nous nous en faisions de nouvelles. Outre cela, les soldats qui nous conduisoient, ravis de se voir autorisés à nous maltraiter, nous tourmentoient de mille autres façons, étant persuadés qu'ils faisoient par ce moyen grand plaisir au gouverneur. Pendant l'espace de six mois que nous demeurâmes dans cet endroit affreux, cinq de nos camarades, du nombre desquels fut notre philosophe, succombèrent aux maux qu'on nous fit souffrir. Ces prisonniers infortunés contribuèrent eux-mêmes après leur mort à augmenter nos peines, puisqu'on laissoit pourir leurs cadavres à nos yeux, sans qu'il nous fût permis de les couvrir de terre, et de leur donner ainsi du moins la sépulture.

Le premier dont la mort finit la misère, se nommoit simplement le Baron. L'on assuroit qu'il étoit fils d'un gentilhomme de France qui portoit véritablement et à bon droit le titre de baron. Je ne me souviens pas de quelle famille il étoit, car je n'ai entendu prononcer son nom qu'une seule fois. Ce malheureux compagnon de nos disgrâces n'eut pas rendu les derniers soupirs, qu'il fut étendu sur quatre perches, et exposé à la porte de notre prison. Nous n'eûmes pas la peine d'écarter de son corps les oiseaux et les autres bêtes carnassières; le pauvre garçon n'avoit que la peau sur les os, et les chaleurs du climat en eurent bientôt fait un' squelette.

La cruauté du gouverneur ne remplit pas son attente. Il ne put jamais nous forcer à imiter sa lâcheté; ce qui l'obligea de nous envoyer en Angleterre, avec un convoi de quarante vaisseaux marchands qui y passoient, sous l'escorte de quatre vaisseaux de guerre. On nous débarqua en Irlande, dans les prisons de Kinsal, où nous trouvâmes une nombreuse compagnie. Il y avoit plus de quinze cents Français, et entre autres tout l'équipage du *Cowantrik*.

En changeant de prison, nous ne fîmes que changer de bourreaux, avec cette seule différence que ceux de la Jamaïque nous avoient maltraités pour nous faire prendre parti contre la France, au lieu que ceux de Kinsal ne le faisoient que pour s'amuser, et satisfaire leur cruauté naturelle. Les soldats, et le geôlier nommé mestre Paipre, qu'on auroit avec justice pu appeler maître fripon, sembloient n'avoir en vue que de se défaire de nous peu à peu et sans éclat. Outre qu'ils appréhendoient les représailles, ils ne vouloient pas que la reine en fût instruite : car ils savoient bien que cette princesse les feroit punir, si elle apprenoit jusqu'à quel point ils étoient barbares.

Il est certain que leur plus grande récréation étoit de nous voir souffrir. Ces démons se divertissoient à nous faire battre pour un morceau de pain ou de viande, comme on fait en Angleterre les coqs, et en France les chiens. Ceux d'entre nous qui dévoroient en secret leurs soupirs, sans pouvoir se résoudre à donner à ces inhumains des passe-temps si dignes d'eux, n'étoient pas moins à plaindre, puisqu'on les laissoit mourir de faim, comme des lâches, disoit-on, qui ne méritoient pas qu'on les fît subsister. On les assommoit de coups de canne tous les matins, quand on nous faisoit passer en revue pour nous compter; et dans les froids les plus rigoureux, on ne leur donnoit ni paille ni couvertures; au lieu que ceux qui se battoient bien pour avoir l'honneur de contribuer aux divertissements de nosseigneurs mestre Paipré et les soldats, étoient un peu mieux traités.

Je vis ainsi périr misérablement plusieurs de mes camarades, qui nous conjuroient en mourant, moi et nos autres flibustiers, de venger leur mort, si nous avions le bonheur de sortir jamais de cette horrible prison. Nos bourreaux avoient établi une loi qui faisoit bien connoître qu'ils prenoient grand plaisir à cette sorte de spectacle. Le dispositif de cette loi étoit que celui de nous qui se battroit contre tous venants, et demeureroit vainqueur, seroit appelé le coq des prisonniers; et pour rendre ce titre honorable encore plus digne d'envie, ils y avoient ajouté le droit de faire les portions des autres, et de prélever pour sa bouche, et pour celles de ses meilleurs amis, ce qu'il y auroit de moins mauvais, et cela jusqu'à ce qu'il eût trouvé son vainqueur.

Cette loi me fit prendre la résolution d'employer tout ce qui me restoit de force pour devenir le coq, et nous procurer, à mes amis et à moi, de quoi traîner notre vie encore quelque temps. Mais il n'étoit pas facile d'exécuter heureusement ce dessein. Il s'agissoit de chasser de cette place un gros Breton qui avoit déjà tué quatre ou cinq prisonniers qui avoient eu la témérité de la lui disputer. Ce combat étoit d'autant plus propre à prolonger le plaisir des Anglais, qu'il falloit se battre sans armes, et que la victoire n'étoit complète que par la mort du vaincu. Rien ne pouvoit être mieux imaginé que ce règlement, parce que tel qui osoit entrer en lice contre le coq, étant à peu près de sa force, défendoit souvent sa vie pendant plusieurs heures. Quelle volupté pour messieurs les spectateurs !

Je balançai long-temps à prêter le colet au redoutable tenant qu'il étoit question de terrasser. Quand je l'examinois attentivement, je désespérois de le vaincre. C'étoit un gros noiraud qui me paroissoit plus fort que moi. De plus, j'avois ouï dire que les Bretons étoient les plus adroits de tous les hommes à l'exercice de la lutte. Le temps me pressoit pourtant de me déterminer : ma force diminuoit tous les jours faute de nourriture, et je voyois mes camarades sur les dents. Enfin le hasard s'en mêla, et me fit prendre mon parti.

Une sentinelle m'ayant entendu murmurer au sujet des parts que le coq nous avoit faites, l'appela et lui dit que je le menaçois. Le Breton vint à moi, et me demanda, en ricanant, si je n'aurois pas envie de me charger du soin de les faire à mon tour; qu'il seroit bien curieux de voir si j'aurois assez de cœur pour cela. Cette bravade m'échauffa le sang ; je ne regardai plus le coq que comme un poulet, et je lui dis avec fureur que je le prenois au mot. Les soldats et quelques prisonniers firent à l'instant un cercle autour de nous. Je leur fis connoître que les Canadiens ne le cédoient aux Bretons, ni en force ni en adresse. Je l'étendis par terre tout de son long, et si rudement, qu'il y demeura comme mort. J'eus moi-même horreur de ma victoire, que je ne pus pousser plus loin, quoique, pour la rendre parfaite, la loi voulût la mort du vaincu. Les spectateurs se contentèrent aussi de le voir sans sentiment, et mestre Paipre l'ayant fait emporter, me proclama coq des prisonniers.

Je n'exerçai pas long-temps mon emploi. Ce n'est pas que quelqu'un me le fit perdre de la façon que je l'avois gagné. La victoire que j'avois remportée remplissoit de terreur tous les prisonniers, qui, s'étant imaginés qu'il n'y avoit point d'homme plus fort que mon Breton, n'étoient nullement tentés de se jouer à son vainqueur. Je conservai ma place glorieusement pendant quinze jours, au bout desquels je tombai malade. Ne pouvant donc plus m'acquitter de mes fonctions, je perdis tous mes priviléges.

Nous voilà donc, mes confrères et moi, réduits encore à souffrir la faim, et de plus le froid excessif qu'il faisoit alors [1]; ce qui ne servoit pas peu au dessein des Anglois. Il n'y avoit pas de jour qu'il ne mourût dix à douze prisonniers. Je me souviens que, dans ces tristes moments, nous bornions nos souhaits les plus ardents à ne point manquer de paille fraîche et de pain. Je crois même que nous nous serions mieux trouvés de coucher sur la dure que sur la paille qu'on nous donnoit, parce qu'on la changeoit si rarement, qu'elle se réduisoit en poussière, et devenoit très désagréable à sentir. Avec

---

[1] En janvier 1710.

cela, nous n'avions à quatre qu'une méchante couverture de poil de chien, si usée, qu'elle ne tiroit pas d'elle-même son plus grand poids. Dans ce pitoyable état, nous nous disions adieu les uns aux autres, et nous comptions combien à peu près de jours chacun de nous avoit encore à vivre, moins touchés de la mort même que de l'impossibilité où nous étions de nous venger. Notre religion, je l'avoue, auroit dû nous obliger à faire un meilleur usage de nos peines ; mais nous n'avions pas assez de vertu pour être capables d'un si grand effort.

Parmi les autres prisonniers, il y avoit de ces gueux de profession, qui, n'ayant point oublié leur premier métier en prenant le mousquet, fatiguoient tellement par leurs lamentations les personnes qui venoient dans les prisons, qu'ils attrapoient toujours quelques fardins, petite monnoie de la valeur à peu près des liards de France. Ils trouvoient moyen par là de prolonger leur misère. Un de ces misérables, me voyant à l'extrémité, par conséquent hors d'état de me défendre, vint à moi, me reprocha la mort du coq breton, son parent, qui s'étoit effectivement avisé de mourir depuis notre combat, et se mit à me frapper à coups de pieds sur l'estomac et sur le visage. Il falloit que je fusse bien mal, puisque je n'eus pas même la force de jurer.

J'étois cependant plein de connoissance, et j'entendois mes camarades qui, se sentant trop foibles pour pouvoir me secourir, s'entre-demandoient s'il n'y avoit personne parmi eux qui fût assez fort pour se lever, et assommer ce malheureux. J'ignorois ce que c'étoit que la patience, et j'en fis un pénible essai pendant le reste de la journée. Je n'ai de ma vie prié Dieu de si bon cœur qu'alors. Je ne lui demandois seulement que de me renvoyer la santé pour un quart d'heure. Le motif de ma prière ne la rendoit pas digne d'être exaucée. Aussi ne le fut-elle point.

Je voulus prendre le soir quelque nourriture, si l'on peut appeler de cette sorte la valeur d'une demi-once de pain trempé dans de l'eau. Cela ne laissa pas de me procurer trois ou quatre heures de sommeil la nuit suivante, de façon que le lendemain matin je crus que j'allois reprendre des forces. Sur les dix heures, mon ennemi, qui venoit apparemment de déjeuner de quelque aumône qui lui avoit été faite, se coucha sur la paille assez près de moi, et s'endormit presque aussitôt. J'en ressentis une secrète joie; et me disposant sans balancer à écraser un homme qui s'offroit à ma vengeance, je commençai à me traîner vers lui en roulant avec moi mon chevet, qui étoit l'unique instrument dont je pusse me servir pour réussir dans mon dessein. Lorsque je fus près de ma victime, j'implorai intérieurement l'assistance du ciel, comme si je me fusse préparé à faire la plus belle action du monde, et ne doutant point que le seigneur ne soutînt mon bras, de même qu'il avoit fait celui de Judith; mais quoique la pierre ne pesât que sept ou huit livres, il me sembla, quand je me mis en devoir de la lever pour en casser la tête de mon ennemi, qu'elle étoit aussi pesante que le rocher de Sisyphe.

Quelle mortification pour moi de voir mon attente trompée! Hé quoi! disois-je tout bas, après avoir cent fois enlevé de terre des poids de cinq cents livres, je ne puis aujourd'hui en lever un de sept! Ciel! faut-il que ma foiblesse trahisse mon ressentiment! Je fus si touché de cette pensée, et je sentis mon cœur pressé d'une si vive douleur, que je ne pus m'empêcher de fondre en larmes. C'étoit pour la première fois de ma vie que j'en répandois. Mes camarades, de leur côté, attentifs à mon action, s'étant aperçus que je n'avois fait qu'un effort inutile pour me venger, ne purent retenir leurs pleurs. Une scène si touchante attendrit le geôlier, qui passa dans ce temps-là; il demanda pourquoi nous étions si fort affligés; et quand il eut appris la cause généreuse de mon désespoir, car je ne lui en fis pas un mystère, il me dit d'un air compatissant qu'il auroit soin de moi, parce qu'il aimoit les braves gens.

Mestre Paipre, par cette rare pitié, découvroit son caractère inhumain : s'imaginant voir dans mon procédé toute la barbarie et la férocité dont il étoit pétri, il ne pouvoit se défendre de s'intéresser pour un homme qui lui paroissoit sympathiser avec lui. Deux heures après, il m'en donna de bonnes marques : on m'apporta de sa part, dans une écuelle, de la soupe de son propre pot, avec un petit morceau de bœuf par-dessus. Je bus un peu de bouillon, et suçai une partie de la viande, après en avoir fait part à mes confrères, dont il y en eut deux qui refusèrent de manger, pour être, disoient-ils, plus tôt délivrés de tous leurs maux. Véritablement, l'un expira la nuit suivante, et l'autre se trouva, deux jours après, étouffé de quantité de terre et d'ordures qu'il avoit avalées.

Pour moi, livré aux maximes des sauvages, dont j'avois été imbu dès mon enfance, je me roidissois contre mon sort. Je ne respirois que la vengeance, et je ne mangeois que pour devenir en état de satisfaire cette passion. Je faisois serment à mes malheureux flibustiers de ne pas laisser leurs peines impunies, leur protestant que, si je me prêtois au soin que le geôlier prenoit de me conserver la vie, ce n'étoit uniquement que pour les venger ; serment que je n'ai que trop bien gardé dans la suite pour les péchés des premiers Anglois qui me tombèrent entre les mains au sortir de ma prison. J'en demande pardon à Dieu présentement ; mais j'ose dire que je ne devins cruel qu'à leur exemple. On sait qu'auparavant je traitois avec beaucoup d'humanité les prisonniers que je faisois.

Quoique je me fusse attiré la compassion de mestre Paipre, les égards qu'il avoit pour moi n'alloient pas jusqu'à me fournir des consommés et autres aliments confortatifs. Sa générosité ne s'étendoit pas si loin ; et ce qu'il appeloit me bien nourrir, n'étoit autre chose que de ne me pas laisser mourir de faim. J'aurois néanmoins été très content de lui, s'il eût voulu, à ma considération, pousser la charité jusqu'à soulager mes camarades ; mais ils n'avoient pas eu comme moi le bonheur d'acquérir son estime. Je les vis enfin périr tous l'un après l'autre.

J'avois remarqué plus d'une fois que ceux des autres prisonniers qui savoient quelque métier, et que des bourgeois de Kinsal venoient chercher le matin, et ramenoient le soir, après les avoir fait travailler tout le jour, étoient les moins misérables. S'ils menoient une vie dure et pénible, ils avoient la consolation de manger tout leur saoul ; ce qui me paroissoit le plus grand des plaisirs après celui de la vengeance. Je résolus donc de dire au premier artisan qui viendroit demander un ouvrier, que j'étois de sa profession. La fortune qui me persécutoit me fit tomber en mauvaises mains. Il se présenta un armurier chez lequel personne n'avoit envie d'aller. Il passoit pour un brutal, qui prenoit des ouvriers plutôt pour les battre que pour les faire travailler. Je ne fus pas dans sa maison, que je m'aperçus que ce n'étoit pas une trop bonne pâte d'homme. Il avoit un son de voix rude, et l'air du monde le plus méchant.

Il me donna d'abord un canon de fusil à limer. Je m'y pris assez bien pour qu'il n'eût rien à me dire. Il est vrai que j'étois merveilleusement excité au travail par la vue d'un grand chaudron qui étoit sur le feu, et dans lequel je voyois pêle-mêle de la poirée, des oignons, des choux et des croûtes de pain. Tout cela me faisoit venir l'eau à la bouche, et m'inspiroit de l'ardeur pour la besogne. Enfin le moment de manger, ce moment délicieux arriva; et pour comble de bonheur, au lieu de me donner une simple portion, comme je m'y attendois, on me fit l'honneur de me permettre de porter la main au chaudron, sans en prévoir les conséquences; car peut-être m'auroit-on taillé mes morceaux, si l'on eût deviné le ravage que j'y allois faire. Cependant l'armurier, sa femme et sa fille, bien loin de témoigner qu'ils se repentoient de m'avoir laissé la liberté de manger à discrétion, paroissoient se divertir à me voir dévorer ce qu'il y avoit dans le chaudron. La fille de l'armurier, surtout, étonnée de mon appétit, dit à son père : Assurément cet homme-là n'est pas fait comme nous; il faut qu'il soit creux jusqu'aux talons; il a lui seul beaucoup plus mangé que nous tous. Cela est vrai, répondit le patron, et il va sans doute travailler à proportion : autrement nous ne serons pas amis.

C'étoit bien mon dessein : j'étois trop content de mon dîner pour ne pas m'attacher au travail. Je voulois conserver une si bonne pratique; et pour mieux faire ma cour au maître, je me serois volontiers mis en chemise, si j'en eusse eu une; mais je n'avois plus, depuis longtemps, qu'une méchante veste de toile, que la modestie me défendoit de quitter. Je me mis donc joyeusement à l'ouvrage, et pendant un quart d'heure cela n'alla point mal. Je me sentois seulement les bras un peu plus pesants qu'avant le dîner. J'étois si rempli de la bonne chère que j'avois faite, que j'aurois eu besoin d'une méridienne de trois ou quatre heures pour me remettre en train de bien faire. Je ne respirois qu'avec beaucoup de peine, et le sommeil, par malheur, commençoit à vouloir me surprendre. J'avois beau, pour l'écarter de mes sens, faire tous les efforts possibles, il répandoit sur moi ses plus doux pavots : la lime me tomboit des mains ; je m'endormois debout.

L'armurier, qui m'observoit, ne trouvant pas son compte à mes petits assoupissements, me réveilla pour la première fois d'un ton de voix si terrible, que, d'un demi quart d'heure, il ne me prit envie de m'endormir; mais le sommeil étoit trop attaché à sa proie pour l'abandonner, et je cédai de nouveau à ses vapeurs. Alors le patron, employant pour me réveiller un moyen plus efficace, m'appliqua sur l'omoplate un coup de lime des plus furieux, et dont je fus grièvement blessé. Il n'en falloit pas tant pour dissiper entièrement mon sommeil, et me mettre en fureur contre l'armurier. Je lui déchargeai à l'instant sur la tête un si rude coup du canon de fusil que je limois, qu'il n'eut pas besoin d'un second coup pour tomber à mes pieds sans sentiment.

Sitôt que je le vis à terre, et noyé dans son sang, je sortis de sa maison, et pris la fuite sans savoir où je devois me réfugier; mais je n'allai pas loin sans être arrêté par une foule de peuple qui me suivoit, et qui se donna la peine de me remener en prison. Tandis qu'on m'y reconduisoit, je me ressouvins que l'armurier, en me présentant le matin à sa femme, lui avoit dit, d'un air fâché, que mestre Paipre faisoit plaisir à qui bon lui sembloit, et que ce monsieur le geôlier envoyoit des cinq et six ouvriers à certains bourgeois, pendant qu'il n'en accordoit qu'un à d'autres, et même de très mauvaise grâce. Je fis là-dessus le plan du plus hardi mensonge qu'on ait jamais inventé. J'eus l'effronterie de dire à mestre Paipre que c'étoit à son sujet que j'avois eu dispute avec l'armurier, et que ce misérable manœuvre m'avoit dit de lui mille sottises que je n'avois pu souffrir.

Notre orgueilleux concierge prit feu sur ce faux rapport, et défendit qu'on me chargeât de fers, en disant tout haut que l'armurier avoit été traité comme il le méritoit. Lorsque je vis que le geôlier ajoutoit foi bonnement à ce que je lui disois, je me mis à lui détailler les discours insolents que le bourgeois avoit tenus de lui, et les réponses que j'y avois faites; mais ne se sentant pas la patience que la longueur de mon récit exigeoit de lui, ou bien craignant d'en trop entendre, il m'imposa silence. Cela suffit; mon ami, me dit-il, je suis content de toi. Je reconnoîtrai le zèle que tu as fait patoître pour moi, en punissant un perfide voisin dont je saurai bien en temps et lieu tirer raison.

Les effets de sa reconnoissance suivirent de près sa promesse; et pour me récompenser d'avoir si courageusement pris ses intérêts, ou, si vous voulez d'avoir menti, il me donna un bon habit neuf, me fit manger à part et doubler ma portion. Outre cela il me permit de me promener à toute heure dans les cours de la prison. Une si honnête liberté ne tarda pas à m'inspirer un désir violent de m'en procurer une plus grande, et je n'en cherchai pas long-temps les moyens. Il y avoit sous un toit une longue perche sur laquelle les soldats étendoient quelquefois leur linge pour le faire sécher. Je n'eus pas besoin d'une autre échelle pour grimper sur les murs, et elle me servit pour en descendre dans la rue encore plus commodément. Après quoi je m'éloignai de la ville à toutes jambes.

C'est ainsi qu'une belle nuit je sortis des prisons de Kinsal. Je marchai jusqu'au jour au travers des terres, tirant toujours vers le nord, comme un homme qui avoit dessein de se rendre à Cork, d'où je n'ignorois pas qu'il partoit souvent des vaisseaux pour l'Amérique. Au lever du soleil, je gagnai un bois où je me reposai jusqu'à midi. J'y laissai l'habit de soldat dont mestre Paipre m'avoit fait présent avec tant de générosité. J'étois pourtant un peu mortifié de le perdre; mais après avoir considéré qu'il pouvoit me faire reconnoître, j'en fis un sacrifice à ma sûreté. Je me remis en chemin, et le reste de la journée je ne m'arrêtai dans aucun endroit.

La crainte de tomber entre les griffes des constables m'empêchoit de suivre les routes ordinaires; ce qui étoit cause que je faisois six fois plus de chemin que je n'en aurois fait, si je n'eusse eu rien à redouter. Le soir je soupai de quelques choux que j'attrapai en passant par un jardin. J'en mangeai les cœurs, et je me fis la nuit une couverture et un matelas des plus grandes feuilles. Une si mauvaise nourriture, et la fatigue d'une longue traite, me rendirent si foible, que le troisième jour, ne pouvant plus marcher, je fus obligé de me coucher dans une prairie qui me servit à deux usages, à me délasser et à me faire subsister. Il est vrai que mon estomac, ne pouvant s'accommoder long-temps d'un pareil mets, ne manqua pas de s'en défaire; si bien que je demeurai dans une inanition qui auroit été infailliblement suivie de ma mort, si un homme charitable, averti par des enfants qui m'avoient vu manger de l'herbe, ne fût venu me secourir avec deux autres personnes qui me transportèrent dans un village voisin.

On me mit d'abord sur de la paille dans une grange, où un homme d'une taille fort au-dessus de la médiocre, et qui sembloit n'être qu'un domestique, s'approcha de moi. Il me questionna sur ma religion, et ne pouvant douter par mes réponses que je ne fusse catholique, il me fit porter sur-le-champ dans une petite chambre, où, s'étant rendu aussitôt qu'on m'eut couché dans un assez bon lit, il parut s'intéresser à ma conservation. La première chose qu'on me fit, fut de me débarrasser par un bon vomitif de toutes les herbes que j'avois mangées. Ce remède, quoique salutaire, acheva de m'ôter toutes mes forces, et je restai un quart d'heure sans mouvement. Le grand homme, croyant que j'allois expirer, ordonna à tous ceux qui étoient dans la chambre de sortir, puis s'étant approché de mon oreille, il me dit à haute voix de demander pardon à Dieu; ce que je fis mentalement, ne pouvant prononcer une parole. J'entendis qu'il me donna l'absolution; ensuite il se retira.

Après sa retraite, d'autres personnes entrèrent avec du lait, dont ils me firent avaler quelques gouttes à force de me tourmenter. Cela étant fait, on jugea qu'on devoit me laisser prendre du repos, et certainement on me tira par là d'affaire. Je dormis d'un profond sommeil, qui dura cinq ou six heures sans interruption, et le lendemain je me trouvai hors de danger. Je m'attendois alors à revoir le grand homme dont je viens de parler; mais il ne parut plus devant moi. Je jugeai que c'étoit quelque prêtre caché dans cette famille ou dans le voisinage. Je ne sais pas même si ce n'étoit pas un évêque qui, comme ceux de la primitive église, n'avoit pour cortége et pour tout équipage que ses bonnes œuvres et sa vertu. Ce qui me feroit croire que c'étoit un prélat, c'est qu'après qu'il m'eut absous et exhorté à offrir mes souffrances au Seigneur, il donna, si je ne me trompe, sa bénédiction à l'hôte, qui étoit seul dans la chambre avec nous, et qui s'étoit mis à genoux pour la recevoir. Je dis, si je ne me trompe, car dans l'état où j'avois l'esprit, je ne pouvois guère compter sur le rapport de mes yeux.

Au bout de quelques jours, je me sentis bien rétabli. Alors les bonnes gens à qui j'en avois toute l'obligation, pour achever de remplir généreusement tous les devoirs de l'hospitalité, me mirent dans le chemin de Cork avec six schelings, un bon habit, deux chemises neuves, et un petit sac où il y avoit plus de pain et de bœuf salé que je n'en pouvois manger jusque-là, puisqu'il ne me restoit plus que quatre milles à faire.

J'étois trop malheureux pour pouvoir conserver tout cela long-temps. Je n'eus pas marché trois quarts d'heure que je rencontrai deux constables. Ils m'auroient peut-être laissé passer sans me rien dire, si la crainte de retourner en prison ne m'eût fait quitter le grand chemin pour aller vers un bois qui n'en étoit pas éloigné. Je me rendis par là suspect. Ils jugèrent que je les fuyois, et que sans doute ce n'étoit pas sans raison. Ils m'eurent bientôt devancé, et ils me sommèrent de me rendre à eux sans résistance. Si j'avois eu des armes pareilles aux leurs, je les aurois facilement mis en fuite, ou contraints à me demander quartier. Je ne laissai pourtant pas de me défendre tout désarmé que j'étois; mais je n'y gagnai que des coups. Ils furent les plus forts, et me menèrent dans la maison d'un paysan, où ils me lièrent les pieds et les mains, et me donnèrent en garde au maître jusqu'au retour d'une expédition pour laquelle ils étoient aux champs. Ils lui recommandèrent de veiller soigneusement sur moi, sous peine de prison, l'assurant, au contraire, qu'il seroit bien payé de ses peines, s'il ne me laissoit point échapper. Ils lui promirent même toute ma dépouille, pour l'engager à me bien garder.

Le villageois fut enchanté de cette promesse; et regardant déjà mon habit comme un bien qui lui appartenoit, il s'avisa, pour m'empêcher de le gâter la nuit, de vouloir me l'ôter par provision, pour m'en faire prendre un des siens qui étoit tout déchiré. Pour cet effet, commençant à me servir de valet de chambre avec quatre ou cinq personnes, il me délia les deux mains, et fit ce troc d'habits jusqu'à ma chemise inclusivement. Je souffris tout avec une patience admirable; aussi mon geôlier fut-il si content de ma docilité, qu'il eut égard à la prière que je lui fis de ne pas serrer fort étroitement mes liens, afin que je pusse me coucher et dormir. Lorsque j'eus soupé des provisions que j'avois dans mon bissac, je me jetai sur de la paille, où fouillant par curiosité dans les poches du mauvais habit dont j'étois revêtu, quelle fut ma joie d'y trouver un couteau qu'on n'avoit pas eu soin d'en ôter. J'imaginai bientôt l'usage que j'en pouvois faire : je m'en servis utilement pour couper les cordes qui me lioient; et dès que j'eus lieu de penser que le paysan et sa famille étoient endormis, je sortis doucement de la maison, très satisfait d'en être quitte pour mon habit.

Je repris la route de Cork, où j'arrivai d'assez bonne heure ce jour-là. Mais n'osant entrer dans la ville dans l'équipage où les paysans m'avoient mis, je passai la nuit sur le port, que j'examinai avec beaucoup d'attention. J'y remarquai bien des chaloupes qu'il m'auroit été facile d'enlever, si j'avois eu des camarades, et ce que je n'eus garde d'entreprendre tout seul. Quand je vis approcher le jour, je me retirai à l'extrémité d'un faubourg, dans une espèce de métairie. J'y cherchai un endroit où je pusse dormir à couvert, et m'y cacher, parce que j'avois besoin de repos. J'aperçus une petite étable ouverte, éloignée des autres maisons, et j'y entrai sans faire de bruit.

A peine y eus-je mis le pied, que j'entendis deux animaux grogner, comme pour m'avertir que la place étoit prise. Si j'eusse eu affaire à des gens raisonnables, j'aurois employé les prières et les politesses pour obtenir une petite portion de leur logement; mais me voyant dans la nécessité de me placer auprès d'eux sans leur permission, je m'avançai de leur côté, en prenant garde, autant qu'il m'étoit possible, de les incommoder. Cependant avec toute ma bonne volonté, j'eus le malheur de marcher sur le pied de l'un des deux, et le mal qu'il en ressentit fut tel, qu'il se leva tout en colère et sortit. Je me saisis aussitôt de sa place, et ne la rendis pas quand il revint après avoir boudé un quart d'heure à la porte. Il est vrai qu'il s'étendit à mes côtés, après quoi nous fûmes tranquilles et bons amis le reste de la nuit.

Je passai la nuit suivante au même gîte; mais comme je n'avois rien mangé depuis ma sortie de chez le paysan, la faim commença de nouveau à me dévorer les entrailles; j'avois beau, pour les rafraîchir, boire abondamment d'une belle eau claire que je puisois dans un ruisseau qui couloit à deux pas de la métairie, cela ne faisoit qu'apaiser pour un moment mon estomac. Enfin, n'y pouvant plus résister, je sortis de ma retraite le troisième jour, pour voir si quelqu'un ne m'offriroit pas un morceau de pain. Je me promenai long-temps sur le port, où, malgré la faim canine qui me tourmentoit, je prenois plaisir à considérer les vaisseaux qui se présentoient à ma vue; et je n'en voyois pas un à la voile que je ne me représentasse qu'il étoit à moi. J'avois un air qui faisoit pitié, et je m'apercevois bien, à la manière dont quelques personnes m'envisageoient, qu'elles m'auroient volontiers donné l'aumône, si j'eusse pu me résoudre à la leur demander; mais c'est à quoi ma fierté ne pouvoit absolument consentir. Je ne fus pourtant plus maître de moi, lorsqu'une servante vint renverser presque à mes pieds un panier plein de balayures de cuisine, parmi lesquelles je remarquai quelques restes de légumes qui me tentèrent à un point, que je me jetai dessus avec une extrême avidité.

Deux quakers [1], qui par hasard passèrent auprès de moi dans cet instant, furent témoins de cette action. Pénétrés de la misère où ils jugèrent bien que je me trouvois réduit, et pour s'accommoder à la honte qui m'empêchoit de tendre la main aux passants, ils me jetèrent chacun un scheling, sans s'arrêter à me parler, de peur de me faire de la peine. Je leur fis la révérence, et ramassai leur argent, avec quoi j'allai dans une mauvaise auberge, où je me bourrai l'estomac de viande et de pain. Ensuite tirant vers la métairie, je regagnai mon étable.

Je n'y passai pas cette nuit aussi tranquillement que les précédentes. La bonne chère que je venois de faire en bannit la paix et la concorde : un moment après que je fus couché, une ardente fièvre s'alluma dans mon sang, et me causa un transport furieux. Je commençai, contre le droit des gens, à battre et à frapper mes deux hôtes, en criant comme si j'eusse combattu avec mes sauvages contre les Anglois. La raison me revenoit quel-

---

[1] Espèce de sectaires en Angleterre, qui se piquent de pratiquer l'Évangile plus à la lettre que les autres. Ces quakers sont très fidèles au roi, qu'ils tutoyent par respect en lui parlant.

quefois, et tandis qu'elle m'éclairoit, je gardois le silence; mais sitôt qu'elle me faussoit compagnie, je recommençois à crier et à me débattre. Je fis apparemment ce train-là toute la nuit; et pendant mes délires, il en arriva bien des choses dont je n'eus aucune connoissance. Tout ce que je puis dire, c'est que le matin, ayant repris l'usage de mes sens, je ne fus pas peu étonné de me voir au milieu d'une douzaine de femmes qui se disoient les unes aux autres : *that man dies, that man dies*. [1]

De l'étable j'avois été transporté dans une chambre assez bien meublée, et mis dans un fort bon lit. J'appris que je devois ce secours plein de charité à une dame angloise, veuve de M. Ecak, officier de Cork, qui venoit d'être tué dans la dernière campagne. Cette dame avoit été élevée à Londres par une Françoise, qui lui avoit inspiré pour les François une bonne volonté dont elle me donnoit alors des preuves. Elle m'assura que j'étois chez elle dans une sûreté parfaite, et promit de me faire repasser en France, aussitôt que ma santé seroit bien rétablie. Elle me fournit en même temps du linge et des habits. Cette dame charitable pouvoit impunément avoir toutes ces bontés pour moi. Ma figure mettoit sa réputation à l'abri de la médisance. J'étois si crasseux, si pâle, si maigre, si hideux, que j'avois moins l'air d'un homme que d'un spectre.

Je demeurai plus de deux mois chez madame Ecak, qui, pour éviter les reproches de sa nation, si ennemie de la nôtre, me fit passer pour un parent de la femme

---

[1] Le pauvre homme se meurt.

françoise qui l'avoit élevée. Pendant ce temps-là, je recouvrai entièrement ma santé. Alors ma généreuse hôtesse, qui savoit bien que, malgré l'intérêt qu'elle prenoit à mon sort, je ne jouirois pas en Irlande d'une parfaite tranquillité d'esprit, fut la première à chercher l'occasion de m'en éloigner. Elle m'embarqua dans un navire qui partoit pour la Jamaïque, et dont le capitaine s'engagea par serment à me mettre à terre à l'Espagnole, où j'avois, à ce que je disois, un agréable établissement.

Je me gardai bien sur la route de dire aux Anglois qui j'étois, et pour quel dessein j'allois aux Antilles. Si le capitaine m'eût connu, malgré la parole qu'il avoit donnée à madame Ecak, il auroit pu me faire trouver au fond de la mer la fin d'une vie que je ne conservois que pour faire à sa nation la guerre la plus cruelle. En reconnoissant à Saint-Domingue le cap Tiburon, comme on fait ordinairement en allant d'Europe à la Jamaïque, il me fit descendre dans sa chaloupe, et porter à terre. De là je me rendis d'habitation en habitation au petit Goave, où M. de Choiseul fut extrêmement surpris de me revoir.

Il ne put sans frémir d'indignation entendre le récit que je lui fis des rigoureux traitements que j'avois reçus à la Jamaïque et en Irlande. Je les lui peignis si vivement, qu'il applaudit à l'impatience que je lui témoignai de m'en venger, moi et tous les misérables qui avoient péri dans ce long et cruel esclavage. Tandis que j'étois dans une si belle disposition, il me donna un vaisseau nommé *le Brave*, et pour associés quatre-vingt-dix hommes qu'il sut assembler en moins d'un mois, et qui tous étoient fort propres à seconder mes intentions.

J'eus bientôt mis à la voile avec de pareils camarades. Il y avoit plus de deux ans que je ne m'étois vu de coutelas au côté. Je brûlois d'impatience d'essayer sur des Anglois si je savois encore m'en servir. Au lieu d'en attendre l'occasion, qui pouvoit me faire languir long-temps, je l'allai chercher sur les côtes de la Jamaïque, en croisant témérairement jusqu'à la vue de ses ports.

Le premier vaisseau que nous rencontrâmes, et qui étoit destiné à porter tout le poids de notre vengeance et de notre fureur, n'avoit que dix-huit pièces de canon, et cent trente hommes d'équipage. Le capitaine qui le commandoit étoit un malin borgne qui avoit déjà eu affaire à des flibustiers. Dès qu'il vit que nous en étions, et que nous nous disposions à l'attaquer, bien éloigné de prendre chasse, il parut vouloir nous tenir tête, ou du moins parlementer avec nous. Effectivement il nous envoya sa chaloupe pour nous proposer de passer chacun son chemin. Il nous fit dire qu'il croyoit que nous ne pouvions prendre un meilleur parti les uns et les autres ; qu'il savoit bien qu'il n'y avoit rien à gagner avec nous ; et que si nous voulions détacher deux hommes pour aller sur son bord, il leur feroit voir qu'il ne portoit rien qui valût seulement la poudre que nous tirerions, attendu qu'il avoit malheureusement pour lui manqué sa cargaison : en un mot, qu'il n'y avoit précisément que des coups à attraper de part et d'autre.

Le borgne disoit la vérité ; nous n'en doutions nullement, et il étoit de la prudence de n'en pas venir aux mains avec lui; mais nous cherchions les Anglois, et nous avions plus d'envie de les maltraiter que de leur enlever leurs richesses. Ce capitaine, ayant appris par notre réponse que nous rejetions sa proposition, toute raisonnable qu'elle étoit, nous fit bien connoître que la crainte n'y avoit eu aucune part. Il vint à nous courageusement, et ne refusa point l'abordage. Néanmoins il s'en trouva mal, et il fut obligé d'amener après un quart-d'heure de combat.

Notre prise en effet justifia ce que le capitaine nous en avoit dit : elle nous parut si pauvre, que nous la fîmes sauter après avoir mis à terre ce qui restoit de l'équipage, et avoir fait à ces malheureux des traitements que le souvenir de ceux que tant de François avoient reçus à Kinsal rendoit à peine excusables. Je ne vous laisse la vie, leur dis-je, qu'afin que vous mandiez à vos correspondants d'Irlande, que je traiterai de cette façon tous les Anglois qui tomberont entre mes mains, jusqu'à ce que j'aie vengé du moins tête pour tête près de quinze cents prisonniers François, qu'on a fait périr misérablement dans les prisons de Kinsal : qu'ils se souviennent du chevalier de Beauchêne, ajoutai-je; ils connoissent bien ce nom. Ce n'est ici qu'un prélude de ce qu'ils doivent attendre de moi.

Nous nous écartâmes promptement des côtes de la Jamaïque, ne doutant point que les vaisseaux gardecôtes ne vinssent bientôt nous chercher dans cette mer. Nous tînmes conseil, et il fut résolu que nous irions croiser vers les Canaries, où nous pourrions rencontrer, outre les Anglois, quelques vaisseaux Portugais, qui revenoient rarement par là, disoit-on, sans avoir pris beaucoup de poudre d'or sur les côtes d'Afrique.

Le trajet fut très fatigant pour nous; et les vents contraires nous y firent employer tant de temps, qu'il nous fallut presque en arrivant aller chercher des rafraîchissements aux Canaries. Nous comptions nous reposer dans ces îles jusqu'à ce qu'une douzaine des nôtres, qui étoient malades, fussent rétablis ; mais il y avoit dans la ville de Canarie, comme dans celle de Saint-Domingue, des femmes qui, ne haïssant pas les François, nous eurent bientôt attiré l'aversion des Espagnols. Nous jugeâmes bien d'abord que nous devions être là plus réservés qu'en Amérique, et user d'une grande circonspection, parce que la police étoit très rigoureusement observée dans la place, et qu'on n'y respectoit pas comme aux Antilles le nom de flibustier. Le gouverneur lui-même sembloit affecter de n'avoir pas pour nous tous les égards que nous nous imaginions que l'on nous devoit.

Il nous ménageoit si peu, qu'il fit sa querelle particulière d'une petite discussion que nous eûmes avec des bourgeois, et qui fut cause que nous sortîmes de la ville plus tôt que nous n'avions résolu. Je vais détailler cette affaire. Plusieurs bourgeois s'avisèrent un jour de vouloir visiter notre vaisseau pour chercher deux demoiselles qui n'y étoient assurément pas, et qui, voyant que l'on mettoit sur notre compte tout ce qu'on faisoit de mal dans la ville, avoient apparemment profité de l'occasion pour se faire enlever par leurs amants. Nous déclarâmes aux bourgeois qu'il n'y avoit ni femme ni fille sur notre bord, et qu'ils devoient s'en tenir à notre déclaration. Les bourgeois allèrent se plaindre de nous au gouverneur, qui leur délivra un ordre de les laisser entrer dans notre vaisseau, et d'y fouiller partout. Ils vinrent au nombre plus de cent nous présenter cet ordre, que nous méprisâmes au lieu de le respecter. Là-dessus les bourgeois, croyant nous intimider, nous parlèrent de prison, de cachot, de fers; ce que nous n'eûmes pas sitôt entendu, que nous nous jetâmes sur ces fanfarons, qui firent mine d'abord de se mettre en défense. Nous en couchâmes une douzaine sur le carreau en moins de deux minutes, et le reste s'enfuit. Alors sans perdre de temps, nous prîmes le large, fort satisfaits d'avoir étrillé ces bourgeois.

Nous ne fûmes pas en mer, que nous nous aperçûmes avec douleur qu'il nous manquoit trois de nos camarades. Nous étions sûrs qu'ils n'avoient point été tués dans l'expédition que nous venions de faire, puisqu'aucun des nôtres n'y avoit pas même été blessé; nous étions persuadés qu'ils étoient dans la ville. Pour les ravoir de haute lutte, nous croisâmes sur les côtes de l'île; et rencontrant à une lieue de la place une grosse barque espagnole qui, ne pensant pas avoir sujet de se défier de nous, se laissa sans peine aborder, nous nous en rendîmes maîtres. Nous la menâmes à la remorque jusqu'à la vue de Canarie, et nous envoyâmes dans une chaloupe deux Espagnols dire au gouverneur que s'il ne nous renvoyoit pas sur-le-champ nos trois flibustiers, nous allions mettre devant lui le feu à notre prise, et faire sauter avec elle soixante hommes qui en composoient l'équipage. La représaille ne convenant ni au gouverneur ni aux Espagnols, ils nous rendirent nos trois confrères, qui nous ramenèrent eux-mêmes notre chaloupe.

Nous côtoyâmes quelque temps la côte d'Afrique, d'où nous passâmes au Sénégal, de là au fort de Gorée. Nous croisâmes ensuite le long des côtes de la Grande-Terre, où, tandis que nous faisions du bois et de l'eau, quelques nègres nous firent entendre qu'il y avoit un gros navire anglois dans la rivière de Gambie. Les peuples de la Grande-Terre haïssoient les Anglois. M. de Gennes l'éprouva bien dès l'année 1695, quand il prit sur eux, dans cette même rivière, l'île et le fort Saint-Jacques, qu'il fit sauter après en avoir enlevé plus de quatre-vingts pièces de canon, et une assez grande quantité de marchandises. Nous remontâmes la rivière jusqu'à la petite île aux Chiens, où nous trouvâmes le vaisseau que nous cherchions. Il fit une longue et belle résistance, quoiqu'il ne fût que de seize pièces et de soixante hommes d'équipage.

Il y avoit à bord de ce bâtiment deux prisonniers François, qui nous dirent qu'il y avoit plusieurs années qu'on les traînoit de mers en mers, pour les forcer à se racheter par une rançon exorbitante qu'on leur demandoit, et qu'ils étoient hors d'état de payer. Ils avoient été pris en voulant repasser en France du Canada, où l'un s'étoit retiré pour éviter les suites d'un duel, et l'autre pour y chercher et en ramener en France, par ordre du ministre, une personne dont la mort avoit rendu sa peine inutile.

Je questionnai beaucoup ce dernier, et plus je le considérai, plus il me sembla qu'il ne m'étoit pas inconnu. Montréal, Chambly, Sorel, Frontenac, il connoissoit tous ces lieux-là. Je le priai de m'apprendre son nom, et il me dit qu'il s'appeloit le comte de Monneville. Ce nom mit toutes mes idées en défaut; mais je les débrouillai le lendemain en m'entretenant avec lui; ce qui donna lieu à une reconnoissance qui nous fit un extrême plaisir à l'un et à l'autre. Comme nous parlions de l'expédition de M. de Frontenac contre les Iroquois, je lui dis que j'étois moi-même dans ce temps-là parmi ces sauvages, à telles enseignes que je fus fait prisonnier, et ramené à mes parents par un officier nommé Legendre.

A ce mot de Legendre, il m'interrompit; et me regardant avec encore plus d'attention qu'il n'avoit fait: C'est donc moi, s'écria-t-il, qui vous ai rendu ce service; car c'étoit là le nom que je portois alors. Seroit-il possible, ajouta-t-il, que vous fussiez un de ces enfants que j'enlevai aux Iroquois? Non assurément, lui répondis-je; mais vous voyez en moi ce jeune homme qui, faisant sottement l'Iroquois, quoique Canadien, pensa payer de sa vie le ridicule désir de passer tout de bon pour sauvage. Ainsi je fais plus aujourd'hui pour vous, continuai-je en souriant, que vous ne fîtes alors pour moi, puisque je vous délivre des mains d'une nation que vous détestez, et qu'au contraire, vous m'enleviez d'un pays que j'aimois, et pour lequel je voulois mourir. J'avoue que je suis en reste avec vous, reprit-il, et je compte que vous me mettrez dans la nécessité de vous devoir encore davantage. Je le priai de me parler plus clairement, et il m'assura qu'à la réserve du plaisir de me revoir, la liberté que je lui rendois n'auroit point de charmes pour lui tant qu'il en jouiroit hors de la France.

Je lui protestai que je ne prétendois pas l'obliger à demi ; que je ferois tout ce qui dépendroit de moi pour trouver une occasion de le renvoyer dans sa chère patrie, et que c'étoit la moindre preuve qu'il devoit attendre de la reconnoissance que j'avois de tous les bons traitements qu'il m'avoit faits dans un temps où il pouvoit me traiter en esclave. L'amitié que nous prîmes dès ce moment-là l'un pour l'autre devint en peu de jours si forte, que nous commençâmes à vivre ensemble comme deux frères qui s'aiment tendrement. Nous le reçûmes flibustier, de même que le gentilhomme qui étoit avec lui ; et, sans avoir égard à la date de leur réception, nous partageâmes avec eux le butin, quoiqu'ils en fussent une partie.

Monneville avoit l'esprit vif, plein de saillies ; ce qui le rendoit fort brillant dans la conversation. La joie de se revoir libre, et l'espérance de retourner peut-être bientôt dans son pays, où il disoit avoir un beau château d'un revenu assez considérable, lui firent reprendre tout l'enjouement que je lui avois connu en Canada. Il nous amusoit si agréablement tous les jours par les histoires qu'il nous racontoit, que nous étions continuellement autour de lui, aussi attentifs à l'écouter qu'une populace qui prête l'oreille aux discours d'un charlatan.

Un jour qu'il étoit triste et rêveur, contre son ordinaire, je lui dis : Monsieur le comte, vous n'êtes plus avec nous ; vous songez sans cesse à votre retour en France ; vous comptez tous les moments qui le retardent. Ne m'en faites pas un crime, me répondit-il en soupirant; j'ai fait dans ma patrie un établissement dont j'avois à peine goûté la douceur, lorsqu'un ordre absolu m'a fait repasser en Canada, et de là je suis tombé dans les fers que vous avez brisés. Vous devez me pardonner l'impatience que j'ai d'aller essuyer les larmes d'une mère et d'une épouse qui me sont infiniment chères.

Il s'attendrit en prononçant ces dernières paroles; et comme il n'y avoit pas un flibustier qui n'eût conçu de l'affection pour lui, nous fûmes tous sensibles à ses peines. De peur de les irriter, nous le laissâmes s'occuper à loisir du souvenir de sa famille. Cependant nous étions tous curieux d'entendre le récit de ses aventures, et moi particulièrement. Ainsi, voyant le lendemain qu'il avoit repris sa belle humeur, nous le conjurâmes de nous raconter l'histoire de sa vie. Messieurs, nous dit-il, vous me demandez un détail qui ne peut être que fort long : vous vous repentiriez sans doute de votre curiosité, si j'avois l'indiscrétion de la satisfaire.

Plus Monneville se défendoit de contenter notre envie, plus nous le pressions de ne nous pas refuser ce plaisir. Tous mes camarades et moi, nous lui fîmes voir tant d'opiniâtreté là-dessus, qu'il se rendit à la fin à nos vives instances. Les flibustiers firent autour de lui un cercle sur notre vaisseau :

Conticuere omnes intentique ora tenebant. (Virg.)

Et il commença son histoire ainsi qu'elle est écrite dans le livre suivant.

FIN DU SECOND LIVRE.

LIVRE TROISIÈME.

Monneville raconte la mystérieuse histoire de sa naissance. Il est élevé jusqu'à l'âge de douze ans sous un habit de fille au château du baron du Mesnil, avec Lucile, l'unique héritière de ce seigneur. Un financier, trompé par l'habillement de Monneville, l'emmène à Paris, sous prétexte de le placer auprès d'une dame en qualité de femme-de-chambre ; mais ayant une autre vue sur cette fausse villageoise, il la met en pension dans un couvent, n'épargne rien pour son éducation, et lui propose enfin de l'épouser. Monneville, pour se dérober à ses importunités, cherche et trouve le moyen de sortir du couvent. Il prend un habit de cavalier, fait la conquête d'une femme de théâtre, et devient commis d'un gros homme d'affaires, qui veut lui faire épouser sa fille par force. Monneville refuse d'y consentir. Sur son refus, il est arrêté, conduit en prison ; et dès le lendemain envoyé en Canada.

En 1667, après la mort de Philippe IV, roi d'Espagne, Louis XIV, voulant se faire justice et soutenir les droits qu'il avoit par la reine Marie-Thérèse d'Autriche, son épouse, sur plusieurs domaines des Pays-Bas, se mit à la tête de ses troupes. Il se rendit en Flandre avec une armée des plus brillantes.

Le comte de Monneville, qui s'étoit distingué dans les guerres précédentes, ne manqua pas de suivre ce monarque, et de se faire accompagner par ses deux fils, qui achevoient à Paris leurs exercices, l'un âgé de seize ans, et l'autre de dix-sept. Il souhaita que, combattant à ses côtés dans une compagnie de cavalerie qu'il commandoit, ils vissent que si la noblesse françoise fait partout des prodiges de valeur, elle est surtout invincible quand elle combat sous les yeux de son roi. Le siége de Charleroi fut le premier de la campagne, et nos deux jeunes volontaires eurent le bonheur de s'y signaler par quelques faits d'armes que M. de Turenne lui-même ne dédaigna pas d'honorer de ses louanges. Il fit plus, il dit obligeamment au comte qu'il devoit modérer leur ardeur jusqu'à ce que l'expérience leur eût appris qu'il faut dans des officiers plus que du feu et de l'impétuosité.

Douai, Tournai, Lille et Oudenarde, ces villes emportées dans cette même campagne, rendirent public le traité de la triple alliance conclu entre la Hollande, l'Angleterre et la Suède. Le comte, qui observoit ses deux fils dans la plupart de ces siéges, s'apercevoit avec plaisir qu'ils étoient nés pour la guerre; et oubliant le conseil de M. de Turenne, il leur procuroit toutes les occasions qu'il pouvoit de l'apprendre. Il mettoit tous les jours leur courage à l'épreuve, sans songer qu'ils étoient trop jeunes et trop délicats pour supporter impunément toutes les fatigues auxquelles il les exposoit. Aussi leurs forces s'épuisèrent au point, qu'ils tombèrent malades, et ne purent plus monter à cheval.

Leur père, voyant qu'ils avoient besoin de repos, leur fit quitter l'armée, et les renvoya à sa terre, où il comptoit de les aller rejoindre bientôt, et de passer avec eux une partie du quartier d'hiver. Il se flattoit d'une fausse espérance : il ne pensoit pas qu'il servoit sous un roi qui ne distinguoit pas les saisons quand il s'agissoit d'acquérir de la gloire. Louis marche vers la Franche-Comté au fort de l'hiver, et fait en peu de temps la conquête de cette province; mais le siége de

Dôle devint funeste à plusieurs officiers de marque, et entre autres au comte de Monneville, qui reçut un coup de mousquet dont il mourut.

Tandis que le père expiroit devant Dôle, son fils aîné, dans sa terre, tiroit à sa fin : une maladie de langueur, accompagnée de continuelles douleurs qu'une blessure mal pansée lui causoit, l'emporta, quelques remèdes que le chevalier son frère pût employer pour le guérir. Le chevalier, qui avoit une véritable amitié pour lui, pleuroit encore sa perte, lorsqu'il apprit le triste sort de son père. Cette nouvelle mit le comble à sa douleur. Quoiqu'en perdant ces deux objets si chéris, il fût devenu maître de son bien, qui véritablement n'étoit pas fort considérable, il ne pouvoit se consoler de ces deux événements. Enfermé dans sa maison, il y menoit une vie si triste, qu'il se seroit laissé mourir de chagrin, si le marquis de Ganderon, son voisin, l'eût abandonné à sa mélancolie; mais ce bon seigneur, pour la dissiper, l'attiroit chez lui tous les jours, et l'y retenoit le plus long-temps qu'il lui étoit possible par des amusements qui modérèrent insensiblement son affliction.

Le marquis avoit une fille de douze à treize ans, fille unique, fort jolie, et qui devoit être un jour une des plus riches héritières de la province. Il l'aimoit tendrement, et l'élevoit avec un soin qui tenoit autant du gouverneur que du père : histoire sainte et profane, géographie, fable, blason, tout ce qui pouvoit contribuer à en faire une personne accomplie, il le lui enseignoit lui-même, car il en étoit capable. En un mot il s'occupoit entièrement de son éducation. Ma fille, lui disoit-il souvent, ornez votre esprit tandis que vous êtes jeune; ménagez-vous des talents qui vous fassent honorer et chérir de tout le monde; les richesses toutes seules ne sauroient vous rendre heureuse; et quand elles le pourroient, songez que leur possession n'est pas plus solide que celle de la beauté : ces deux avantages ne sont que des biens fragiles. Ce n'est point avoir un vrai mérite que de n'en posséder qu'un dont la fortune peut vous priver. Un cœur vertueux, un esprit cultivé, voilà les seuls biens qui soient à l'épreuve du temps et des revers.

Pour madame de Ganderon, elle ne s'occupoit que du détail des affaires domestiques, se reposant sur son mari du soin de former les mœurs de sa fille. Cette jeune demoiselle les entendoit si souvent l'un et l'autre plaindre le sort du chevalier, devenu comte par la mort de son frère, qu'elle prit aussi beaucoup de part à son malheur. Elle le voyoit tous les jours; et plus elle s'apercevoit que ses parents avoient d'égards pour lui, plus elle se croyoit obligée de contribuer de sa part à sa consolation. Elle aimoit à suivre les bons exemples qu'on lui donnoit.

Elle crut pendant deux ans n'avoir pour le jeune comte que la même compassion qu'avoient pour lui son père et sa mère, qui, le traitant comme s'il eût été leur propre fils, la disposoient sans y prendre garde à le choisir pour son amant. D'un autre côté, l'extrême retenue que le comte avoit auprès d'elle, lui procurant la liberté de la voir familièrement, fit que sans songer à s'en défendre, il se laissa fortement enflammer; mais quelque ardent amour qu'il se sentît pour mademoiselle de Ganderon, il eut long-temps la force de le condamner au silence, de peur de se brouiller, en le déclarant, avec le marquis et la marquise. Cependant une conjoncture imprévue lui arracha son secret.

Madame de Ganderon prit un jour sa fille en particulier, et lui dit qu'un président qui avoit quelques terres aux environs l'avoit demandée en mariage pour son fils aîné, et l'avoit obtenue de son père; mais qu'ils étoient convenus qu'à cause de la jeunesse de la future, ce mariage ne seroit célébré que dans deux ans, temps où le futur devoit entrer en charge. Mademoiselle de Ganderon, plus étourdie que charmée de cette nouvelle, ne sachant que répondre, remercia sa mère de la clause de deux ans, qu'elle disoit être son ouvrage, et se retira dans le jardin fort rêveuse et fort inquiète. Elle ne connoissoit pas le fils du président, et elle désiroit qu'il ressemblât au jeune comte. Là-dessus elle commençoit à se plonger dans des réflexions qui la chagrinoient, sans qu'elle en sût bien encore démêler la cause, quand Monneville l'aborda.

Elle sentit un mouvement de joie en remarquant que sa mère, qui le suivoit, s'étoit arrêtée pour donner quelques ordres; et, profitant de l'occasion, elle lui apprit en deux mots l'hymen projeté; puis, sans lui laisser le temps de proférer une seule parole, elle lui demanda d'un air de vivacité, si, quand elle ne seroit plus dans le château de ses parents, il y viendroit encore tous les jours, et s'il ne souhaiteroit pas quelquefois de l'y voir. Le comte, transporté de plaisir, lui dit en lui serrant la main, qu'il l'aimoit trop pour survivre un moment à sa perte.

Je ne sais si la marquise, qui vint alors interrompre leur entretien, ne leur rendit pas en cela un bon office; car après s'être si brusquement fait une déclaration mutuelle de leurs secrets sentiments, ils demeurèrent tout interdits. Ils se remirent pourtant bientôt l'un et l'autre; et si on les empêcha de continuer leur conversation, en récompense ils se lancèrent tant de regards tendres et passionnés, qu'ils eurent sujet tous deux d'être contents de leur journée. Ils en eurent encore de plus agréables dans la suite. Les amants, quand une fois ils ont osé se dire je vous aime, font insensiblement bien du chemin. Ils ressemblent aux personnes qui voyagent sur mer, et qui se trouvent au bout du voyage sans même s'être aperçues qu'elles ont changé de place. Le comte et sa maîtresse vivoient dans une parfaite intelligence. Ils passoient ensemble si tranquillement leurs jours, que celui de leur séparation arriva sans qu'ils y eussent seulement pensé.

Un matin, que ce gentilhomme venoit selon sa coutume dîner chez le marquis, il y trouva une si nombreuse compagnie, qu'il jugea plus à propos de se retirer chez lui que de se mettre à table avec tant de gens qu'il ne connoissoit pas pour la plupart. Il ne savoit pas quelle compagnie il évitoit: c'étoit la famille de son rival. Elle venoit pour conclure le mariage proposé. Mademoiselle de Ganderon, qui n'avoit point encore vu l'époux qu'on lui destinoit, ne fut pas enchantée de sa figure. Il n'étoit pas besoin à la vérité qu'elle fût prévenue en faveur d'un autre, pour remarquer d'abord que le fils du président n'étoit pas un sujet fort agréable. Imaginez-vous un grand innocent d'écolier, efflanqué et monté sur deux jambes aussi longues que menues, et sans mollet. Son esprit répondoit parfaitement à sa personne : s'entretenoit-on devant lui des choses ordinaires, il gardoit un stupide silence; si l'on vouloit qu'il parlât, il falloit le mettre sur l'histoire ou sur la fable; et il ne disoit pas dix mots françois sans y mêler quelque terme latin.

Un amant de cette espèce n'étoit guère propre à faire une tendre impression sur une fille aussi spirituelle que mademoiselle de Ganderon. Néanmoins, quoiqu'il lui déplût infiniment, bien loin de le lui témoigner par un air de froideur, elle eut la malice de feindre qu'elle prenoit beaucoup de goût aux expressions recherchées dont il se servoit. Elle poussa même la complaisance jusqu'à passer presque toute l'après-dînée à s'entretenir et à s'ennuyer en particulier avec lui. Il est vrai que le soir elle ne put s'empêcher de s'égayer à ses dépens devant toute la compagnie. Le marquis de Ganderon, pendant le souper, lui demanda si elle étoit contente de la conversation du fils de monsieur le président. On ne sauroit l'être davantage, lui répondit-elle. Ce jeune cavalier possède l'antiquité. Il m'a conté l'histoire de Cyrus au berceau; et, quoiqu'il ait parlé plus de deux heures, il a laissé le prince à la lisière.

Cette plaisanterie et plusieurs autres pareilles divertirent toutes les personnes qui étoient à table, excepté le futur, qui, trouvant mauvais que mademoiselle de Ganderon le voulût tourner en ridicule, se sentit naître pour elle quelques mouvements d'aversion. Malgré cela, le lendemain, le marquis et le président convinrent de tout Quand les parents sont satisfaits du côté du bien et de la naissance, ils ne se soucient guère du reste.

Tandis que chez le président monsieur et madame de Ganderon dressoient avec lui les articles du contrat, le comte, usant de la liberté qu'il avoit d'entrer chez le marquis quand il lui plaisoit, y vint; et trouvant sa maîtresse toute seule, il apprit d'elle tout ce qui se passoit. Ils s'attendrirent tous deux. Mon cher comte, lui dit mademoiselle de Ganderon, c'en est fait, dès demain peut-être vous me perdez. C'est donc demain que je dois perdre le jour, répondit l'amant : vous apprendrez ma mort avant que d'être dans les bras d'un autre. Que faut-il faire pour prévenir ce malheur, reprit la demoiselle? Parlez, je suis capable de tout entreprendre pour me conserver à vous.

Ces discours ne manquèrent pas d'être suivis d'une infinité d'autres semblables; et vous jugez bien que ces amants, se voyant sans témoins dans l'endroit où ils étoient, ne consultèrent que leur amour sur le parti qu'ils avoient à prendre. Monneville n'en trouvoit qu'un, que son amante eut la foiblesse d'approuver, et dont bientôt après elle eut sujet de pleurer à loisir l'extravagance. Car dès le jour suivant, le marquis, pendant qu'il dînoit, reçut une lettre de la part du président; elle contenoit ces paroles : *Mon fils s'est dérobé de chez moi ce matin pour retourner à Paris. Il m'a écrit de la première poste un billet, par lequel il me déclare qu'il renonce à mademoiselle de Ganderon, dont l'esprit railleur ne lui convient point du tout ; et que si je prétends le contraindre à l'épouser malgré lui, il ira s'enfermer pour jamais dans une retraite où il sera à couvert de la tyrannie du pouvoir paternel. Je suis bien mortifié, Monsieur, d'un pareil contre-temps, et je vous prie de recevoir les très humbles excuses que je vous fais du procédé de mon fils, en attendant que nous puissions prendre ensemble des mesures convenables.*

Si cette nouvelle causa d'abord beaucoup de joie à nos amants, l'inquiétude ne tarda guère à mêler de l'amertume à leurs plaisirs. Mademoiselle de Ganderon s'aperçut peu à peu qu'elle avoit eu trop de complaisance pour le comte; et se représentant alors que l'état où elle étoit pourroit plutôt exciter la colère que la pitié du marquis, elle se repentoit de son imprudence. Cette réflexion, qu'elle auroit dû faire auparavant, la mit dans la nécessité de chercher quelque expédient pour dérober à ses parents la connoissance d'une faute qu'elle auroit voulu se cacher à elle-même.

Elle tint sur cela conseil avec son amant, qui partageoit ses alarmes, jugeant comme elle qu'il étoit très important pour l'un et pour l'autre que la famille ignorât leur indiscrétion. Pour cet effet, il fut décidé que la demoiselle paroîtroit triste et abattue : ce qu'elle auroit peu de peine à faire dans la conjoncture présente; qu'elle fuiroit les compagnies; et que, sous prétexte de l'affront que le fils du président venoit de lui faire, elle demanderoit à se retirer dans un couvent pour quelques mois.

Elle joua fort bien son personnage. Elle affecta d'être piquée au vif de la conduite du fils du président, témoigna un extrême désir d'entrer dans un monastère, et sa demande, qui passa pour un dépit noble et généreux, lui fut aisément accordée. M. de Ganderon écrivit à une cousine qu'il avoit à Paris, pour la prier de choisir dans cette grande ville une maison religieuse où sa fille pût acquérir les petits talents qui manquoient à son éducation, et qu'on ne pouvoit avoir en province. La dame de Paris lui fit réponse qu'elle se chargeroit volontiers de ce soin-là ; mais qu'étant sur le point d'aller passer deux ou trois mois à la campagne, elle le conjuroit de remettre la chose à son retour, en l'assurant qu'elle lui en donneroit avis dès le lendemain de son arrivée à Paris.

La bonne dame tint aussi exactement sa parole que si elle eût deviné qu'il n'y avoit point de temps à perdre. Le marquis et sa femme, qui, voyant leur fille languir d'impatience et d'ennui, craignoient qu'elle ne tombât malade, la firent partir sur-le-champ sous la conduite d'une vieille gouvernante qui l'avoit élevée dès son enfance. Ils la menèrent dans leur équipage jusqu'à la ville voisine, où l'on avoit retenu deux places dans le carrosse public ; et lui ayant dit adieu en mêlant leurs larmes à celles qui baignoient son visage, ils s'en retournèrent fort tristes à leur château.

Deux jours avant cette séparation, le comte et sa maîtresse avoient concerté ce qu'ils devoient faire pendant leur absence, et l'amante avoit conseillé à l'amant d'être plus assidu que jamais chez ses parents, pour deux raisons : la première, pour écarter tout soupçon, et la seconde, pour être plus souvent dans un lieu qui le feroit ressouvenir d'elle.

Dans un moment, messieurs, je vais paroître sur la scène ; vous vous y attendez bien ; et je lis dans vos yeux que vous ne serez nullement surpris d'entendre ce que je vais vous dire. Mademoiselle de Ganderon ne faisoit ce voyage de Paris que pour mes beaux yeux; elle vouloit que je reçusse la vie dans ce centre des douceurs qu'on peut goûter dans ce bas monde, dans ce chaos d'affaires mystérieuses, si favorable aux mariages clandestins.

Monneville fut interrompu dans cet endroit de son histoire par tous les flibustiers, qui s'empressèrent à lui faire compliment sur la tendresse furtive dont il étoit le digne fruit. Nous l'embrassâmes tour à tour, lui protestant que nous regardions comme une des plus grandes faveurs de la fortune, le bonheur de posséder sur notre vaisseau un fils de l'amour. Il enchérit lui-même sur nos plaisanteries; après quoi il reprit ainsi son discours :

Pour revenir à mademoiselle de Ganderon, que je pourrois dès à présent appeler ma mère, elle se trouva seule dans la voiture avec sa gouvernante, et elle n'en fut pas fâchée, pouvant rêver plus facilement à ses affaires. Elle se flattoit qu'elle feroit bientôt des connoissances à Paris, et qu'elle y pourroit trouver quelque personne discrète dont l'assistance lui seroit d'une grande utilité. Mais soit qu'elle se trompât dans son calcul, ou que le mauvais carrosse dans lequel elle étoit l'incommodât, soit enfin que me sentant mal à mon aise dans ses flancs pressés par un corps trop juste, je jugeasse à propos de précipiter ma sortie d'une si étroite prison, la dame, sur la fin de la seconde journée, fut atteinte de quelques douleurs qui lui présagèrent l'approche de ma naissance.

Un petit village situé comme exprès au milieu de la

campagne pour la commodité des voyageurs, étoit destiné à l'honneur de me voir naître. L'hôtesse du cabaret étoit une jeune femme mariée depuis un an, et accouchée d'une fille depuis deux jours. Mademoiselle de Ganderon l'alla trouver d'abord; et lui glissant quelques écus dans la main, lui découvrit son secret. L'hôtesse, gagnée par cette petite libéralité, s'offrit volontiers à servir ma mère, et s'en acquitta le plus adroitement du monde. Elle lui donna une petite chambre auprès de la sienne, et fit coucher la gouvernante dans une autre assez éloignée. Après avoir pris cette précaution, elle envoya chercher sa sage-femme, que ma mère mit dans ses intérêts de la même façon que l'hôtesse.

Il étoit temps qu'il vînt du secours : les douleurs augmentoient de manière que la personne qui les souffroit n'y pouvoit plus tenir. Je ne cessai de faire le petit diable à quatre que je n'eusse mes coudées franches; et j'aurois alors tout gâté par mes cris, s'ils n'eussent pas été pris pour ceux de la fille de l'hôtesse. J'eus le bonheur de crier tout seul, l'autre enfant n'ayant pas été tenté d'essayer un petit duo avec moi.

Cet acoucchement fut des plus heureux, quoiqu'on n'eût point invoqué la triple divinité des Parques : et la sage-femme, qui ne quitta pas de toute la nuit la nouvelle accouchée, épuisa son art pour la mettre en état de soutenir les secousses du carrosse. Pour gagner quelques heures de repos, on dit le matin au cocher que mademoiselle de Ganderon étoit indisposée, et le prioit de différer un peu son départ. Il auroit été insensible à cette prière, si elle n'eût pas été accompagnée d'une pistole et d'un ordre de le faire bien déjeuner.

Cela lui fit prendre patience, et donna le loisir à ma mère de se préparer à partir avec moins de précipitation. Cependant les efforts qu'il lui fallut faire pour se lever et s'habiller auroient dû causer la mort à une personne aussi délicate qu'elle; mais on voit tous les jours, en pareil cas, des traits de courage étonnants.

Avant que de se remettre en chemin, elle entra dans la chambre de l'hôtesse; et lui ayant de nouveau demandé le secret, elle tira de sa poche une bourse où il y avoit une trentaine de louis d'or, qu'elle lui fit facilement accepter. Recevez cet argent, ma bonne, lui dit-elle, en attendant d'autres marques de ma reconnoissance et de celle d'un jeune cavalier que vous verrez bientôt ici. Cherchez, je vous prie, une nourrice pour mon fils, et ne le perdez pas de vue. Ensuite, s'étant fait apporter du papier et de l'encre, elle traça quelques lignes sur une feuille qu'elle cacheta de son cachet, et dont elle chargea l'hôtesse, en lui disant : Vous rendrez ce billet au cavalier qui viendra vous trouver, et qui vous montrera une autre lettre de la même écriture, et cachetée du même cachet. Lorsqu'elle eut ainsi parlé, elle voulut me voir; et, après m'avoir baisé en soupirant, elle remonta en carrosse, à l'aide de la bonne gouvernante, et s'y plaça de façon qu'elle étoit à demi-couchée.

On arriva tard au lieu où l'on devoit dîner; elle y prit seulement un bouillon sans sortir de la voiture, et cinq ou six heures de repos dont elle jouit la nuit suivante, lui donnèrent la force de se présenter le lendemain à sa tante, qui, la voyant pâle et défaite, n'attribua cela pieusement qu'à la fatigue du voyage. Je ne doute pas, messieurs, que le récit des couches de ma mère ne vous paroisse blesser un peu la vraisemblance. Il ne vous semble pas possible que cette scène se soit passée dans l'hôtellerie sans que la vieille gouvernante en ait eu la moindre connoissance. Mais je vous ai fait ce détail tel que je l'ai entendu faire à ma mère, qui ne m'a point dit si la duègne fut ou ne fut pas du secret.

La joie d'être hors d'une affaire si délicate, aida fort à rétablir promptement la santé de mademoiselle de Ganderon, qui ne demeura pas long-temps avec sa tante, et voulut absolument qu'on la mît en pension chez des religieuses. Elle fut conduite dans un couvent qu'il y avoit dans le voisinage, et l'on renvoya la vieille gouvernante en province, selon l'ordre que le marquis de Ganderon en avoit donné. Ma mère, avant que de s'enfermer, n'oublia pas d'écrire au comte de Monneville à l'adresse dont ils étoient convenus. Elle lui mandoit de se rendre incessamment à l'hôtellerie où elle m'avoit laissé, et l'instruisoit de tout ce qu'il devoit faire pour parvenir à voir son ouvrage.

Mon père, impatient d'apprendre des nouvelles de sa maîtresse, n'eut pas reçu la lettre, qu'il partit, et vola vers le lieu qui y étoit indiqué. Il demanda à parler à l'hôtesse; et s'étant fait connoître à elle pour le cavalier qui prenoit le plus d'intérêt à ce qui s'étoit passé chez elle la nuit qui fut la première de ma vie, il la pria de lui conter toutes les circonstances de cette aventure; ce qu'elle n'eut pas achevé de faire, qu'il s'informa si je vivois encore, et où j'étois, témoignant une extrême envie de me voir. Alors l'hôtesse, reprenant la parole, lui dit : Monsieur, je vais vous confier un secret de la dernière conséquence, et je vous supplie très humblement de le garder. Mon père le lui promit, et elle continua son discours de cette sorte.

Madame votre épouse, en partant de chez moi, me recommanda d'avoir grand soin de son fils, et de ne le pas perdre de vue. Tandis que je lui faisois chercher une bonne nourrice par la sage-femme, je le tins dans mon lit le jour entier et la nuit suivante. Je ne sais si je m'agitai trop en dormant; mais il est certain qu'à mon réveil je sentis un des deux enfants mort à mes côtés. Ah! ciel! s'écria le comte en frémissant, mon fils n'est plus! Il vit encore, répondit l'hôtesse; écoutez-moi, s'il vous plaît, sans m'interrompre.

Je me levai promptement, poursuivit-elle; je fermai ma porte au verrou; et, revenant à mon lit, je reconnus que c'étoit ma fille que j'avois étouffée. Je m'étois aperçue que mon époux, qui par hasard alors étoit absent, avoit eu plus d'affection pour moi depuis ma grossesse. Ma fille étoit notre premier enfant; par sa mort, je craignis de perdre les bonnes grâces de son père. Je pris mon parti sans hésiter. J'enterrai ma fille dans un caveau abandonné, et je pris à sa place votre fils. Je trompai ma confidente elle-même, quand elle me vint avertir qu'elle avoit trouvé une nourrice. Je lui fis une fausse confidence, en lui disant qu'une personne inconnue étoit venue secrètement chercher le petit garçon de la part de sa mère. Ainsi, monsieur, ajouta-t-elle, cet enfant que vous voyez, et que j'appelle ma fille, est votre fils, ou du moins celui de la dame qui m'en a chargée. A ces mots le comte me prit entre ses bras, et me donna cent baisers, en répandant sur mon visage des larmes qui rendoient témoignage de la joie dont son cœur étoit pénétré.

Il demeura dans l'hôtellerie plusieurs jours, pendant lesquels il fit souvent répéter à l'hôtesse la pitoyable histoire de ma naissance, et m'accabla de caresses. Enfin, lorsqu'il partit pour s'en retourner chez lui, il fit présent à cette femme de tout ce qu'il avoit dans ses poches d'argent et de bijoux, me recommanda fortement à ses soins, et s'éloigna de moi plus lentement qu'il ne s'en étoit approché.

Quand il fut de retour dans sa terre, il ne manqua pas de vouloir mander à sa chère maîtresse, en termes couverts, ce qui s'étoit passé entre l'hôtesse et lui; mais une seconde lettre qu'il reçut de ma mère l'en empêcha. Elle lui défendoit absolument de lui écrire, ayant été avertie, en entrant au couvent, que les lettres adressées aux pensionnaires étoient arrêtées et envoyées à leurs parents. Pour profiter de cet avis, qui n'étoit pas en effet à négliger, il renonça au commerce de lettres, dans la douce espérance que mademoiselle de Ganderon et lui ne seroient pas long-temps séparés.

Il vint plus d'une fois me voir pendant la première année, sous prétexte d'une affaire qu'il disoit avoir avec un gentilhomme voisin. Il demeuroit à l'hôtellerie quelquefois plusieurs jours; et pendant qu'il y étoit, il me tenoit sans cesse entre ses bras. Je fus sevré de bonne heure, parce que ma jeune nourrice ne crut pas devoir, par amitié pour moi, se dispenser de donner à son mari une nouvelle preuve de sa fécondité. Je ne m'en portois pas plus mal pour cela. J'avois un teint vermeil, un embonpoint merveilleux; tout le monde lui faisoit compliment sur ma beauté.

Cette femme eut un second enfant, qui ne vécut pas plus long-temps que le premier; et trois semaines après elle fut retenue pour être nourrice de celui dont la baronne du Mesnil étoit sur le point d'accoucher. Le baron étoit un seigneur qui avoit une terre auprès du village, et qui depuis neuf ou dix mois avoit épousé une jeune et riche orpheline dont il étoit devenu amoureux. J'allai avec l'hôtesse demeurer au château du Mesnil, et nous laissâmes l'hôte son mari dans l'hôtellerie. A peine fûmes-nous chez le baron, que la baronne mit au monde une fille avec laquelle on m'éleva.

Il arriva dans ce temps-là du changement au château de Ganderon. La marquise mourut; et cet événement fut cause que le marquis prit la résolution de laisser sa fille au couvent, jusqu'à ce qu'il trouvât l'occasion de la marier selon ses vues, c'est-à-dire à un gentilhomme qui eût des biens considérables; car il n'étoit pas homme à vouloir accepter pour gendre le comte de Monneville, quelque estime et quelque amitié qu'il eût pour lui. Mon père et ma mère, qui savoient bien les sentiments de M. de Ganderon là-dessus, n'attendoient leur bonheur que du ciel.

Les choses étoient dans cet état, lorsque l'on apprit dans la province [1] que l'Espagne venoit de se joindre à l'empereur et aux Hollandois contre la France. Toute la noblesse, prompte à courir au secours de sa patrie, se mit en mouvement. Mon père, fils d'un homme qui

[1] 1684.

avoit acquis de la réputation à la guerre, ne put se dispenser de s'y préparer. Son peu de bien ne lui permettant pas d'avoir un grand équipage, il partit avec un valet de chambre et un laquais. Il prit auparavant congé du marquis, et vint faire un tour au village pour me voir. Il fit si bien, qu'il eut un secret entretien avec ma nourrice. Elle lui dit sur quel pied j'étois au château du Mesnil; et elle lui parut si attachée à moi, qu'il se sentit consolé de la nécessité de s'éloigner de son fils peut-être pour long-temps. Après avoir donné quelque argent à cette femme, pour l'engager à redoubler ses soins pour ma petite personne, il se rendit à l'armée, ou plutôt à Reims, où elle devoit s'assembler sous les ordres de M. de Turenne.

Le marquis de Bourlemont, qui connoissoit et aimoit mon père, fut ravi de le revoir, et le reçut volontaire dans son régiment. Il le présenta même au général, qui, l'ayant reconnu, se fit un plaisir d'occuper son courage, en l'employant aux divers siéges qui se firent sur les terres du marquis de Brandebourg, et qui furent poussés si vigoureusement, que cet électeur effrayé se retira bien avant dans l'Allemagne, et demanda à garder la neutralité.

La certitude où étoit le comte que la bravoure ne manquoit pas de récompense sous un général tel que M. de Turenne, et la flatteuse espérance d'acquérir assez de gloire pour mériter de paroître au marquis de Ganderon digne de son alliance, lui firent faire des choses surprenantes. C'est ainsi que de tout temps et en tous états, on a vu de grandes actions produites par l'amour. Le désir de plaire aux femmes a fait de vaillants guerriers. Le comte de Monneville, dans une affaire où fut tué le marquis de Bourlemont, se signala par des exploits que vous auriez admirés vous-mêmes, messieurs, tout accoutumés que vous êtes aux actions téméraires. Mais enfin le comte fut fait prisonnier, et ne recouvra la liberté qu'à la paix de Nimègue.

Depuis que ma nourrice étoit devenue celle de la fille du baron du Mesnil, au lieu de m'aimer moins qu'auparavant, elle sembloit avoir plus de tendresse pour moi. Le baron, de son côté, très satisfait de cette femme, pour lui témoigner sa reconnoissance, me faisoit mille caresses, et ne mettoit presque aucune différence entre sa propre fille et moi. Il souffroit qu'elle m'appelât sa sœur; et tous les domestiques, à son exemple, nous confondoient ensemble. Loin d'abuser des attentions que l'on vouloit bien que je partageasse avec Lucile, c'est ainsi que se nommait la fille de ce seigneur, j'apportai tous mes soins pour gagner son affection, et j'y réussis de façon que, dans nos petits jeux, elle trouvoit mauvais que j'eusse pour elle les déférences que je lui marquois. Je la gênois par mon respect.

Ma prétendue mère, qui ne nous étoit pas plus à l'une qu'à l'autre, s'apercevant de l'attachement que j'avois pour Lucile, se proposa de veiller sur nous. Nos familiarités, quoique innocentes, ne laissoient pas de l'alarmer. Elle craignoit que le hasard ne découvrît mon sexe, qui m'étoit inconnu à moi-même; et, dans cette crainte, elle ne cessoit de nous prêcher la pudeur; ce qui faisoit tant d'impression sur nos jeunes cervelles, que nous nous cachions très soigneusement pour les

moindres petits besoins. En un mot, j'étois continuellement sous ses yeux pendant le jour, et je couchois la
nuit avec elle.

Notre amour augmentoit plus vite que le nombre
de nos années; et quand je me rappelle certains traits
de mon enfance, je conclus que cette passion ne connoît point d'âge où elle ne fasse sentir son pouvoir. Ma
nourrice m'avoit accoutumé à baiser la main de M. le
baron quand il me donnoit quelque chose; j'observois
aussi cette cérémonie respectueuse avec ma petite sœur,
qui étoit si persuadée que j'y trouvois du plaisir, que
lorsqu'on m'avoit puni, ou que j'avois quelque autre
chagrin, elle m'apportoit avec empressement sa main
à baiser. Trente-cinq ans n'ont point effacé de ma mémoire mille semblables minuties, qui prouvent dé-
monstrativement que nos cœurs étoient faits l'un pour
l'autre, et qu'ils seroient un jour unis, comme ils l'ont
en effet été depuis, et le sont encore, malgré la cruauté
du sort qui nous tient séparés.

Je passai de cette sorte mes premières années au
château du Mesnil, et il y en avoit déjà cinq que ma
nourrice n'avoit point entendu parler du comte de
Monneville, mon père. Elle le crut mort, et cependant
elle ne diminua rien de l'amitié qu'elle avoit pour moi.
Il est vrai qu'elle avoit intérêt de tromper encore son
mari, qui, me regardant comme sa fille unique, me
chérissoit autant que si je l'eusse été véritablement.
Elle attendoit, pour le tirer d'erreur, que je fusse dans
un âge plus avancé.

Un soir le baron du Mesnil sortit de son château,
selon sa coutume, pour tirer un lapin, et ne revint que

long-temps après. Il défendit en arrivant qu'on l'éclairât, et il se rendit à son appartement à pas précipités. Quoiqu'il n'y eût point de lumière sur son passage, on ne laissa pas de remarquer qu'il rapportoit deux fusils. Il en mit un dans son cabinet, et, sortant avec l'autre à l'instant même, il déclara qu'il ne viendroit point souper. Il ne rentra que fort tard, sans dire où il avoit été; et quand il fut dans son appartement, il ne voulut pas, contre son ordinaire, permettre qu'on le déshabillât : ce qui donna bien à penser à tous ses domestiques, dont l'imagination eut encore plus beau jeu le lendemain matin, lorsqu'ils virent sur son linge des taches de sang, dont il ne s'étoit pas aperçu lui-même. Chacun fit là-dessus ses réflexions, et s'imagina ce qu'il voulut.

Deux jours après, le mari de ma nourrice la vint trouver au château, et lui dit en particulier, qu'il étoit inquiet de ce que ce monsieur n'étoit pas revenu coucher dans l'hôtellerie les deux nuits précédentes. Quel monsieur, lui répondit sa femme d'un air étonné? Ce monsieur, reprit-il, qui venoit si souvent chez nous il y a cinq ou six ans. Ce brave homme qui paroissoit tant nous aimer.... là, tu ne te souviens pas?... Cet habit galonné qui donnoit toujours quelques douceurs à notre petite fille.

Ma nourrice, à ce portrait, reconnut sans peine l'original, et pressa son mari de lui apprendre pourquoi le cavalier dont il parloit lui causoit de l'inquiétude. C'est que cet honnête homme, lui dit l'hôte, arriva dans le village avant-hier, et vint descendre chez moi. Il me demanda de vos nouvelles, et de celles de notre enfant. Ensuite, ayant pris mon fusil, il sortit de l'hôtellerie, en disant qu'il alloit faire un tour dans le bois du Mesnil, après quoi il reviendroit souper et coucher chez moi. Mais je ne l'ai point revu depuis, et cependant son cheval est toujours dans mon écurie.

Vous concevez bien l'impression que ce discours fit sur ma nourrice. Elle frémit d'effroi, et se laissa prévenir du plus noir pressentiment. Elle chargea son mari de s'informer secrètement si personne n'avoit vu ce cavalier, tandis que de son côté elle en feroit des perquisitions. Toutes leurs recherches furent inutiles. Au bout de trois jours, comme l'hôte n'avoit point paru au château, sa femme, impatiente de savoir s'il n'avoit eu aucunes nouvelles du gentilhomme en question, résolut de se rendre au village pour entretenir son mari là-dessus. Nous accompagnâmes notre nourrice, Lucile et moi, le chemin n'étant pas si long, que nous ne pussions le faire en badinant. Je m'en souviens encore parfaitement bien : nous marchions devant elle, ma sœur et moi, en traînant un petit chariot qu'un domestique nous avoit fait.

Quand nous fûmes au milieu d'un bois qui sépare le château d'avec le village, la nourrice nous fit prendre un sentier de traverse pour abréger notre chemin. Mais après avoir fait environ vingt pas, deux petits chiens qui étoient avec nous s'arrêtèrent tout à coup, et se mirent à aboyer comme s'ils avoient vu quelque animal contre lequel ils eussent eu besoin de secours. Cela nous fit peur, à Lucile et à moi, et nous courûmes nous ranger sous l'aile de notre nourrice, qui s'avança vers les chiens pour voir ce qui les faisoit aboyer, et même hurler. Elle remarqua qu'une petite élévation de terre nouvellement remuée, bien battue avec les pieds, et couverte de broussailles rangées avec art, étoit la cause de ces hurlements.

Elle eut peur à son tour; et comme la perte du comte lui avoit déjà rempli l'esprit d'idées tragiques, quelques gouttes de sang qu'elle aperçut sur des pierres, achevèrent de lui donner des soupçons, dont elle alla promptement faire part à son mari. Il ne les trouva pas mal fondés, et il ne tarda guère à les éclaircir. Il vint avec nous dans le bois, sous prétexte de nous conduire au château. Sa femme lui montra l'endroit où les chiens s'étoient arrêtés, et sur lequel ils recommencèrent à hurler. Alors l'hôte donna quelques coups de pioche; et il n'eut pas levé un demi-pied de terre, qu'il découvrit le cadavre, et reconnut l'habit du cavalier dont il étoit en peine. La nourrice ne douta point que ce meurtre ne fût l'ouvrage du baron. Elle jugea que ce seigneur, dont elle connoissoit l'humeur violente, ayant rencontré près de son château ce malheureux gentilhomme qui chassoit, avoit cru que c'étoit pour l'insulter, l'avoit tué d'un coup de fusil, et ensuite enterré. L'hôte eut la même pensée; mais, loin de vouloir s'exposer au ressentiment du baron, en publiant cette découverte, il se promit bien de la tenir secrète. Il recouvrit de terre le cadavre, et remit les broussailles dessus comme elles étoient auparavant, pendant que sa femme nous ramena au château Lucile et moi. Elle retourna un moment après sur ses pas, rejoignit à la hâte son mari, et alla s'enfermer avec lui dans l'hôtellerie, pour ouvrir la valise du cavalier assassiné.

Ils n'y trouvèrent point d'argent; il n'y avoit dedans

que des papiers, un mémoire des dettes qu'il avoit contractées en Allemagne, quelques lettres de mademoiselle de Ganderon, et, entre autres, celle dont elle avoit chargé ma nourrice avec ordre de la remettre à mon père. Je les ai vues depuis toutes entre les mains de ma mère, à qui cette bonne femme, se voyant près de mourir, les rendit, en lui apprenant toutes les circonstances que je viens de vous rapporter.

Nous interrompîmes encore tous Monneville dans cet endroit, pour déplorer le sort de son père. Ce qui fournit à quelques flibustiers sérieux une occasion de moraliser sur l'instabilité du bonheur de l'homme; mais les autres, prenant peu de goût aux réflexions morales, comme gens préparés à tous les événements de la vie, pressèrent Monneville de continuer son histoire. Il en reprit ainsi le fil.

Je perdis donc mon père dans le temps peut-être qu'il venoit me rejoindre pour ne me plus quitter. Sa mort n'altéra point l'attachement que ma nourrice avoit pour moi. Tout le changement que je trouvois dans ses manières à mon égard, c'est qu'elle me sembloit plus triste qu'auparavant, et quelquefois, sans me parler, elle laissoit couler des pleurs en me regardant. Elle me recommandoit souvent de m'appliquer à la lecture, et plus encore à l'écriture, sans me dire la raison particulière qu'elle avoit que je susse bien écrire. Je ne l'ignorai pourtant pas long-temps; car cette femme, étant devenue veuve cinq ou six mois après la mort de mon père, me prit un jour en particulier, et me parla dans ces termes:

Mon cher enfant, quoique vous soyez encore bien

jeune; je vous trouve si raisonnable, que je ne veux pas tarder davantage à vous faire une confidence qui vous regarde toute seule, et dont notre bonheur dépend. Mon mari, qui me laisse sans bien par sa mort, me met hors-d'état de faire pour vous ce que je souhaiterois, et de vous marquer jusqu'à quel point je vous aime. La protection de M. le baron est l'unique ressource qui me reste; et non-seulement vous me la ferez perdre, mais vous m'exposerez à recevoir de la part de ce seigneur les plus rigoureux traitements, si vous ne suivez pas les conseils que je vous donnerai. Il vous puniroit aussi avec moi. Il faut donc, par une conduite prudente, ménager encore pendant quelques années ses bontés. Cela m'engage à vous révéler bien des choses, dont voici la principale : vous n'êtes point une fille. J'ai si bien veillé sur vous, que je suis sûre que vous l'avez ignoré jusqu'à ce moment. C'est à cacher votre sexe que je vous prie d'apporter tous vos soins. C'est cet article important qui m'oblige à vous faire de grandes confidences, malgré votre jeunesse.

Je viens, poursuivit-elle, de vous apprendre que vous n'êtes point fille; sachez, outre cela, que je ne suis pas votre mère, et que vous n'avez point perdu un père dans mon mari. Je ne puis vous en dire davantage aujourd'hui. Si vous pouvez vous conserver l'asile que vous avez dans ce château, je vous découvrirai le reste des choses dont il n'est pas encore temps de vous instruire. Voyez, mon enfant, si vous vous sentez capable de profiter de mes avis. Si vous voulez me seconder, je consens d'avoir soin de vous jusqu'à ce que vous puissiez vous passer de moi. Si au contraire vous me donnez sujet de craindre que votre imprudence ne m'attire ici quelque mauvaise affaire, je serai obligée de vous abandonner.

Ma nourrice, en me tenant ce discours, remarqua que j'en étois fort étonné. Elle se sentit saisie d'un mouvement de pitié. Elle me tendit les bras en pleurant. Je lui sautai au cou, et lui promis de faire absolument tout ce qu'elle désireroit.

Elle se trompa si peu dans l'opinion qu'elle avoit de mon esprit discret, que depuis ce jour-là elle fut contrainte de me gronder pour m'obliger à prendre quelque récréation avec Lucile. Je n'étois plus cette petite sœur qui se montroit toujours prête à rire et à jouer. La différence que je commençai à sentir qu'il y avoit de son état au mien, m'ôta tout d'un coup cet enjouement qui la divertissoit auparavant. La tendresse que j'avois pour elle ne diminuoit point, mais elle devenoit plus timide et plus respectueuse.

Trois mois après la mort du mari de ma nourrice, une maladie violente emporta brusquement la baronne du Mesnil. On ne sut pas sitôt que le baron étoit veuf, qu'on lui fit proposer les meilleurs partis de la province. Le marquis de Ganderon fut un des premiers qui souhaitèrent son alliance. De son côté, le baron du Mesnil, à qui un gentilhomme, ami du marquis, parla de cette affaire comme de lui-même, trouva l'héritière de M. de Ganderon un parti si avantageux, qu'il monta sur le champ en carrosse avec l'ami commun, pour l'aller demander en mariage au marquis. La négociation fut bientôt terminée. Ces deux seigneurs convinrent facilement de tout, et arrêtèrent entre eux qu'ils iroient incessamment à Paris pour voir si la demoiselle conviendroit au baron.

Ils ne tardèrent point à faire ce voyage avec le gentilhomme médiateur; et la personne de mademoiselle de Ganderon plut infiniment au cavalier qui la recherchoit. Il n'eut pas besoin de la voir deux fois pour en devenir plus amoureux qu'il ne l'avoit jamais été de sa première femme; et il ne songea plus qu'à hâter son second mariage. Cependant la nouvelle épouse avoit perdu une partie de ses charmes, par les chagrins continuels qu'elle avoit eus et qu'elle avoit encore; car n'entendant plus parler de Monneville, elle jugeoit qu'il devoit être mort, et cette pensée lui donnoit un air de tristesse qui ne relevoit pas l'éclat de sa beauté.

Lorsque le marquis, son père, lui déclara qu'il l'avoit promise au baron du Mesnil, elle voulut inutilement le prier de lui permettre de renoncer au monde; il n'eut aucun égard à sa prière, qu'il regarda même comme un effet des tentatives que les religieuses avoient apparemment faites pour la séduire. Il lui représenta, d'un air d'autorité, qu'un époux tel que le baron étoit préférable à la vie monastique, et qu'en un mot la chose étoit résolue. Alors, voyant qu'elle ne pourroit opposer qu'une résistance inutile aux ordres absolus de son père, elle se disposa docilement à lui obéir. Elle sortit du couvent, et se laissa entraîner, deux jours après, de Paris au château de Ganderon, où les noces se firent sans aucune pompe.

Quelque impatience qu'eût le baron d'emmener chez lui sa chère épouse, il ne laissa pas d'avoir la complaisance de faire un assez long séjour chez M. de

Ganderon. Mais il prit enfin congé de lui pour se rendre au château du Mesnil, où il entra au bruit d'une douzaine de coups de fusil que tirèrent les habitants du village, pour célébrer l'heureux retour de leur seigneur, et l'arrivée de la nouvelle baronne. Il fallut recevoir et rendre les visites de toute la noblesse des environs; ce qui occupa plus de huit jours madame du Mesnil. Elle n'avoit pas encore eu le loisir de faire quelque attention à Lucile; mais elle s'y attacha bientôt; et, loin d'avoir pour elle les airs aigres d'une marâtre, elle la traitoit avec une douceur et une bonté qui ravissoient le baron.

Plus ma nourrice considéroit cette jeune dame, et plus elle trouvoit qu'elle ressembloit à celle qui s'étoit débarrassée dans son hôtellerie d'un fardeau incommode. Elle n'osoit néanmoins se fier à ses conjectures, et elle se proposa de les approfondir finement. Pour ma mère, il est certain qu'elle ne reconnut point du tout ma nourrice, et ne la soupçonna nullement de l'être, quoiqu'elle n'ignorât pas qu'elle étoit dans le village qui m'avoit vu naître. Lucile toutefois lui donna lieu par hasard de penser qu'elle étoit en pays de connoissance, et que sa nourrice pouvoit être cette même hôtesse à qui elle m'avoit confié. Cette circonstance mérite bien que je vous en fasse le rapport.

La baronne, un jour, étoit dans son cabinet un livre à la main, quand Lucile, suivie de ma nourrice et de moi, entra et courut à elle en lui disant : Ma chère mère, voulez-vous bien que ma bonne amie vous fasse la révérence ? Entrez, mon enfant, entrez, me dit la baronne, ne croyant pas si bien dire ; l'amitié que ma fille a pour vous, vous répond de la mienne; approchez. Je m'avançai vers elle pour lui débiter un petit compliment que j'avois préparé à l'aide de ma nourrice; mais je me troublai sans savoir pourquoi, et je demeurai court. Il seroit ridicule d'attribuer à l'instinct ce désordre de mes sens, qui sans doute n'étoit qu'un effet de ma timidité. La baronne en jugea de même, et pour m'engager à parler, elle me demanda quel âge j'avois, et si j'étois fille unique. Je répondis qu'oui; et ma nourrice, prenant alors la parole, lui dit avec une feinte ingénuité : Hélas! madame, elle n'en sera pas plus riche. Si mon époux vivoit encore, elle pourroit un jour avoir quelque bien. Nous avons tenu cabaret dans le village pendant plusieurs années, et nous ne faisions pas mal nos affaires; mais j'ai eu le malheur de le perdre; et sans les bontés de monsieur le baron, nous serions, ma fille et moi, fort à plaindre.

La nourrice en parlant ainsi observoit attentivement la baronne, pour voir si cette dame, en l'écoutant, ne tourneroit point, par quelque démonstration, son doute en certitude. Ma mère évita ce piége; aucune altération ne parut sur son visage. Elle déplora d'un air tranquille le sort de l'hôtesse, qui, s'imaginant qu'elle s'étoit trompée dans le jugement qu'elle avoit porté de la baronne, cessa de trouver de la ressemblance entre elle et ma mère.

Après cet entretien, madame du Mesnil, étant restée seule dans le cabinet, admira comment elle avoit pu ne se point trahir en reconnoissant un témoin de sa honte. Cette pensée la fit pâlir et rougir successivement. Si la nourrice l'eût vue alors, elle auroit su à quoi s'en tenir. Les discours que ma mère venoit d'entendre la jetèrent dans une profonde rêverie. Elle ne pouvoit douter que la personne qui les lui avoit tenus ne fût cette même hôtesse à qui elle avoit confié le soin de mon enfance ; mais elle étoit bien éloignée de croire que c'étoit son fils qu'elle venoit de voir sous un habit de fille. Elle jugea que j'étois mort, ou que mon père m'avoit retiré des mains de ma nourrice pour me faire élever ailleurs. A cette réflexion, elle en faisoit succéder une autre. Le comte de Monneville n'est plus, disoit-elle, puisqu'il y a si long-temps que je n'ai reçu de ses nouvelles. Le père et le fils m'inquiètent également.

Il ne tenoit pourtant qu'à elle d'apprendre ce qu'ils étoient devenus l'un et l'autre. Il ne falloit pour cela que se découvrir à l'hôtesse dont elle avoit éprouvé la discrétion. Néanmoins il ne lui fut pas possible de se résoudre à risquer cette démarche. Quoiqu'au fond de son âme elle sentît un désir violent de savoir notre destinée, sa vertu, qui lui en faisoit un secret reproche, le combattoit sans cesse. L'épouse du baron du Mesnil croyoit devoir penser autrement que mademoiselle de Ganderon, et sacrifier au devoir l'amour et la nature, pour être malheureuse du moins sans l'avoir mérité.

Elle prit même le parti d'éloigner du château ma nourrice, pour n'avoir plus devant les yeux une femme qui lui rappeloit des images qu'elle n'avoit que trop de peine à bannir de sa mémoire. Pour se défaire d'elle honnêtement, et sans qu'elle parût y avoir part, elle engagea le baron à la renvoyer au village tenir encore hôtellerie, avec une somme suffisante pour cet établissement, sous prétexte de la récompenser de ses services.

Lucile, à qui l'on donna une nouvelle gouvernante, me vit à regret sortir du château avec ma nourrice. Je ne fus pas moins affligé qu'elle de notre séparation ; mais le mal étoit sans remède.

L'hôtesse se remit donc en train de faire son premier métier. Quoiqu'elle n'exigeât de moi que ce que je pouvois faire aisément, et qu'elle me recommandât de m'attacher à l'écriture, persuadée qu'avec cette ressource je ne manquerois jamais de pain, je ne laissois pas de lui être d'une assez grande utilité dans son ménage. Je lui valois trois servantes comme celle qu'elle avoit. Cependant je devenois plus mélancolique, à mesure que j'avançois plus en âge. Je faisois déjà des réflexions, et surtout une qui m'attristoit infiniment. C'étoit le mystère de ma naissance ; car ma nourrice, en m'avouant que je n'étois pas son fils, ne m'apprenoit point qui étoit mon père, et je demeurois incertain de mon état.

Quelquefois m'imaginant qu'elle m'en avoit dit assez pour concevoir de ma famille une opinion avantageuse, j'avais la vanité de me croire d'un sang des plus nobles ; et dans les mouvements orgueilleux que cette pensée flatteuse m'inspiroit, je brûlois d'envie d'être à Paris habillé d'une manière convenable à mon sexe et à la noblesse que mon imagination me prêtoit. Jusqu'où n'alloient pas les chimères dont mon esprit prenoit plaisir à se repaître ? Je me flattois que je ne serois pas arrivé dans cette ville, que j'y rencontrerois une personne de considération qui me reconnoîtroit pour son fils, et que cette reconnoissance seroit suivie d'une parfaite félicité. Il est vrai que des idées si agréables faisoient bientôt place à d'autres qui rabattoient un peu mes fumées. Je me représentois qu'un garçon de douze ans, sans amis et sans connoissances, seroit fort embarrassé de sa personne à Paris; mais l'espérance, plus forte que la crainte, me ramenoit toujours au désir d'aller chercher fortune dans cette grande ville.

Un jour il passa par notre village un financier qui s'arrêta dans l'hôtellerie. Il avoit un bon équipage et beaucoup de monde à sa suite. Nous lui préparâmes à dîner le mieux qu'il nous fut possible; et quand il fallut compter sa dépense, je pris une plume et de l'encre, et fis la carte d'un air si aisé, que cela le surprit. Il loua mon écriture; puis il se mit à me considérer avec attention; et me trouvant une physionomie spirituelle avec quelque beauté, il me fit plusieurs questions. J'y répondis d'une façon qui l'étonna. C'est dommage, me dit-il, qu'une jolie fille comme vous soit ensevelie dans un village. Ah! dame, Monsieur, lui répondis-je, j'en suis assez fâchée; mais que voulez-vous que j'y fasse? Je serois charmée d'être auprès d'une bonne dame; je sens que je la servirois si bien, qu'elle m'aimeroit, et feroit ma petite fortune. Si vous souhaitez, reprit-il, d'être placée de cette sorte, vous n'avez qu'à parler. Je vous mettrai dans ma famille même. J'ai une parente d'une humeur douce et d'un caractère excellent. Vous serez à merveille auprès d'elle. Je m'offre à l'engager à vous prendre, et je puis vous assurer qu'elle se chargera volontiers du soin de vous établir avantageusement.

J'acceptai les offres du financier avec des protestations de reconnoissance qui furent accompagnées de remercîments de la part de l'hôtesse, et je remarquai que mon homme d'affaires mordoit à la grappe. Faites-y bien réflexion, votre mère et vous, me dit-il; je repasserai dans quinze jours par ce village. Si vous êtes toujours dans la même disposition, et que vous ne fassiez aucune difficulté de vous fier à la parole d'honneur d'un homme qu'à la vérité vous ne connoissez pas, mais dont je crois que la probité est écrite sur son visage, je vous menerai à Paris dans mon équipage, en vous traitant de la même façon que si vous étiez ma propre fille. Je lui fis là-dessus une profonde révérence, à laquelle ayant reparti par une autre, il remonta dans son carrosse, après nous avoir dit adieu jusqu'à son retour.

Lorsqu'il fut parti, ma nourrice me demanda si j'aurois assez de résolution pour aller à Paris avec ce monsieur. Pourquoi non, lui répondis-je? Il paroît honnête homme. Il fera peut-être ce qu'il a promis de faire pour moi ; et quand une fois je serai auprès d'une dame, je chercherai quelque poste convenable à un jeune garçon, et je ne crois pas être assez mal adroit pour n'en pas trouver. L'hôtesse ne fut pas trop fâchée de me voir disposé à suivre le financier. Elle en tira même un bon augure pour ma fortune ; et jugeant qu'il étoit temps de me livrer aux aventures que me réservoit mon étoile, elle ne combattit que foiblement mon dessein.

En attendant que je pusse l'exécuter, j'allai faire une visite à Lucile. Je me gardai bien de lui parler de notre prochaine séparation; mais l'idée qui m'en revenoit sans cesse dans notre entretien, m'arrachoit des soupirs malgré moi. Je ne pus m'empêcher même de répandre quelques larmes. Lucile en fut attendrie; et les attribuant au chagrin que j'avois de ne la pas voir aussi souvent que je l'aurois désiré : Console-toi, ma chère sœur, me dit-elle en m'embrassant, nous ne vivrons pas toujours éloignées l'une de l'autre. Le temps où l'on doit me mettre au couvent approche; il me faudra une personne auprès de moi; je ferai en sorte qu'on te choisisse : nous passerons les jours et les nuits ensemble.

Que je fus sensible à ce trait de tendresse! Adieu le projet de mon voyage de Paris; adieu le financier. Toutes les pensées de fortune dont je m'étois jusque-là si agréablement occupé, ne tinrent pas un moment contre les flatteuses espérances que me donnoit ma chère Lucile, et je la quittai en goûtant par avance les douceurs de ce temps heureux qu'elle venoit de me faire envisager.

J'eus pendant deux jours l'esprit si rempli de cette charmante conversation, que je ne souhaitai plus le retour du financier. Ma nourrice s'en aperçut, et me demanda pourquoi je paroissois dégoûté du voyage de Paris. Je lui en dis franchement le sujet; sur quoi, en femme de bon sens, elle me représenta que j'avois tort de m'attacher à Lucile avec tant de fureur; que je ne pouvois plus cacher mon sexe que peu d'années; et que, malgré mes précautions, mes traits, ma voix, ma barbe, tout me trahiroit; que si jamais j'avois le malheur d'accompagner au couvent la fille du baron, je ne manquerois pas de la perdre de réputation, et de me jeter moi-même dans un abîme affreux. Enfin elle me dit tant de choses pour me faire entendre raison, que si je ne cessai pas d'aimer Lucile, je sentis du moins la nécessité de m'éloigner d'elle.

L'arrivée du financier acheva de me déterminer au sacrifice de mon amour. Il fut ravi de me retrouver dans les mêmes sentiments où il m'avoit laissé. L'hôtesse, de son côté, étoit bien aise de m'écarter du château du Mesnil; persuadée que si je demeurois dans le pays, sitôt qu'on y viendroit à connoître mon sexe, la médisance n'épargneroit pas Lucile, auprès de qui j'avois été élevé sous un habit de fille. Le financier n'eut donc aucune contradiction à essuyer sur mon départ, qui fut fixé au lendemain avant le jour. Je passai une partie de la nuit à prendre des mesures avec ma nourrice, pour nous donner réciproquement de nos nouvelles. Je mis ensuite mon habit le plus propre, et fis un paquet de tout ce que j'avois de linge blanc. L'heure de partir étant enfin venue, j'embrassai cette bonne femme, que l'habitude m'avoit rendue si chère. Nous pleurâmes tous deux comme à l'envi, sentant une véritable douleur de nous perdre l'un l'autre, et voulant néanmoins nous quitter. Le financier protecteur, après avoir de nouveau protesté à l'hôtesse qu'elle devoit avoir l'esprit en repos sur moi, qu'il ne conduisoit à Paris, disoit-il, que pour me mettre en état de procurer à ma mère des jours fortunés, me fit monter en carrosse avec lui, et nous sortîmes du village sans être vus de personne.

Je n'eus pas sujet de me plaindre de sa retenue sur la route. Tous ses discours furent mesurés. Il ne lui

échappa aucune action, aucun geste dont je pusse tirer
un mauvais augure. Il sembloit même interdire à ses
yeux la liberté de se fixer sur moi. Il est vrai que je
n'étois encore qu'un enfant; mais il y a bien des hommes
qui ne refusent pas leur attention aux filles qui ne font
que de quitter la lisière. Aussi mon financier n'étoit-il
pas si sage qu'il le paroissoit. Au reste, c'étoit un homme
assez bien fait, et qui n'avoit pas plus de trente-cinq ans.

En entrant dans Paris, je fus scandalisé de voir mon
conducteur arrêté à une barrière par trois ou quatre
faquins de commis, à qui même il fut obligé de donner
les clefs d'une valise qui étoit sur le train du carrosse,
et que néanmoins ils n'osèrent ouvrir dès qu'il lui plut
de leur décliner son nom et sa qualité. Quoiqu'il m'eût
averti qu'il ne me meneroit pas chez lui, je ne laissai
pas de me trouver embarrassé, lorsque je le vis renvoyer ses gens et son équipage, pour entrer seul avec
moi dans un méchant carrosse de louage, dont l'air
délabré ne me présagea rien de bon. Je craignis qu'il
n'eût intention de me conduire à quelque endroit, je ne
dirai pas malhonnête, car je ne savois pas encore qu'il
y en eût, mais dans quelque lieu désagréable pour moi.

J'en fus cependant quitte pour la peur. Nous descendîmes dans la rue Saint-Honoré, à la porte d'une maison
dont il étoit propriétaire. Là demeuroit une veuve qui
avoit autrefois été femme de chambre de sa mère, et
que son père avoit brusquement mariée à son maître-
d'hôtel. Ce domestique, pour se payer de sa complaisance, avoit si bien ferré la mule, qu'après sa mort sa
seconde épouse s'étoit trouvée puissamment riche. Mon
protecteur, à qui cette dame rendoit mille petits ser-

vices, avoit en elle beaucoup de confiance. Il me mit entre ses mains, en lui disant que j'étois une orpheline, fille d'un de ses fermiers; que, s'étant aperçu que j'avois bien de l'esprit, il étoit dans le dessein de me faire élever dans un couvent, et de m'y donner des maîtres pour m'enseigner tout ce qu'il convenoit à une fille de savoir. Il la chargea du soin de choisir le monastère, et lui promit que dès le lendemain il lui enverroit de l'argent pour me faire habiller, et pour acheter tout ce qui m'étoit nécessaire pour entrer dans un couvent.

Il sortit là-dessus, et je demeurai avec la veuve, qui ne manqua pas de me sonder. Comme elle connoissoit mieux que moi le financier, elle ne crut que ce qu'elle voulut de tout ce qu'il venoit de lui dire, et elle me fit mille questions pour juger par mes réponses de ce qu'elle devoit penser de moi. Il est plaisant qu'au lieu d'avouer avec ingénuité de quelle manière, et sur quel pied j'étois venu à Paris, j'altérai la vérité pour soutenir ce que le financier avoit dit, comme auroit pu faire une aventurière qui auroit été d'accord avec lui.

Le jour suivant il tint parole; il envoya une somme d'argent, qui certainement ne fut pas toute employée à me nipper. Quoiqu'il mandât à la veuve que son intention étoit que l'on m'habillât fort proprement, et qu'on me fît passer dans l'esprit des religieuses pour la fille d'un gentilhomme de province, la veuve gagna bien la moitié sur les emplettes. Elle mit promptement les ouvrières en besogne, et je fus servi avec tant de diligence, qu'au bout de quatre ou cinq jours j'entrai au couvent sans avoir revu le protecteur, qui sans doute avoit d'autres occupations, ou, pour mieux dire, qui me regardoit comme un fruit dont il falloit attendre la maturité.

J'avois cru que les demoiselles qu'on élevoit dans cette maison prendroient plaisir à me voir et à me pratiquer à cause de la nouveauté. Mais je fus bientôt désabusé. Ayant appris que j'étois fille d'un gentilhomme de campagne peu connu, elles me négligèrent d'abord, et je fus réduit à la compagnie des religieuses chargées du soin des pensionnaires. Je m'en consolai facilement ; et m'appliquant tout entier à profiter des leçons qu'un maître à écrire et un maître à chanter me donnoient tour à tour, je fis dans ces deux arts des progrès si surprenants, qu'en moins de six mois on ne parla dans le couvent que de mon écriture et de mon goût pour le chant ; ce qui engagea peu à peu les grandes pensionnaires à s'humaniser avec moi, et me procura l'entrée de leurs chambres.

N'admirez-vous pas, Messieurs, la conduite que le financier tenoit avec moi ? il ne m'avoit pas encore fait une visite depuis que j'étois dans cette maison. En récompense la veuve, son agente, me venoit voir assez souvent, et nous ne parlions que de lui. Elle m'en disoit tous les biens du monde. A l'entendre, c'étoit le plus honnête homme et le plus généreux qu'il y eût dans les affaires du roi. Elle me demandoit de sa part si je n'avois besoin de rien ; et lorsqu'il la chargeoit de me donner dix pistoles, elle m'en remettoit quatre très fidèlement. De mon côté, je ne jouois pas mal mon personnage avec elle. J'avois la politique de me plaindre de ce que le protecteur n'ajoutoit point aux bontés qu'il avoit pour moi celle de m'honorer d'une visite. Patience, ma fille, me disoit sur cela l'obligeante veuve ;

il viendra bientôt à la grille vous dire lui-même pourquoi il s'est jusqu'ici privé du plaisir de vous voir.

Il n'y manqua pas effectivement; il parut un jour au parloir avec la veuve du maître-d'hôtel. Il me loua d'abord sur la facilité que j'avois à apprendre les choses qu'on m'enseignoit. Il me dit ensuite qu'il s'étoit bien aperçu, en me voyant pour la première fois, que je deviendrois en peu de temps une personne accomplie. C'est, ajouta-t-il, ce qui m'a empêché de suivre le dessein de vous mettre au service d'une dame. Vous me semblez plutôt née pour être servie, et le ciel ne permettra point que vous soyez déplacée. Non, ma belle, enfant, et il ne tiendra qu'à vous de faire une fortune éclatante. Il ne faut pour cela que vous attacher à un homme riche et de condition qui vous aime : en un mot, à moi. Cette bonne amie, devant qui je vous offre mon cœur, sait que je n'ai sur vous que des vues légitimes. Si j'en avois d'autres, je ne tiendrois pas la conduite que je tiens. Au lieu de laisser germer votre vertu dans une maison où l'on ne vous donne que de bons exemples, je vous éleverois dans les plaisirs du monde, je vous menerois tous les jours aux spectacles, et je ne vous quitterois point que je n'eusse triomphé de votre innocence.

Vous vous imaginez bien, Messieurs, que le financier n'en demeura pas là. Il me dit mille autres choses pour me prévenir en sa faveur. Ensuite, voulant savoir si j'avois quelque disposition à répondre aux sentiments qu'il me témoignoit, il me demanda d'un air tendre s'il devoit espérer que je n'aurois point de répugnance à lier ma destinée à la sienne. Je lui fis réponse que j'étois trop pénétré de ses bontés pour être capable de les payer d'ingratitude. Il parut transporté de joie à ces paroles, et prit de là occasion de me presser de souscrire à son bonheur. Après quoi, me laissant avec son agente, il se retira pour aller, me dit-il, dès ce moment faire travailler aux apprêts de notre hyménée.

La veuve, ainsi qu'elle en étoit convenue avec le protecteur, me félicita sur l'importance de ma conquête, et sur la brillante figure que je ferois dans le monde, quand je serois l'heureuse épouse d'un si riche financier, qui, depuis trois jours, avoit refusé pour l'amour de moi une fille de qualité qui lui avoit été proposée. Ensuite elle me conseilla de le bien ménager, et me dit en s'en allant, que de son côté elle feroit tous ses efforts pour l'engager à terminer promptement une affaire qui m'étoit si avantageuse. Je vis bien après cette conversation que je touchois au dénouement de la pièce, et que par conséquent je devois sans différer songer à quelque expédient pour me tirer de l'embarras où je me trouvois. Car enfin je me représentois que si j'avois l'audace de pousser les choses jusqu'à la dernière extrémité, le protecteur pourroit se venger cruellement de la tromperie que je lui avois faite.

Pour m'affranchir d'une crainte qui me sembloit bien fondée, je rêvois jour et nuit au moyen de me sauver du couvent. J'examinai pour cela toutes les fenêtres et les murs de la maison; mais mon examen n'aboutit à rien qu'à me faire perdre l'espérance de m'échapper. J'étois dans cette désagréable situation quand il nous vint une nouvelle pensionnaire. C'étoit une grande fille que l'on ne recevoit que parce que sa mère étoit parente de notre supérieure. On ne vouloit point dans cette maison de ces grandes filles qui n'ont d'autre vocation pour la retraite que la volonté absolue de leurs parents, qui ne les y enferment souvent que pour mettre leur sagesse chancelante derrière un rempart de grilles et de verrous.

Notre nouvelle compagne se nommoit Camille. J'entrai dans sa chambre dans le temps qu'on la meubloit, et je me mêlai à la conversation qu'elle avoit alors avec deux ou trois autres pensionnaires. Je leur fis part d'une lettre que je venois de recevoir, et par laquelle on me mandoit que dans quatre jours on me retireroit du couvent pour me marier. Comme je leur apprenois cette nouvelle d'un air assez triste, elles ne purent s'empêcher de me dire en souriant, qu'une pareille lettre à ma place ne les affligeroit pas. Camille me fit plusieurs questions sur mon départ; elle me demanda si l'on emporteroit mes meubles dans une charrette ou autrement, et dans quelle rue j'irois demeurer.

Elle avoit ses raisons pour me questionner ainsi. Ma mignonne, me dit-elle un soir en me prenant le bras au sortir de la prière, j'ai des choses de la dernière conséquence à vous communiquer. Ne vous endormez pas sitôt, afin que vous puissiez m'ouvrir votre porte, ou plutôt ne la fermez point. Je n'avois garde de m'endormir, ni même de me coucher. J'étois trop en peine de savoir ce qu'elle avoit à me dire; et me tourmentant l'esprit pour le deviner, ne voudroit-elle point, disois-je, me charger de quelque lettre de galanterie, ou n'auroit-elle pas quelque soupçon de mon sexe? Ces dégourdies-là ont des yeux plus pénétrants que les bonnes religieuses. Camille me surprit dans l'inquiétude qui m'agitoit, et me confirma d'abord dans cette dernière pensée, en m'embrassant avec un transport qui me parut un peu violent de fille à fille.

Mon repos et le bonheur de ma vie sont entre vos mains, me dit-elle; il faut que je sorte de cette maison, qui n'est pour moi qu'un esclavage, et je n'en trouverai peut-être jamais une si favorable occasion que celle que vous pouvez me procurer, si vous êtes aussi disposée à me faire plaisir que je le serois à vous obliger dans une semblable conjoncture. Je lui promis de faire pour elle tout ce qui dépendroit de moi, et là-dessus, m'ayant prié de l'écouter avec attention, elle reprit la parole de cette manière :

Vous n'ignorez pas qu'il est peu gracieux à une demoiselle d'un certain âge d'avoir une mère qui se croit encore belle, et qui veut passer pour jeune, une coquette en un mot. C'est un malheur que j'éprouve dans toutes ses circonstances. Vous l'avez vue cette mère jeune et belle le jour qu'elle m'est elle-même venue livrer à ma tante la supérieure, pour se défaire d'une rivale incommode; si vous l'avez bien observée, vous m'avouerez qu'elle a grand tort de faire l'agréable. Croiriez-vous qu'à son âge et avec son air bourgeois, elle s'imagine être en droit de se plaindre quand elle n'a pas deux ou trois soupirants à sa toilette? Croiriez-vous aussi qu'elle ne manque pas de gens oisifs qui veulent bien faire ce sot personnage? C'est que depuis la mort de mon père, elle jouit d'un gros revenu qu'elle emploie à les régaler. On fait au logis bonne chère, et l'on y joue. Voilà ce qui les attire.

Pendant trois ou quatre ans, poursuivit-elle, que cette belle maman me craignoit moins que sa femme de chambre, dont je faisois les fonctions à sa toilette, j'avois honte des pauvretés que lui disoient ces adorateurs des appas de sa table. Que de fades douceurs ils lui faisoient avaler comme de l'ambroisie! Il faut que l'amour-propre rende stupide une coquette, lorsqu'elle ne sent pas qu'on lui donne de l'encensoir par le nez. Si quelqu'un de ces messieurs, de meilleur goût ou moins dissimulé que les autres, s'avisoit de m'adresser quelque parole flatteuse, j'étois huit jours sans paroître à table; ma mère me bannissoit de sa vue en me traitant de petite fille. Elle m'auroit volontiers fouettée devant le monde, pour mieux persuader que je n'étois qu'un enfant.

Dès que je connus la cause des mauvais traitements que je recevois d'elle, je résolus, pour m'en venger, de prendre sur mon compte les empressements de quelques jeunes gens dont les yeux s'exprimoient aux miens avec énergie. Je leur faisois remarquer que je les entendois, en leur applaudissant d'un souris, quand ils assaisonnoient de quelque geste ironique les louanges qu'ils prodiguoient à ma mère, ou qu'ils me témoignoient par quelque signe qu'ils m'adressoient mentalement les discours galants qu'ils lui tenoient.

Un jeune comte des mieux faits me déclara, par plusieurs lettres aussi tendres que spirituelles, que je lui avois inspiré une passion violente. Je cédai au plaisir de le croire sincère, et de l'ôter à une mère jalouse. Sitôt que notre intelligence fut formée, le comte, pour la rendre plus secrète, affecta de paroître plus empressé

auprès de ma rivale qu'il ne l'avoit été auparavant.
Elle en fut si charmée, que ne faisant plus attention
qu'à lui seul, elle le choisit pour dépositaire de ses
secrets. Elle lui fit confidence, il y a un mois, du dessein
qu'elle avoit de me mettre au couvent, puisque je refusois un parti qui valoit mieux que moi. Ce parti est
un vieux fou de parent que je ne puis souffrir. Elle
me répète sans cesse qu'il m'aime à la folie, et qu'il
ne demande rien en m'épousant, comme si une fille ne
donnoit rien à un vieillard, en lui sacrifiant sa jeunesse
et sa beauté.

Si le comte fut étourdi du projet que ma mère avoit
formé de m'enfermer dans un monastère, que devint-
il quand elle ajouta que pour lui prouver l'estime et
l'affection qu'elle avoit conçue pour lui, elle avoit pris
la résolution de lui offrir sa main avec des avantages
qui rendroient son sort digne d'envie? Dans le trouble
où ce discours jeta ses esprits, peu s'en fallut qu'il ne
découvrît ses sentiments; néanmoins il eut la force de
se contraindre; et me rencontrant par hasard toute
seule, il me dit à l'oreille : Tout se dispose pour que
nous épousions dans peu, moi votre mère, et vous un
couvent.

En effet, deux jours après on m'amena dans cette
maison. Le comte, qui ne sauroit à présent l'ignorer,
en est sans doute au désespoir. Il est vif; il aura été
trouver ma mère, et je ne doute pas qu'il ne lui ait
parlé dans des termes peu mesurés. Tout cela retom-
bera sur moi. Elle est venue d'un air furieux au couvent ce matin, pour ordonner qu'on ne me laisse voir
aucune personne de dehors. Cet ordre, qui coupe toute

communication entre le comte et moi, nous empêche de prendre des mesures pour nous rejoindre. Je suis sûre qu'il songe à m'enlever; mais je ne sais par quel moyen il prétend en venir à bout. De mon côté, j'exerce aussi mon imagination sur le même sujet; et si je ne me trompe, vous pouvez m'aider à sortir d'ici sans éclat.

Je promis à Camille de contribuer à son évasion, pourvu qu'elle me donnât parole à son tour de me prêter son assistance pour m'arracher des mains de ceux qui me retireroient du couvent. Je lui appris en peu de mots ma situation et mon dessein. Je lui fis seulement un mystère de mon sexe, ne jugeant pas alors à propos de le lui découvrir. Elle parut ravie de me trouver dans la même disposition où elle étoit. Hé bien, lui dis-je, sachons donc quel service vous attendez de moi. J'ai pensé, me répondit-elle, que le jour de votre sortie de cette maison peut devenir le dernier de mon esclavage. Vous voyez bien cette niche, ajouta-t-elle en me montrant du doigt un bas d'armoire, qu'entre autres petits effets on m'avoit acheté pour meubler ma chambre; je m'enfermerai là-dedans le jour que vous déménagerez; vous me ferez porter jusqu'à l'endroit où l'on vous conduira; et de là je me sauverai chez le comte.

J'applaudis à cette belle invention, n'étant pas en âge d'en remarquer l'extravagance; et nous convînmes de tenter l'aventure. Ce stratagème, toutefois, ne fut pas mis en usage, et mes affaires changèrent tout à coup de face. Ma veuve me vint voir dès le lendemain. Elle me parut si émue, que je jugeai qu'elle avoit quelque chose d'extraordinaire à m'apprendre. Je ne me trompai point dans ma conjecture : ma chère enfant, me dit-elle, ce que j'ai à vous annoncer va bien vous surprendre. Votre protecteur a été arrêté hier au soir de la part du roi, et conduit à la Bastille. Je ne sais quel crime il peut avoir commis; mais on dit que c'est un homme perdu. Quoi qu'il en puisse être, je viens vous assurer que je ne vous abandonnerai pas. Je veux vous servir de mère, et vous donner tous les jours des marques de l'amitié que j'ai pour vous. Je viendrai demain payer votre pension, vous faire sortir d'ici, et vous emmener chez moi, où nous vivrons doucement ensemble, en attendant que le protecteur se tire d'intrigue; ce qu'il fera peut-être bientôt.

Cette nouvelle me causa une secrète joie. Je fus ravi de me voir débarrassé pour toujours de mon financier; et persuadé que je pourrois, quand il me plairoit, m'échapper de chez la veuve, j'acceptai l'asile qu'elle me présentoit fort généreusement à ce que je croyois. Avant qu'elle vînt me retirer, j'eus un nouvel entretien avec Camille, à qui j'appris le changement qui étoit arrivé dans mes affaires par l'heureux malheur du financier. Elle m'en fit ses compliments, et me dit que de son côté elle avoit reçu une lettre du comte. Il me l'a fait tenir, ajouta-t-elle, par une femme de chambre qu'il a gagnée, et qui seule a la permission de me parler de la part de ma mère. Il me mande qu'il a formé un projet d'enlèvement qu'il me communiquera au premier jour, et dont il assure que le succès est infaillible.

Je témoignai à mon tour à Camille la part que je prenois à l'espérance que son amant lui donnoit de l'arracher incessamment d'une retraite où elle se déplaisoit si fort. Après quoi, nous étant embrassés à plusieurs reprises, nous nous séparâmes, chacun occupé de ses petites affaires. Enfin la veuve vint, suivant sa promesse, payer ma pension, faire enlever mes meubles; et m'ayant fait monter avec elle dans un carrosse de remise, elle m'emmena dans sa maison, où je soupai avec un homme très bien vêtu, et déjà suranné. Il y avoit aussi à table une jeune demoiselle qui demeuroit en pension chez la veuve, et pour qui le vieillard me parut avoir de grandes attentions. Il avoit un air galant, qui, malgré son âge, le rendoit encore de mise. Il se retira entre onze heures et minuit. Quand il fut sorti, la veuve me dit : Ma chère fille, je partage mon lit avec ma pensionnaire; je vous prie, pour cette nuit seulement, de coucher avec Mariamne; demain je ferai tendre, dans une chambre particulière, le lit qui vous a servi au couvent.

Mariamne étoit une soubrette que la veuve avoit depuis peu prise à son service. Avec des apparences modestes, un air sage et discret, elle avoit de la jeunesse, de l'esprit, et ne manquoit pas de beauté. Nous passâmes une partie de la nuit à nous entretenir du couvent où j'avois été. Tandis que je lui racontois de quelle manière innocente je vivois, elle soupiroit de temps en temps, et me disoit qu'il seroit à souhaiter pour moi que j'y fusse encore. Elle me répéta tant de fois ces paroles, que j'eus la curiosité de lui en demander la raison, ne comprenant pas pourquoi elle me plaignoit d'être dans le monde. C'est, me répondit-elle, que vous allez vous occuper ici bien différemment. Si j'osois vous dire tout ce que je pense là-dessus, vous verriez que ce n'est pas sans sujet que je déplore votre sort. Parlez-moi, de grâce, plus clairement, lui dis-je; vous m'effrayez.

Promettez-moi donc, reprit-elle, que vous garderez le secret, et je ne vous cacherai rien. Je lui protestai qu'elle pouvoit compter sur ma discrétion. Cela étant, répliqua-t-elle, sachez que vous êtes ici dans une maison où votre innocence court un grand péril. Je veux bien par pitié vous en avertir. La demoiselle que vous avez vue est la maîtresse du vieux maltôtier avec qui vous avez soupé. Il la vient voir presque tous les soirs, et madame partage avec elle les revenant-bons de cette galanterie. Ne vous imaginez pas qu'on vous ait fait sortir du couvent dans une autre vue que dans celle de vous procurer quelque riche galant à la place du financier qui a été mis à la Bastille, et qui étoit sur le point de vous tromper par un faux mariage. J'ai su tout cela de notre cuisinière. Je fais chercher sous main une autre condition; n'étant pas d'humeur à m'accommoder de celle-ci.

Je remerciai Mariamne de m'avoir appris toutes ces particularités; et, par reconnoissance, je lui découvris mon sexe. Cette confidence fit plaisir à cette bonne fille, qui, me voyant hors du danger qu'elle avoit craint pour moi, prêta volontiers la main à l'exécution du dessein que j'avois de troquer mes jupes contre des culottes. J'ai, me dit-elle, un frère qui est marchand frippier; demain de grand matin j'irai le prévenir. Je reviendrai aussitôt vous prendre ici, et je vous menerai chez lui, où je vous laisserai. Je ne vous en demande pas davantage, lui répondis-je : dès que je me verrai chez votre frère, je me croirai au comble de mes vœux. Un frippier présentement est l'homme du monde qui m'est le plus nécessaire.

Le lendemain Mariamne sortit en effet à la pointe du jour; et après avoir mis son frère au fait sur mon chapitre, vint me retrouver dans un fiacre qu'elle avoit loué et qu'elle fit arrêter à la porte. Pendant ce temps-là, je fis un paquet de mon linge et de mes hardes, avec quoi Mariamne et moi nous étant jetés dans le carrosse, nous gagnâmes la maison du frippier, où je fus bientôt métamorphosé en garçon. Toutes mes hardes de fille, dont quelques-unes étoient magnifiques, me devenant inutiles, furent vendues sur-le-champ, et de l'argent qui m'en revint, j'eus de quoi m'habiller fort proprement en homme depuis les pieds jusqu'à la tête. Que je fus content de moi sous cette forme si désirée! Un chevalier nouveau n'est pas plus fier de sa croix, ni un nouvel évêque de sa mitre, que je l'étois de mes culottes. Enfin, je sortis de chez le frippier, qui, m'ayant loué lui-même une chambre garnie, m'y conduisit, et recommanda fortement à l'hôte d'avoir soin de moi.

Me voici donc à quinze ans abandonné à ma propre conduite, possédant pour tout bien un habillement complet, avec quelques chemises et une vingtaine de pistoles que je pouvois avoir reçues du financier pendant mon séjour au couvent. Mon hôte m'enseigna une auberge où, sans qu'il en coûtât beaucoup, on faisoit assez bonne chère. J'y allois tous les jours dîner et souper. Je remarquai qu'il ne venoit là que des gens bien vêtus. Les jeunes gens font aisément des connoissances. Je me faufilai entre autres avec un cavalier de figure agréable, plus vieux que moi de quelques années, et petit-maître en diable; ce qui ne me déplaisoit nullement. On l'appeloit monsieur le marquis, et c'étoit effectivement un homme de condition.

Cependant, en vivant à l'auberge et en battant le pavé de Paris, mes fonds baissoient à vue d'œil; et me représentant presque à toute heure l'embarras où je me trouverois, quand j'aurois mangé ma dernière pistole, je paroissois quelquefois si triste et si rêveur, que le marquis s'en étant un jour aperçu, m'en demanda la cause. Je ne la lui cachai point; et je lui avouai que j'aurois beaucoup d'obligation à un homme qui me procureroit quelque bonne place dans un bureau. Je ferai vôtre affaire, me dit alors le marquis. Je connois un partisan à qui je parlerai de vous, et je suis assuré qu'à ma considération il vous rendra service.

Le marquis ne se vantoit pas d'un crédit qu'il n'avoit point. Il écrivit en ma faveur à un soi-croyant son parent, intéressé dans deux ou trois compagnies de maltôte; et le mot de mon cher cousin, répété dans deux ou trois endroits de sa lettre, fit des merveilles. Comme j'étois porteur du billet, le partisan me reçut gracieusement contre la coutume de ces messieurs, qui font aux commis un accueil rébarbatif; et il n'eut pas si tôt vu de mon écriture, qu'il m'arrêta pour travailler sous lui, en me disant qu'il vouloit me former l'esprit et la main.

Il me mit d'abord au fait des affaires particulières, si bien qu'au bout de six mois il s'en reposoit sur moi entièrement. A l'égard de ce qu'il appeloit les affaires du roi, il étoit plus réservé : c'étoient des secrets pour tout autre que des intéressés. Quelquefois en arrivant de la ville, je lui faisois des compliments de la part de son cousin le marquis, que je n'avois pourtant pas vu, et avec lequel je cessai d'entretenir commerce ; ce qui le mettoit de si bonne humeur, qu'il se répandoit volontiers en discours qui ne finissoient point. Alors il me faisoit des épanchements de cœur qui servoient à m'initier dans les sacrés mystères de la maltôte. A l'entendre, une affaire n'étoit pas des meilleures quand elle ne rendoit que cent pour cent.

Si je lui avois été moins utile, il m'auroit placé de façon que j'eusse pu m'engraisser ; mais, par malheur pour moi, il s'étoit accoutumé à ne se plus mêler que des grandes affaires, et à m'abandonner les petites. Que de postes lui vis-je donner à des gens qu'à peine il connoissoit ! Il étoit si obligeant, qu'il rendoit service à quiconque se présentoit à lui, et si désintéressé, qu'il déclaroit qu'il ne recevroit ni argent ni présents de personne, disant qu'il étoit trop satisfait quand on remplissoit son devoir. Il est vrai que sa femme interprétoit ce devoir à sa guise, et tiroit parti de tout. Selon les lieux où se rendoient les commis à qui son époux procuroit des emplois, elle les prioit de lui faire des commissions qui entretenoient chez elle l'abondance ; et les commissionnaires, par reconnoissance ou par timidité, ne parloient jamais de ce qu'ils avoient déboursé.

Dès qu'elle savoit l'endroit où chacune de ses petites sangsues alloit apprendre à sucer, elle s'informoit du commerce qui s'y faisoit, et de ce que produisoit le terroir ou l'adresse des habitants; vins, cidres, pâtés, gibier, beurre et fromages de toutes espèces, pleuvoient au logis tous les jours. Mais le peu d'intelligence d'un commis dérangea ce manége de la dame. Un jeune homme avoit obtenu un emploi à Saint-Valery, en Picardie : la patronne sut qu'on faisoit près de là des biscuits secs, assez bons, et qui ne sont connus que sous le nom de biscuits d'Abbeville; elle écrivit aussitôt au jeune homme pour le prier de lui en envoyer une caisse, lui mandant que son mari les aimoit beaucoup, et qu'il en vouloit faire quelques présents. Vous m'en marquerez le prix, ajoutoit-elle dans sa lettre, afin qu'on vous le fasse toucher sur-le-champ.

Le commis, trop exact, envoya les biscuits, et marqua qu'il y en avoit pour dix pistoles, qu'il payeroit au marchand si tôt qu'on lui auroit fait tenir cette somme par une lettre de change ou autrement. Cette réponse déplut à la dame, qui la trouva pleine d'étourderie et d'ingratitude; et pour apprendre à ce novice ce que les pygmées des finances doivent aux intéressés dans les affaires du roi, elle le fit promptement révoquer, et sa place fut donnée à un autre. Ce malheureux commis, qui n'avoit vu la terre d'abondance que de dessus la montagne, n'ayant pas eu le temps de réparer sa faute, ne put payer le marchand de biscuits; mais il lui remit la lettre par laquelle il avoit été chargé de l'achat, et lui enseigna le nom et la demeure du maltôtier à Paris. Le marchand part pour cette ville, s'adresse directement au partisan, et lui demande le payement de ses biscuits. Le financier se moque de lui, et le traite même de fripon. Que fait le marchand? Il prouve l'envoi de la caisse adressée au partisan, et la réception qui en a été faite en son nom. Enfin il se donne tant de mouvements, qu'il découvre jusqu'à la boutique où l'on a compté dix écus pour lesdits biscuits à la maltôtière.

Tel fut l'écueil où se brisa la réputation de générosité que le financier s'étoit acquise; et le monde, qui est fort méchant, le crut complice du procédé de sa femme. Ce qu'il y eut encore de plus fâcheux pour lui, c'est qu'au lieu de payer le marchand pour éviter l'éclat, il se laissa poursuivre en justice, et fit rire tout Paris à ses dépens. Il ne pouvoit plus paroître dans les rues sans entendre crier à ses oreilles : *Biscuits d'Abbeville!*

Il acheta dans ce temps-là [1], près de Paris, une maison de campagne où il étoit presque toujours avec sa femme et sa fille, comme s'ils n'eussent osé se montrer dans la ville depuis l'histoire des biscuits. Pendant son absence, j'étois chargé de ses affaires. Il avoit une entière confiance en moi. De mon côté, étant plus souvent dans une salle d'armes ou à la promenade qu'à mon bureau, j'étois obligé de faire porter le bât à mon commis en second; commis qui véritablement commençoit à en faire quelques fonctions, mais sans cesser, tant il étoit officieux, de nous servir à table, et d'exercer par *interim* l'emploi de valet, en attendant qu'un autre vînt le relever. Combien de riches financiers ont débuté de cette façon !

Nous allions, mon confrère et moi, tous les samedis

[1] 1688.

au soir à la campagne, et nous en revenions les lundis de grand matin. Nous y passions aussi toutes les fêtes, pour ne pas mettre le pot au feu dans deux endroits sans nécessité. Nous étions toujours bien reçus, parce qu'il n'y avoit d'amusements et de plaisirs dans cette maison que quand nous y étions. Comme on n'y regarde pas de si près à la campagne, la femme de chambre et le valet commis mangeoient avec nous à la grande table. Cela rend insensiblement celui-ci moins timide, ou plutôt plus entreprenant. Un autre à sa place s'en seroit tenu à la cuisinière, ou n'auroit élevé sa pensée que jusqu'à la femme de chambre; mais lui, plus ambitieux, forma le dessein d'être le favori de la fille de son maître, et de puiser ainsi le droit légitime de s'enrichir aux dépens du public dans le plus pur sang d'un opulent maltôtier.

Son triomphe, à la vérité, eût été plus glorieux, s'il eût eu des rivaux à combattre, et que la place qu'il vouloit attaquer eût été mieux fortifiée qu'elle ne l'étoit. Le financier et sa femme, incapables de tout autre soin que de s'enrichir, ou persuadés que lorsqu'une fille ne se garde pas elle-même, on feroit en vain, comme Acrisius, les frais d'une tour d'airain, laissoient à la leur un pouvoir despotique sur ses appas. Il est vrai qu'elle en avoit si peu, qu'il sembloit qu'elle n'eût qu'à se montrer pour écarter, par sa laideur, le galant le moins dégoûté. Pour moi, je la trouvois si respectable, que je ne pus avoir qu'une stérile reconnoissance de mille tendres attentions qu'elle avoit pour moi. Quand je me mettois en frais de lui dire quelque douceur, ce qui m'arrivoit rarement, je la fuyois aussitôt pour lui cacher la violence qu'elle auroit vu que je venois de me faire.

Elle fit tant de démarches inutiles pour me plaire, qu'à la fin elle se lassa de m'agacer; et rabattant sur le commis à deux mains, qui ne lui faisoit que trop connoître son amour par ses regards, elle n'opposa point un nuage aux embrassements de ce nouvel Ixion. Tandis que, moins délicat que moi, il possédoit tranquillement les bonnes grâces que j'avois dédaignées, le hasard m'engagea dans une galanterie fort propre à donner à un galant écolier les éléments du libertinage.

Je m'avisai un soir de me déguiser en Espagnol pour aller au bal dans une grande maison. Cet habillement convenoit fort à la finesse de ma taille, et j'étois si persuadé que je pouvois passer pour ce qu'on appelle *un beau fils*, que j'affectai de ne me masquer qu'en entrant dans la salle du bal. Dès que j'y parus, quelques dames commencèrent à me faire des mines. J'y répondis; et pour un novice je ne jouai point mal mon rôle. Je fis un coup de maître pour mon coup d'essai. Je forçai un des plus superbes masques de l'assemblée à sacrifier à l'idole espagnole. C'étoit une dame vêtue en amazone, et qui avoit un air de princesse. Elle me fixa d'abord, et me serra la main en passant près de moi. Je jugeai que, sans quelque Argus qui l'accompagnoit, elle ne s'en seroit peut-être pas tenue là, et je pris le parti de la suivre sans affectation. Elle s'en aperçut, et je crus remarquer qu'elle mouroit d'envie de me parler. Je ne me trompois point. Pendant qu'un homme qui étoit avec elle alla lui chercher des oranges et des biscuits, elle s'approcha de moi avec précipitation, et me dit, sans autre préambule, que si j'étois discret et capable d'un attachement, je n'avois qu'à lui dire mon nom et mon adresse; ce que je ne manquai pas de faire avec empressement. En même temps je voulus lui baiser la main qu'elle m'avoit tendue; mais elle la retira fort vite, dans la crainte apparemment que son jaloux ne vît cette action; et un instant après elle disparut de la salle du bal.

On ne sauroit s'imaginer avec quelle impatience et quelle agitation je passai les deux jours suivants. Je n'osois sortir, de peur de ne me pas trouver au logis à l'arrivée du Mercure de ma déesse. Je me tenois dans mon bureau jusqu'à l'heure des spectacles. Alors j'allois à la comédie ou à l'opéra, dans l'espérance d'y rencontrer la personne que je cherchois, comme si j'eusse dû la reconnoître, quoique je ne l'eusse vue que masquée. J'examinois toutes les dames qui paroient les premières loges, et il me sembloit quelquefois que, parmi des marquises et des duchesses, je démêlois la nymphe qui me tenoit au cœur. J'espérois du moins qu'en m'étalant sur le théâtre, je me ferois remarquer d'elle, et l'obligerois à me tirer d'inquiétude. Néanmoins, malgré la bonne opinion que j'avois de mon mérite, je ne laissois pas de penser aussi que mon amazone, bien différente de celle d'Alexandre, pouvoit n'avoir eu envie que de se moquer de l'Espagnol, en le faisant soupirer à la mode de son pays.

J'étois depuis six jours dans cet état violent, lorsqu'une bonne femme, aussi matinale, mais moins belle que l'aurore, me fit éveiller pour me dire de la suivre où elle avoit ordre de me conduire. Je devinai bien de quoi il s'agissoit. Je priai la vieille de me donner le

temps de m'habiller; et quand cela fut fait, nous voilà
tous deux dans la rue. Je voulus lui faire quelques
questions sur sa maîtresse. Ne me parlez point, monsieur, me dit-elle, et souffrez que je marche devant
vous. J'obéis, de peur de perdre, par mon indiscrétion
peut-être, une fortune brillante. Chemin faisant, attentif à tous les pas de ma conductrice, chaque fois que
je la voyois près de quelque grand hôtel, je m'imaginois qu'elle y alloit entrer, et je me trompois toujours. Elle s'arrêta devant une maison qui, ne s'accordant pas avec l'idée que je m'étois faite de mon amazone, ne me parut pas devoir être sa demeure. J'aimai
mieux croire que c'étoit une maison d'emprunt pour
me recevoir plus secrètement. C'étoit pourtant là qu'elle
faisoit son séjour ordinaire, et la magnificence qui régnoit au dedans me fit bientôt oublier la modeste apparence du dehors.

Je traversai trois ou quatre pièces d'un appartement
superbement meublé, d'où je passai dans une salle où
la nappe encore mise, et un grand débris de verres et
de bouteilles, me firent juger que l'on venoit d'y passer
la nuit à table. De là on m'introduisit dans un cabinet,
où je n'entrai qu'en tremblant; mais mon trouble étoit
assez justifié par la nouveauté de me voir jouer un rôle
d'homme à bonnes fortunes. Ma princesse, jugeant à
mon air timide et embarrassé que j'avois besoin qu'on
me façonnât, en voulut bien prendre la peine pour
mettre la dernière main à mon éducation. En nous
séparant, nous convînmes du jour que nous nous reverrions, et elle me fit accepter malgré moi le premier
bijou qui lui tomba sous la main, entre mille qu'il y

avoit sur sa toilette; c'étoit une fort belle tabatière d'or.

Je devins généreux à mon tour : je donnai deux écus à la vieille qui m'avoit amené là, et j'appris d'elle, pour mon argent, que sa maîtresse, à qui je n'avois osé marquer la moindre curiosité là-dessus, étoit une fille de théâtre honoraire; qu'après avoir quelque temps brillé sur la scène, elle s'étoit retirée, et se bornoit sagement à ruiner une riche dupe qui l'accabloit de présents; que ce galant avoit passé la nuit chez elle avec deux de ses amis, et qu'il avoit fallu les porter tous trois de la table à leurs carrosses.

Je fus obligé de rabattre un peu de la haute idée que je m'étois faite de mon héroïne. Ce n'est pas qu'à la façon seule dont elle avoit ébauché cette intrigue, je n'eusse dû juger sainement de sa condition; mais il y a tant de femmes d'importance qui enchérissent sur les aventurières, en fait de débauche, que la chose étoit problématique. Si je perdois du côté de l'honorable, j'en étois bien dédommagé par le plaisir d'être aimé d'une personne fort aimable, et de plus à la mode. Outre cela, elle me sacrifioit un illustre rival, un haut et puissant seigneur, avec qui je n'étois pas peu fier de contracter une espèce de consanguinité.

Le jour que nous avions choisi pour une seconde entrevue se passa très agréablement. Je m'en retournai à mon bureau avec une montre d'Angleterre, que je ne pus encore me défendre d'accepter. Il en fut de même dans toutes les autres visites que je fis à cette généreuse coquette. Elle me força toujours à recevoir d'elle quelque bijou, entre autres un diamant de mille écus, que je donnai dix ou douze ans après à mon épouse pour présent de noces.

[1] En quatre ou cinq mois de commerce dans ce Pérou, je me mis si bien en fonds, que je commençai à croire que je faisois beaucoup d'honneur à mon maltôtier, en daignant demeurer chez lui. Quoique presque toutes ses affaires me passassent par les mains, il ne pouvoit me soupçonner de m'être engraissé dans sa maison, puisque, à proprement parler, je n'avois eu en maniement que du papier et la bouteille à l'encre. C'est pourtant de cette maison, de laquelle je ne devois attendre ni bien ni mal, que partit l'orage qui renversa ma fortune peu solide, et qui, comme un tourbillon, me transporta dans une terre étrangère, ainsi que je vais vous le dire.

L'intrigue du commis à deux mains, mon demi-confrère, avec la fille de son maître, quoique conduite fort secrètement, devenoit de jour en jour plus difficile à cacher, et vous vous imaginez bien pourquoi. La taille de la pauvre enfant se gâtoit à vue d'œil. La mère s'en aperçut et en avertit son mari. Ils tinrent tous deux conseil là-dessus; et se glissant une nuit dans la chambre de leur fille pendant qu'elle dormoit, ils découvrirent ce qu'ils cherchoient et souhaitoient de ne pas trouver. Nouvelle et misérable Calisto, quelle honte pour toi de voir à nu ton coupable embonpoint exposé aux yeux, non de scrupuleuses compagnes, mais d'un père outragé et d'une mère en fureur!

En faisant cette découverte, le père éleva la voix,

[1] 1689.

et adressa ces paroles à sa fille, d'un ton si haut, que je les entendis distinctement de ma chambre, qui n'étoit séparée de celle où se passoit cette scène que par une foible cloison : Infâme que tu es! veux-tu donc nous perdre entièrement? Ce n'étoit pas assez de la malheureuse affaire d'Abbeville; il faut encore que nous ayons le chagrin de donner une nouvelle matière au monde de rire à nos dépens. Ces mots furent suivis d'une grêle de soufflets et de coups de poing que la mère fit tomber sur la délinquante, qui, se sentant réveillée si désagréablement, se mit à pousser des cris éclatants. Le financier, plus modéré que sa femme, l'empêcha de continuer à maltraiter sa fille, à laquelle il demanda par qui elle avoit eu la foiblesse de se laisser séduire. Elle hésita quelque temps à répondre, malgré la menace qu'on lui faisoit de lui casser les bras à coups de bâton, si elle ne parloit; mais, soit qu'elle craignît que la bassesse de ses inclinations ne lui attirât le châtiment qu'on lui promettoit, soit qu'elle ne fût pas fâchée de se venger du mépris dont j'avois payé mille avances qu'elle m'avoit faites, et qu'elle crût qu'on m'obligeroit à l'épouser, elle eut l'effronterie de dire que c'étoit moi qui avois triomphé de sa vertu.

Quelque étonné que je fusse de l'impudence qu'il y avoit dans cette accusation, j'écoutai fort attentivement le reste d'une scène qui commençoit à m'intéresser. Je n'en perdis pas un mot. Le mari et la femme me prodiguèrent des épithètes qui marquoient bien leur ressentiment. Ils n'étoient embarrassés que de l'espèce de vengeance à laquelle ils devoient s'arrêter. La femme ne parloit que d'assommer, que de rouer de coups; mais le maltôtier, moins vif et plus politique, fut d'avis que, pour se délivrer d'un monstre tel que leur fille, il falloit me la faire épouser, et nous abandonner ensuite tous deux à notre mauvais destin. S'il s'avise, disoit-il, de faire la moindre résistance à nos volontés, je le ferai pourir dans un cachot.

L'espérance qu'eut l'accusatrice que je préférerois sa possession, quelque sujet que j'eusse de n'en être pas content, à une prison perpétuelle, la consola des coups qu'elle avoit reçus. Elle me dit le lendemain d'un air insolent, que c'étoit ma faute si elle avoit été réduite à la fâcheuse nécessité d'employer un tiers pour me rendre service malgré moi; que ses parents n'auroient jamais voulu consentir à nous marier tous deux sans cette heureuse faute, qu'un excès d'amour pour moi lui avoit fait commettre. Cela pouvoit être encore vrai; et cependant telle fut mon ingratitude, que, sans lui tenir compte de sa bonne volonté, je pris incivilement la liberté de la pousser par les épaules hors de mon bureau, où elle avoit eu la hardiesse de venir m'annoncer la résolution où son père étoit d'unir nos destinées.

Un moment après avoir eu avec elle cet entretien, je vis paroître le maltôtier, qui m'adressa un long discours qu'il avoit préparé, pour me faire valoir la bonté qu'il avoit de vouloir bien livrer sa fille à un aventurier, au lieu de le mettre entre les mains de la justice, pour le faire punir comme un suborneur de la fille de son maître. Je lui répondis froidement qu'il me prenoit pour un autre; que si sa fille avoit fait un faux pas, ce n'étoit pas moi qui le lui avois fait faire; que je la trouvois plus propre à éteindre la concupiscence qu'à l'allumer; en un mot, que n'ayant pas été son galant, je ne serois jamais son époux.

L'air dédaigneux dont je prononçai ces paroles piqua le maltôtier, qui, se faisant violence pour me cacher la fureur qui le dominoit, me dit en s'éloignant de moi : Mon petit monsieur, faites là-dessus vos réflexions, et ne m'obligez point à vous prouver que j'ai encore assez de crédit pour humilier votre fierté. Je lui repartis, mais il n'entendit pas, que mon parti étoit tout pris, et que, bien différent des paresseux qui aiment à trouver besogne faite, je ne voulois pas recueillir le fruit des peines de mon prochain.

Le jour suivant, le financier me demanda quelle étoit ma résolution sur ce qu'il m'avoit proposé. Je lui répondis que je ne pouvois en prendre d'autre que de le prier de se pourvoir d'un nouveau commis, et d'examiner mes livres. Voilà donc, reprit-il, à quoi vos réflexions ont abouti. J'en suis fâché pour vous. En achevant ces mots, il me quitta pour aller employer contre moi tout son crédit, et pour se venger d'un refus dont il ne connoissoit pas la justice.

Il n'y travailla pas en vain : je fus arrêté deux jours après dans la rue par une troupe d'archers qui vinrent fondre sur moi. J'eus beau leur dire que je n'avois pas envie de faire la moindre résistance, ils me secouèrent et me houspillèrent d'autant plus, que chaque secousse faisoit tomber, dans leurs mains, ma tabatière, ma montre, ou mon argent. Ils me jetèrent ensuite dans un fiacre, et me conduisirent au Châtelet. Avant que d'y arriver, je pris garde que j'avois encore au doigt mon diamant; heureusement pour moi, mon escorte ne l'aperçut point; ce qui m'épargna une furieuse secousse. Pour le sauver des griffes de ces oiseaux de proie, qui sont des voleurs privilégiés, je fis si bien qu'avec mes dents je le détachai de l'anneau, et le gardai dans ma bouche.

Ce qui sans doute avoit déterminé le maltôtier à me faire gîter si promptement au Châtelet, c'est qu'il avoit appris qu'il en devoit partir incessamment un grand convoi pour le Canada. Je n'eus pas en effet le chagrin de coucher sur la paille; car dès la nuit même je sortis de prison pour être transporté à Quebec, avec tous les honnêtes gens que la cour envoyoit alors dans cette colonie. Quand je sus que je devois être de ce voyage involontaire, et qu'il fut question de se mettre en chemin, je m'avisai, pour mes péchés, de faire le rétif, et de protester qu'en m'arrêtant on s'étoit trompé; on se moqua de mes plaintes, et je n'y gagnai que des gourmades, ou, pour parler plus juste, les officiers qui avoient ordre de nous conduire étoient payés pour cela. Je leur avois été bien recommandé. C'est de quoi je m'aperçus, lorsqu'au lieu de me faire aller à pied avec un grand nombre de malheureux qu'on menoit comme moi par force en Canada, on me fit l'honneur de me mettre parmi les personnes de distinction, je veux dire avec celles qui faisoient ce voyage en voiture. On m'accorda une place dans une charrette, où deux redoutables archers, armés de carabines, occupoient chaque bout, et nous tenoient en respect.

FIN DU TROISIÈME LIVRE.

LIVRE QUATRIÈME.

SUITE DE L'HISTOIRE DU COMTE DE MONNEVILLE.

Par quelle voiture Monneville se rendit de Paris à La Rochelle, où il s'embarqua pour Quebec. Ce qui se passa dans le vaisseau sur la route. De quelle manière on marie en ce pays-là les filles et les garçons qu'on y envoie de France pour peupler la colonie. Par quelle adresse Monneville et une demoiselle de Paris évitèrent ce mauvais sort. Ce jeune homme obtient un emploi par le crédit d'un père récollet qui lui rend encore d'autres services. De quelle façon mademoiselle Duclos et lui vivoient au fort et dans l'habitation que le commandant avoit aux environs. Ils se séparent à l'amiable. Comment cette demoiselle devint sakgame ou souveraine d'un quartier de Hurons. Description de son habitation. Mœurs de ces sauvages. De quelle sorte ils reçurent chez eux Monneville. Histoire de mademoiselle Duclos. Le commandant Maloüin meurt. Monneville demande à lui succéder dans son emploi. Le gouverneur le lui refuse poliment, et nomme M. de La Haye, jeune Parisien, pour remplir la place du commandant du fort; mais en récompense, Monneville hérite de l'habitation et des meubles du défunt. Il conduit au fort M. et Mme de La Haye, et devient le meilleur de leurs amis. Malheureusement l'amour se met de la partie et gâte tout. Histoire de M. et de Mme de La Haye. Etrange événement qui doit servir d'avis au lecteur pour être en garde contre les surprises de l'amour.

Notre caravane fit une pause à Bourg-la-Reine, pour se mettre dans un ordre de marche convenable. Le soleil, qui commençoit alors à se lever, me fit connoître que j'avois pour associés deux ou trois cents tant filous que catins qu'on envoyoit renforcer la colonie de la Nouvelle-France. Comme nous faisions tous ce voyage à regret, il régna d'abord parmi nous une tristesse générale. Les uns, maudissant les personnes auxquelles ils imputoient leur malheur, faisoient retentir l'air de cris et de lamentations; les autres, se représentant l'inutilité des plaintes, dévoroient leur chagrin dans un silence profond; mais insensiblement ils firent tous de nécessité vertu, et bientôt les ris avec les chansons vinrent écarter les images tristes.

Il y avoit dans la charrette, j'ai pensé dire le carrosse, où j'étois, quatorze femmes et un jeune homme qui les amusoit infiniment par mille plaisanteries qu'il débitoit d'un air gai. Un abbé qui va prendre possession d'un gros bénéfice ne paroît pas plus joyeux. Nous étions tous surpris d'une gaieté si déplacée. Il s'en aperçut, et nous dit : Aux éclats de rire qui m'échappent, vous me croyez peut-être un extravagant. Rendez-moi, s'il vous plaît, plus de justice. Quand je pense au dernier tour que j'ai fait à mon très honoré père, je ne puis m'empêcher de m'épanouir la rate à ses dépens. Vous allez voir si j'ai tort.

Je suis fils d'un riche libraire de la rue Saint-Jacques, qui m'a si bien gâté dans mon enfance, qu'à l'âge de cinq ans, je lui riois au nez, lorsqu'il se donnoit les airs de me réprimander; et toutes les fois que, dans sa colère, il en venoit avec moi aux voies de fait, je ne manquois pas de jeter dans le puits autant de volumes que j'avois reçu de coups. Je vous ennuyerois si je vous racontois toutes les malices que je lui ai faites. Jugez-en par le parti qu'il prend aujourd'hui, de sacrifier, au ressentiment qu'il en a, un fils unique; car je n'ai ni frère ni sœur, ni n'en aurai selon toutes les apparences, puisque mon père et ma mère sont trop vieux pour se venger ainsi de moi.

Pour vous apprendre, poursuivit-il, ce qui me donne

occasion de rire présentement, je vous dirai que depuis trois jours mon père a tenu sa boutique fermée, et qu'il a gardé même les clefs de la porte de la maison, de peur que je ne lui échappasse : Mon fils, m'a-t-il dit hier au soir d'un air doux et perfide, tenez-vous prêt à partir avec moi demain matin pour la campagne. Je me suis bien douté qu'il avoit quelque mauvaise intention, et qu'il vouloit m'envoyer dans quelque endroit faire pénitence ; mais je ne m'attendois pas à l'aller faire si loin. Pour rendre célèbre le jour de mon départ, et en graver la date, en grec, en latin et en françois, tandis qu'on me croyoit couché, je me suis glissé dans la bibliothèque, où m'étant indistinctement saisi des livres que j'ai trouvés sous ma main, j'en ai arraché de chacun les dix ou douze premiers feuillets. Que j'ai tronqué de jurisconsultes, et mutilé d'orateurs ! Que j'ai laissé sur le carreau de pères de l'église qui n'ont plus face de chrétiens ! Je n'ai rien épargné, théologie, médecine, histoire, poésie, romans, tout a passé par mes mains ; et c'est en songeant aux grimaces que fait à présent mon père que je ris de si bon cœur. Je m'imagine le voir entrer dans sa bibliothèque, qui n'est plus qu'un hôpital d'invalides. Il considère le ravage que j'ai fait. Il examine les blessés, et calcule avec douleur ce qu'il lui en coûtera pour leur guérison. Pour ceux qui avoient de longues préfaces, ils n'en seroient pas moins bons, si du moins sur la première page je leur avois laissé leur nom, leur âge, et le lieu de leur naissance. Il est vrai que faute de cela ces malheureux vont passer comme moi pour des aventuriers qui n'ont ni feu, ni lieu et ne sont réclamés de personne.

Le jeune homme cessa de parler en cet endroit pour recommencer à rire, de façon que tout le monde ne put se défendre d'en faire autant. Ce qui servit comme de signal à nos dignes compagnes de voyage pour raconter leurs aventures. Mais chacune voulant parler la première, elles se mirent toutes ensemble à faire autant de bruit que les Piérides après leur métamorphose. Je les interrompis toutes pour les prier de me donner un moment d'audience. Mesdames, leur dis-je, songez, de grâce, que nous ne sommes ici que deux auditeurs; nous ne saurions en même temps vous prêter à toutes l'attention que vous méritez. Le fils du libraire se joignit à moi, et nous obtînmes enfin que ces dames parleroient tour à tour.

Alors je m'adressai à la plus apparente de la compagnie, et lui dis de commencer. Mais elle nous conjura d'une manière si polie et en même temps si triste de vouloir bien l'en dispenser, que nous la laissâmes en repos. C'est donc à moi, s'écria aussitôt sa voisine, c'est à moi d'enlever toutes les attentions. Elle n'eut pas achevé ces mots, qu'elle se mit à raconter ses prouesses avec une vivacité accommodée au sujet. Elle nous apprit de belles choses aussi bien que ses compagnes, dont la plupart, à l'édification du public, avoient fait tous les ans une retraite de quelques mois, pendant laquelle elles avoient joint, à un habillement des plus modestes, un jeûne austère au pain et à l'eau, avec un travail assidu. Ces innocentes pénitentes traitoient de peccadilles et de petits tours d'adresse, toutes les fautes qu'elles confessoient avoir faites : avoir vidé les poches de quelqu'un; l'avoir mis tout nu dans la rue, au fort de l'hiver, ou l'avoir fait jeter par les fenêtres, elles appeloient cela avoir dégourdi des sots.

J'eus tous les jours de pareils entretiens à essuyer sur la route jusqu'à La Rochelle, où nous arrivâmes fort fatigués de notre voiture assommante. Là, me voyant sur le point d'être embarqué, je demandai un quart d'heure d'audience au capitaine du vaisseau. J'espérois exciter sa pitié par le récit de l'injustice qui m'avoit été faite; et, pour le rendre plus touchant, je me proposois de l'accompagner de l'offre de mon diamant; mais dès ma première phrase, comprenant que je voulois tenter sa fidélité, il ne me permit pas de dire le reste de ma harangue, dont la fin peut-être lui auroit paru plus agréable que le commencement. Il me ferma la bouche, en me disant brusquement qu'il m'écouteroit pendant le premier calme qui nous prendroit; et que si je l'ennuyois par la narration que j'avois à lui faire, je pouvois compter qu'il me feroit amarrer sur un canon, et donner cent coups. Le caractère dur de cet officier m'ôta l'envie de lui offrir mon diamant. J'eus peur qu'il ne le refusât, et que je ne reçusse un mauvais traitement de sa brutale intégrité.

Je perdis donc toute espérance de borner mon voyage à La Rochelle, et le chagrin que j'en eus me causa une maladie dont je ne me serois jamais tiré sans le secours de trois pères récollets qui étoient dans le vaisseau. L'un d'entre eux avoit déjà voyagé en Canada, et même avoit été gardien du couvent que ces religieux ont à Quebec. Il y menoit ses deux compagnons pour recrues. Je lui contai par quelle aventure je me trouvois réduit à sortir malgré moi de ma patrie. Il me plaignit; et m'exhortant ensuite à me roidir contre le sort qui me persécutoit, il m'inspira peu à peu un courage supérieur à ma mauvaise fortune. Mon père, lui dis-je un jour, grâce à vos charitables exhortations, je suis préparé aux plus fâcheux événements. Ne me cachez pas, je vous prie, l'horreur de la destinée qui nous attend ces malheureux et moi. De quelle manière en usera-t-on avec nous quand nous serons en Canada ? Je vais vous l'apprendre, me répondit-il, puisque votre fermeté me permet d'offrir à votre esprit un si terrible tableau.

De tout ce que vous êtes d'hommes ici, poursuivit-il, on prendra les plus robustes pour travailler à la pierre, abattre des bois ou défricher des terres. On enverra la plupart des autres dans les habitations les plus écartées, et par conséquent les plus voisines des sauvages, qui égorgeront ces misérables pour le moindre sujet qu'ils croiront avoir de se plaindre d'eux, ou brûleront leurs habitations. Joignez à l'effroi de se voir à la merci des sauvages, une si grande disette de tout, que les trois quarts des François qu'on envoie dans ces endroits-là périssent de faim.

Avant qu'on les distribue dans leurs quartiers, on a grand soin de procurer à chacun sa chacune. Le célibat étant un vrai crime d'état dans une colonie, il faut que les nouveaux débarqués se marient en arrivant à Quebec; ce qui se fait de la manière suivante. La dame Bourdon, directrice de la maison où l'on met les femmes qui viennent de Paris, assortit les époux à sa fantaisie : heureux l'épouseur à qui elle donne une compagne saine de corps et d'esprit. Ce n'est pas que pour faire recevoir sans répugnance au futur la bénédiction nuptiale, elle ne lui fasse un bel éloge de la future.

Un des deux compagnons du moine qui parloit, fit un grand éclat de rire en cet endroit. Sans mentir, s'écria-t-il, voilà une plaisante police. Je m'imagine que je vois un fripier qui, d'un coup-d'œil sur la taille d'un homme qui entre dans son magasin, lui trouve un habit comme fait exprès pour lui. Riez tant qu'il vous plaira, reprit le gardien, ce que je dis se pratique au pied de la lettre. La dernière fois que j'assistai à cette cérémonie matrimoniale, dont je fus le ministre, il se présenta une petite figure d'homme assez drôle, qui pria la dame Bourdon de lui montrer, disoit-il, sa marchandise, afin qu'il pût se choisir une femme, puisque c'étoit un meuble dont il falloit absolument se charger. La directrice lui répondit sur le même ton : Mon ami, ce n'est pas la coutume que l'on choisisse ainsi ; d'ailleurs, j'ai ici des pièces qui ont la mine bien trompeuse, vous pourriez y être attrapé. Rapportez-vous en plutôt à moi ; je connoîtrai mieux que vous ce qui vous convient, quand vous m'aurez dit qui vous êtes, et ce que vous savez faire.

Je suis tailleur à votre service, madame, répliqua-t-il, et ne vous en déplaise, et j'ai aussi quelques principes de dessin. On m'envoie à soixante-quinze lieues d'ici, dans un canton où il n'y a personne de mon métier, à ce qu'on dit. Je ne puis manquer d'y faire bien mes affaires. Ainsi, madame, je vous prie d'avoir égard à cela. Vous voyez que je ne rendrai pas une femme malheureuse. J'en voudrois une qui fût sédentaire, qui sût m'apprêter à manger, et m'aider un peu dans ma profession. J'ai ton fait, mon enfant, lui repartit la dame Bourdon; je te veux apparier avec une fille qui sait coudre et broder à merveille : c'est une grande travailleuse, adroite, propre, amusante et faite au tour. Je suis bien aise de te rendre heureux; car ta physionomie me revient.

Après avoir parlé de cette sorte, la directrice alla chercher la future; pendant ce temps-là j'exhortai le petit tailleur à se marier, moins pour obéir à la loi, que dans la vue d'avoir du secours et de la consolation dans son établissement. Je lui recommandai surtout d'élever ses enfants dans la crainte du Seigneur, et lui tins tous les discours qu'il étoit de mon ministère de lui tenir dans cette occasion. La dame Bourdon revint quelques moments après, amenant avec elle une grosse et grande fille qui avoit sur la tête une coiffe qui lui couvroit la moitié du visage. Nous entrâmes tous quatre dans la chapelle, où la directrice me pria de faire prendre la droite à la fille; ce que je fis sans demander la raison de cette nouveauté. Mais au milieu de la cérémonie, ayant jeté les yeux sur la mariée, je m'aperçus qu'elle n'avoit qu'un œil, qui étoit le gauche, et qu'à la place du droit il y avoit un emplâtre qu'elle déroboit adroitement aux regards curieux de l'épouseur.

Je vous avoue, ajouta le gardien, que je pensai scandaleusement perdre mon sérieux. La cérémonie achevée, la dame Bourdon fit signer aux époux le billet de leur engagement, dont elle garda le double, les conduisit à la porte, où ayant remis à la nouvelle mariée son trousseau [1], qui n'étoit pas fort pesant, elle laissa à

---

[1] Les cinquante livres que le roi leur fait donner.

ces deux tourterelles la liberté d'aller où bon leur sembleroit. Ensuite revenant à moi : ah! mon père me dit-elle, le bon mariage que je viens de faire. J'étois bien embarrassée de cette créature-là. C'est une diablesse qui mettoit ici tout en désordre. Si je lui avois donné un mari de sa taille, ils auroient toujours été aux épées et aux couteaux ; au lieu que le tailleur n'osera souffler devant sa femme, quand une fois il aura connu de quel bois elle se chauffe. Outre cela, ils pourront procréer des enfants qui, tenant de l'un et de l'autre, seront d'une grandeur raisonnable. Pour comble de bonheur, il aura une femme robuste, qui défrichera, bêchera, semera et plantera pour avoir de quoi vivre ; car le petit bonhomme se trompe s'il croit, en arrivant où il est envoyé, trouver son dîné tout prêt, et n'avoir qu'à croiser les jambes sur son établi. Il aura peu de pratiques, je vous en réponds.

Ce discours du père gardien divertit infiniment ses deux compagnons. J'en ris aussi, mais du bout des dents. J'envisageai avec horreur un pareil exil, et fis assez connoître que je ne ferois pas un trop bon ménage avec une épouse de la main de la dame Bourdon. Le gardien s'en aperçut, et me dit : Ne vous affligez pas, Monsieur ; vous n'avez point une figure à mériter qu'on vous traite comme le petit tailleur. J'empêcherai facilement que vous n'en soyez réduit là. Votre air, vos manières vous distinguent fort des garnements parmi lesquels vous avez le malheur de vous trouver confondu, et qui presque tous portent gravés sur leur front les crimes qu'ils viennent expier en Canada. Vous devez être assuré que vous serez reçu dans notre ordre à bras ouverts. Si vous preniez ce parti, vous verriez que nous sommes là plus considérés qu'en Europe. Si l'état monastique ne vous convenoit pas absolument, vous avez de l'éducation, vous écrivez bien, vous ne quitterez point la ville de Quebec, si vous voulez y demeurer. Je me fais fort de vous y procurer un emploi.

Je remerciai ce charitable père de sa bonne volonté; et faisant fond sur l'amitié qu'il me témoignoit, je me sentis tout consolé de me voir dans l'état où j'étois. Les trois récollets avoient soin de dire la messe très souvent; et comme l'aumônier ne savoit tout au plus que lire, le révérend père gardien prêchoit tout l'équipage les fêtes et dimanches. Cependant, quoique ses sermons fussent tous fort pathétiques, ils ne faisoient guère d'impression sur les auditeurs. Il y avoit du désordre dans le vaisseau; et ce désordre augmentoit de jour en jour par l'indiscrétion des officiers, qui se familiarisoient un peu trop avec nos belles Parisiennes. Les matelots suivoient leur exemple. Il n'y avoit pas jusqu'aux mousses qui ne voulussent jouir du droit de passage. Néanmoins, le capitaine craignant les reproches de la cour plus que ceux de sa conscience, entreprit de resserrer ses nymphes; mais il étoit bien difficile d'empêcher tant d'Alcyons de faire leurs nids sur les flots.

Je m'attirai par la musique la bienveillance de quelques officiers qui la savoient un peu. Cela me mit plus à mon aise. J'en fus mieux couché, mieux nourri, et plus libre. Les moines m'en félicitèrent d'abord, à la réserve du père gardien, qui, souhaitant que je n'eusse eu aucune connoissance que la sienne sur la route, me dit un jour confidemment, qu'il me conseilloit en ami de n'avoir que peu de liaison avec les officiers du vaisseau, et d'être avec eux fort réservé, attendu, disoit-il, que leur commerce me corromproit indubitablement. Oh, oh! me dis-je en moi-même, après l'avoir écouté avec attention, il semble que ce révérend père me mitonne pour son couvent. Les offres de service qu'il m'a faites n'auroient-elles pour but que de me faire endosser son harnois? Le remède seroit pire que le mal : esclavage pour esclavage, j'aime mieux celui qui peut finir.

Il y avoit dans le vaisseau une autre personne qui partageoit avec moi les bontés de ce saint religieux. C'étoit une fille de vingt-quatre à vingt-cinq ans, qui se faisoit distinguer par un dehors noble et sage. Elle paroissoit plongée dans une mélancolie que rien ne pouvoit dissiper; et véritablement elle avoit bien sujet de déplorer son infortune, ayant été embarquée avec nous par surprise le jour de notre départ. J'avois aussi bien que le moine été frappé de son air modeste; et quand j'avois occasion de m'entretenir avec elle, je lui trouvois des sentiments qui me prévenoient en faveur de sa naissance, qu'elle cachoit soigneusement.

Mademoiselle, lui dis-je un jour en présence du père gardien, savez-vous l'heureux sort qui nous attend? vous a-t-on dit que nous sommes ici comme dans l'arche de Noé, que nous n'en sortirons que deux à deux pour aller multiplier, les uns d'un côté, et les autres de l'autre? On me donnera une femme que je n'aurai jamais vue, et vous serez livrée de la même manière à un épouseur inconnu. Le religieux, prenant alors la parole, lui raconta ce qu'il m'avoit dit de la nécessité et des cérémonies de cet hymen sans façon. La demoiselle, en l'écoutant, levoit les yeux au ciel, et témoignoit assez sans parler le peu de goût qu'elle se sentoit pour une semblable union. Hé bien, Mademoiselle, lui dis-je, lorsque le père eut achevé son discours, que pensez-vous de cela? Ne vivons-nous pas l'un et l'autre dans une attente bien agréable? Si le consentement est nécessaire pour ce mariage, répondit-elle, je puis vous assurer qu'on ne me l'arrachera pas facilement. On m'ôtera plutôt la vie que de m'obliger à devenir femme d'un maçon ou d'un bûcheron. Là-dessus, le moine la pressa de nous apprendre quelle étoit sa famille; mais elle refusa de satisfaire sa curiosité.

La crainte qu'elle avoit de tomber entre les mains d'un homme de la plus basse condition, excita ma pitié, et me fit songer aux moyens de lui mettre sur cela l'esprit en repos. Je n'y rêvai pas long-temps. Il me vint une pensée que je lui communiquai dès que je pus lui parler sans être entendu de personne. Je lui demandai si, pour conserver tous deux notre liberté, elle ne trouveroit pas à propos que, dans l'occasion, nous nous dissions mariés ensemble. J'ajoutai qu'on me promettoit un établissement dans la ville; ce que je jugeois devoir lui faire plaisir, puisque je pourrois l'empêcher par là d'être reléguée dans des déserts. Elle me répondit, qu'en la préservant des horreurs qu'on lui avoit fait envisager, je lui sauverois la vie; que je n'avois qu'à composer une fable de notre prétendu mariage, et la lui donner; qu'elle l'apprendroit si bien par cœur, qu'elle ne se couperoit point dans ses réponses quand on viendroit à l'interroger.

Cet expédient me parut bon, et même nécessaire. Je travaillai donc sur-le-champ au roman de nos amours, de notre mariage et de notre exil. J'en gardai une copie, et lui en glissai finement une autre dans la main; mais sa mémoire n'eut pas besoin de retenir tous ces mensonges, car sitôt que j'eus fait accroire au révérend père gardien que cette demoiselle et moi nous étions deux époux persécutés par la fortune, ce bon religieux, me croyant sur ma parole, nous accorda généreusement sa protection, et promit de nous rendre service; ce qui me tira de l'erreur où j'étois, que sa révérence ne vouloit me délivrer des misères du monde que pour m'assujettir à celles de son état.

Après une navigation plus heureuse que ne le méritoit un vaisseau aussi chargé d'iniquités que le nôtre l'étoit, nous arrivâmes à Quebec au commencement de novembre 1690. Si nous fussions entrés huit jours plus tôt dans le fleuve Saint-Laurent, nous aurions été pris par le général Phips, Anglois, qui venoit avec une flotte de près de quarante voiles, de faire sur cette capitale du Canada une tentative qui ne lui avoit pas réussi. Il y avoit perdu beaucoup de monde, et laissé plusieurs pièces de canon, qui servirent à célébrer son départ dans les réjouissances qui se firent quelques jours après.

M. de Longueil, que M. de Beauchêne connoît sans doute, et qui, sans contredit, est un des plus braves officiers de marine, eut en particulier des grâces à rendre au Seigneur. Le fait est singulier: M. de Longueil, dans l'action, reçut un coup de mousquet. La balle frappa sa corne à poudre et la cassa. Il y porta sa main aussitôt pour prendre de quoi tirer encore; dans le même instant, une seconde balle vint donner au même endroit, acheva de briser la corne, et il en fut quitte pour une légère contusion.

En entrant dans Quebec, j'éprouvai que le père gardien ne m'avoit pas faussement assuré qu'il me feroit distinguer de la canaille. Je me vis jouissant d'une entière liberté, aussi bien que la dame qui passoit pour mon épouse, et que j'appellerai désormais mademoiselle Marguerite Duclos; car c'est sous ce nom qu'elle fut mise sur la liste. Le bon religieux n'en demeura point là; avec une simple adresse signée de sa révérence, nous fûmes bien reçus et bien logés chez un riche commerçant auprès de la principale église, qui est dédiée à Notre-Dame. Ce marchand prit nos noms de voyage et s'en alla pour nous signer notre arrivée à la décharge du capitaine du vaisseau, sur la feuille scandaleuse, autrement le registre des noms des garnements envoyés pour habiter la Nouvelle-France.

La crainte d'un grand mal ne laisse pas la liberté de penser aux petits inconvénients. Mademoiselle Duclos, à couvert de l'hymen affreux dont la seule idée l'avoit fait trembler, se trouva fort embarrassée lorsqu'il fut question de nous aller coucher. Par honte ou par inadvertance, elle n'avoit pas demandé deux lits; si bien qu'en entrant dans la chambre qu'on nous avoit destinée, et où elle s'étoit retirée avant moi, je l'aperçus tout en pleurs, et aussi affligée que si elle eût épousé un maçon. Couchez-vous, Monsieur, me dit-elle; pour moi je passerai la nuit sur une chaise. Non, Mademoiselle, lui répondis-je, ce lit n'est pas ici pour rien; vous vous y reposerez, s'il vous plaît. Vos alarmes m'offensent. Je suis honnête homme; et je n'ai point inventé la fable de notre hymen pour en profiter de la manière indigne que vous appréhendez.

Je me sentois en effet pour elle un respect que m'inspiroit son air noble et imposant, et qui m'empêchoit de former la moindre pensée d'abuser de la fâcheuse situation où elle étoit réduite. Enfin, je haranguai de façon que je la rassurai. Je l'obligeai à se mettre au lit après avoir pris un de ses matelas que j'étendis par terre, et sur lequel je couchai tout habillé. A peine étions-nous levés le lendemain, que notre patron nous vint voir, quoique son couvent fût assez éloigné de Notre-Dame. Il nous pria de ne nous point inquiéter, et nous assura de nouveau qu'il se chargeoit de notre établissement. Il nous fit mille politesses à mademoiselle Duclos et à moi. Que l'esprit de l'homme est malin ! et à quelle indigne vue n'eus-je pas la foiblesse d'attribuer la bonne volonté que ce saint religieux nous marquoit ! Il est vrai que huit jours après je lui rendis plus de justice.

Il vint nous revoir. Il étoit accompagné de M. de La Valière, capitaine des gardes de M. de Frontenac; et il nous dit qu'à la recommandation de cet ami, il venoit d'obtenir pour moi un poste considérable par rapport à sa situation propre au commerce. Il n'y a que de petits appointements attachés à cet emploi, ajoutoit-il; mais il embrasse les fonctions de cinq ou six charges à la fois. Premièrement, vous serez caissier dans un fort vers les frontières des Hurons, où vous aurez à payer une douzaine de soldats qui en font toute la garnison. Vous aurez la direction de leurs magasins, que vous tiendrez toujours en état en cas d'attaque de la part des sauvages. Vous serez pareillement chargé de faire la recette du contingent que doivent fournir les maîtres des habitations voisines de ce fort. De plus, vous aurez soin d'entretenir le plus de liaisons que vous pourrez avec les sauvages de la frontière, pour les disposer peu à peu à passer agréablement sous la domination françoise.

Ne voulant pas que mademoiselle Duclos dépensât une modique somme d'argent qu'elle avoit, et ayant plusieurs emplettes à faire, je priai notre hôte de me faire trouver de l'argent sur un bijou. Pour cet effet, il me conduisit chez un riche marchand, qui étoit en même-temps orfévre, joaillier et clincaillier, et qui m'offrit de bonne grâce sur mon diamant cent pistoles que j'acceptai en lui disant devant mon hôte et d'autres personnes qui étoient là, que si je périssois dans l'endroit où j'étois envoyé, je le priois de donner au révérend père gardien des récollets le surplus du prix de mon diamant, ou le diamant même, si je laissois de quoi payer les cent pistoles qu'il me prêtoit.

De l'argent que je reçus, j'achetai les choses dont nous ne pouvions absolument nous passer, et une montre pour en faire présent à notre bienfaiteur. La veille de notre départ, ce bon père me mena chez le gouverneur, qui faisoit sa résidence à une des extrémités de la ville, dans le fort Saint-Louis. Je reçus là mes instructions, avec un ordre de partir au plus tôt; ce que je fis le jour suivant, sous l'escorte de cinq soldats qu'on me donnoit à conduire, pour remplacer le même nombre qui avoit déserté du fort où j'allois, et passé parmi les sauvages.

Le révérend père, pour pousser la générosité jusqu'au bout, fit mettre lui-même tout en état, et voulut nous voir partir. Nous fûmes alors bien persuadés qu'en nous obligeant, il n'avoit écouté que son bon cœur, la voix de l'humanité, et celle de la charité chrétienne, puisqu'en nous quittant, peut-être pour toujours, il redoubla ses bienfaits. Il défendit à notre hôte de prendre la moindre chose de nous, et refusa la montre que je lui offris. Je ne doute point de votre reconnoissance, nous dit-il; ainsi je n'ai pas besoin que vous m'en donniez des preuves. Tout ce que j'exige de vous, c'est que vous viviez toujours dans la crainte de Dieu, qui ne vous abandonnera jamais tant que vous le servirez fidèlement. Après une courte exhortation qu'il nous fit sur ce sujet, il nous laissa si touchés de son amitié, de ses bienfaits et de sa vertu, qu'à peine eûmes-nous la force de lui dire adieu.

Que la douceur que ressentent ceux qui font du bien aux malheureux doit être grande! La consolation dont ils jouissent dès cette vie est préférable à tout ce que la terre offre de plaisirs. Le sort de ce saint homme me parut alors plus digne d'envie que toutes les grandeurs du monde; nous nous trouvions moins heureux d'avoir reçu tant de services dans un si grand besoin, que lui n'avoit de joie de nous les avoir pu rendre.

Il y avoit plus de deux heures que nous étions embarqués et partis de Quebec, lorsque mademoiselle Duclos, apercevant mon adresse sur deux valises qui étoient dans notre canot, me dit : ce sont apparemment les clefs de ces valises que vous aviez oubliées, et que le révérend père m'a données en partant. Je ne sais, lui répondis-je, ce que c'est que ces clefs ni ces valises. Mademoiselle Duclos mit aussitôt les clefs dans les serrures, et les valises s'ouvrirent. Elles étoient pleines de toute sorte de linge à notre usage. Pour le coup, nous demeurâmes tout interdits, et nous rendîmes ensuite un million de grâces au ciel de nous avoir fait rencontrer un homme si charitable.

Nous avions pour guides deux matelots de la basse-ville qui étoient mariés. On se sert plus volontiers de ceux-là que des autres, parce que l'envie de revenir auprès de leurs femmes et de leurs enfants, fait qu'ils s'acquittent plus exactement de ces périlleuses commissions. Secourus des soldats qui avoient ordre de les aider à remonter le fleuve, ils nous menèrent aisément en canots jusqu'à Montréal; mais ensuite, à cause des sauts et des courants, il nous fallut aller souvent à pied, et quelquefois par des chemins presque impraticables où mademoiselle Duclos nous donnoit bien du travail. Je vous l'avouerai, je me repentis alors plus d'une fois d'avoir dit que c'étoit ma femme.

Je crois qu'elle s'en aperçut; car, malgré les politesses que je lui faisois toujours, je voyois que la tristesse l'accabloit plus que la fatigue du voyage, et que dans ses manières à mon égard, le respect et la timidité succédoient à l'air aisé qu'elle avoit eu jusque-là. Je l'exhortois vingt fois le jour à prendre courage, dans l'espérance de voir bientôt la fin de nos peines; mais comme je m'avisai, un soir qu'elle me parut plus triste que je ne l'avois encore vue, de lui faire des reproches sur son changement de conduite à mon égard : eh! monsieur, me dit-elle, en fondant en larmes, pourquoi combattez-vous ma douleur? Quand j'y aurai succombé, n'en serez-vous pas plus heureux? Votre plus grand embarras, vos plus grandes dépenses sont pour moi, pour une malheureuse qui n'a rien fait pour vous, que vous ne connoissez pas même encore, et qui ne mérite votre pitié qu'à force d'être misérable. C'en est trop, monsieur, ajouta-t-elle, songez à vous, et m'abandonnez à mon infortune. Laissez-moi à la première habitation que nous trouverons. J'y passerai le reste de ma vie dans la misère de la servitude, si le ciel est assez irrité contre moi pour me laisser vivre avec tant d'ennuis.

Notre malheur, lui répondis-je, a commencé dans le même temps, et nous nous sommes engagés à courir la même fortune. Quoique nous ne soyons pas unis par les nœuds de l'hyménée, je vous regarde comme mon épouse. J'ai attaché mon sort au vôtre, vos peines sont les miennes. C'est la confiance que vous avez en moi qui vous expose à des fatigues si peu convenables à votre sexe. Que ne puis-je les supporter toutes! Je voudrois n'avoir à partager avec vous qu'une fortune agréable. Envisagez-moi donc comme un ami, comme un frère à qui votre secours va devenir nécessaire.

Je la consolai par ces discours et par d'autres semblables. Elle reprit des forces avec l'espérance, et nous suivit plus facilement. Nos soldats tuèrent sur la route quelques orignacs ou élans dont nos guides s'accommodèrent fort. Pour nous nous en trouvâmes la chair détestable. Ce sont des cerfs sauvages dont les peaux font une partie du commerce des François avec les sauvages; et comme il fait plus froid dans le Canada que le climat ne semble le promettre, on en fait aussi dans quelques cantons des habillements fort utiles pour le peuple. Il est vrai que le commerce n'en est pas si étendu ni si recherché que celui des peaux de castors.

Nous vivions de notre chasse, les habitations qui se trouvoient sur la route n'étant que de méchantes cabanes dont les habitants n'avoient à nous offrir que des légumes et de mauvaise sagamité ou bouillie de blé d'Inde; car la plus grande partie de ces terres sont moins propres à produire du froment que d'autres grains. Cependant, après avoir traversé bien des lacs, des rivières et des forêts, nous découvrîmes enfin ce fort tant désiré. Quoiqu'il ne fût pas en bon état, et qu'il eût plutôt l'air d'une simple redoute que d'un fort, il nous parut une belle et grande citadelle en comparaison de ces nids à rats où nous avions logé.

Les lettres du gouverneur dont j'étois chargé m'y firent recevoir comme un officier-général. La veuve de mon prédécesseur me céda son petit appartement tout meublé; et nous prenant en pension pour très peu de chose, la malheureuse étoit moins notre hôtesse que notre servante. Néanmoins sa compagnie devint très utile à mademoiselle Duclos, qui couchoit avec cette bonne femme, dont elle apprit en peu de temps la langue des Hurons, qui étoient les sauvages les plus voisins. La première chose que je fis fut de visiter la place, que j'eus tout examinée en moins d'un quart d'heure. C'étoit une bicoque qui, sans la bonté de sa situation, n'auroit pas arrêté en Europe une compagnie de dragons plus long-temps qu'un moulin à vent; mais il n'en falloit pas davantage pour arrêter des sauvages et émousser leurs flèches.

Le capitaine ou commandant de ce fort étoit un vieux Maloüin, qui, pour quelque faute militaire commise sur un vaisseau de guerre où il étoit officier, avoit été mis à terre avec sa seule épée sur les côtes de la Nouvelle-Angleterre. Il avoit erré dans cette dernière province pendant quelque temps, et s'étoit joint ensuite aux Iroquois, auxquels ayant appris à faire des espèces de boucliers de peaux d'orignacs, à l'épreuve des armes à feu, il avoit souvent avec eux battu les François. Après cela, se repentant de faire la guerre à sa nation, il étoit rentré dans le service de France, en acceptant un bon parti qu'on lui avoit fait pour l'ôter à ces sauvages.

Nous devînmes bientôt amis cet officier et moi. Il m'associa dans le commerce qu'il faisoit à Quebec, où il envoyoit de temps en temps des peaux de castors et d'orignacs, que les sauvages lui fournissoient pour de la clincaillerie, du vin et de l'eau-de-vie. Il nous menoit souvent à une demi-lieue du fort, voir une habitation qu'il s'étoit ménagée, et dont il commençoit à tirer un gros profit. Il y avoit fait défricher plus de trois cents arpents de terre, laquelle en ce lieu-là s'étoit trouvée plus forte et moins noire que dans le reste du pays. Le froment qui en provenoit étoit fort beau. Il en vendoit une partie; nous mangions le reste au fort, et nous en remplissions notre petit magasin.

Mademoiselle Duclos, qui avoit un esprit adroit et fertile en expédients, lui conseilla de faire un petit Gonesse de son habitation, en y faisant faire du pain pour les François du voisinage, lesquels, faute de savoir boulanger, mangeoient moins de pain que de viande et de légumes. Ce conseil parut très sensé au vieux Maloüin, qui la pria de se charger avec notre hôtesse de l'exécution de ce projet. Elles mirent aussitôt toutes deux les mains à la pâte; et les premières cuissons répondirent si bien à notre attente, qu'on fut obligé d'en augmenter le nombre de jour en jour. Quantité de fainéants qui mouroient de faim dans le pays, voyant qu'ils trouvoient du pain cuit moyennant des peaux de castors et d'orignacs, s'adonnèrent à la chasse, pour pouvoir venir à notre habitation comme à un marché se pourvoir d'une provision si nécessaire. Au bout de six mois, nous avions tant de pratiques, que nous recevions cent peaux par semaine. Si nous avions avec cela pu tirer de Quebec autant de vin et d'eau-de-vie que nous en eussions pu débiter, nous aurions fait une fortune considérable.

Mais le caractère vif et entreprenant de mademoiselle Duclos ne nous permit pas de continuer ce commerce. Elle rouloit dans sa tête un dessein important, dont elle me faisoit un mystère. Notre hôtesse la menoit quelquefois sur les terres des Hurons, dont les premières cabanes n'étoient qu'à une journée de notre habitation, et elles y troquoient des ustensiles contre des pelleteries. Mademoiselle Duclos prenoit plaisir à passer des deux et trois jours avec ces sauvages, ce que la veuve lui avoit appris de leur langue lui suffisant pour s'en faire entendre. Elle leur enseignoit l'usage qu'ils devoient faire des choses qu'elle portoit chez eux; et comme elle ne leur parloit que de ce qui pouvoit contribuer à leur rendre la vie moins dure, ils l'écoutoient avec une avide attention. Enfin elle eut l'adresse de gagner leur confiance à un point, qu'un jour après en avoir demeuré quinze dans une de leurs cabanes, elle revint nous joindre avec deux filles d'un des principaux de ces Hurons, qui les lui avoit confiées pour les instruire des usages d'Europe les plus utiles dans le ménage; à quoi elles avoient une disposition surprenante.

C'est ainsi que pour ne m'être plus à charge, mademoiselle Duclos se préparoit une retraite, qui devint d'autant plus honorable pour elle, que ce fut l'ouvrage de son adresse. La réputation de son mérite, et peut-être encore plus de sa bonne volonté pour les Hurons, se répandit chez ce peuple, et fit une si vive impression sur les esprits, que les chefs des cabanes, lorsque cette demoiselle y alla conduire ses deux élèves au bout de six mois d'éducation, s'assemblèrent, et la contraignirent d'être leur sakgame ou souveraine.

Elle employa les premiers mois [1] de sa petite domination à sonder l'esprit de ses sujets; et lorsqu'elle eut tout lieu de penser qu'elle pouvoit compter sur leur attachement et leur fidélité, elle m'écrivit une longue lettre qui portoit en substance : Qu'elle avoit cru ne pouvoir mieux me prouver sa reconnoissance qu'en se mettant en état de m'épargner de nouvelles peines, et qu'elle espéroit qu'un jour elle auroit occasion de me faire connoître que jamais l'ingratitude n'avoit trouvé place dans son cœur. Après bien des compliments, elle

[1] 1691.

me prioit de donner désormais en échange à son peuple le plus que je pourrois de poêles, de marmites, et surtout d'armes à feu. Ensuite elle me demandoit pour elle quelques boisseaux de froment avec de la graine de chanvre, de lin et de plusieurs sortes de légumes, en me faisant en même temps présent d'une quantité considérable de peaux, parmi lesquelles il y en avoit plusieurs de castors blancs, qui sont les plus chères et les plus rares. Je fis très exactement sa commission, et je joignis aux choses qu'elle attendoit de moi, quelques barils d'eau-de-vie, dont je crois que la distribution lui gagna bien des cœurs; car pour de l'eau-de-vie on fait tout ce qu'on veut de ces peuples.

Le capitaine du fort, mon associé, perdit beaucoup au départ de mademoiselle Duclos, qui, dans le peu de temps qu'elle avoit eu soin de son habitation, lui avoit entièrement fait changer de face. Aussi vouloit-il m'engager à revendiquer mon épouse, et à la redemander plutôt à coups de mousquet, que de l'abandonner ainsi aux Hurons; mais quand elle auroit été effectivement ma femme, je n'aurois pas été assez sot pour faire le Ménélas, rôle qui ne trouve guère aujourd'hui d'imitateurs.

N'ayant plus mademoiselle Duclos, je devins moins utile à mon associé, qui me fit sentir qu'il seroit bien aise de rompre la société. J'y consentis fièrement, quoiqu'assez embarrassé du moyen dont je me servirois pour faire quelque chose pour mon compte. J'eus recours au révérend père récollet, mon protecteur, qui me rendit encore service, en faisant à Quebec mes emplètes de marchandises d'Europe, qu'il m'envoyoit au fort pour les échanger contre des pelleteries. J'eus bientôt sujet de m'applaudir d'avoir rompu la société. La sakgame prit soin de m'adresser ses sauvages, qui firent abonder chez moi toutes sortes de peaux.

La jalousie qu'en conçut le capitaine du fort pensa me perdre. Il sentit la faute qu'il avoit faite; et bien loin de chercher à la réparer par des démarches d'honnêteté qui nous auroient réconciliés, il commença par me traverser, en empêchant qu'on ne nous envoyât davantage des armes à feu, sous prétexte que les Hurons pourroient dans la suite s'en servir contre nous. Je lui en fis des reproches dont il se moqua. J'en donnai avis à mademoiselle Duclos, qui sut mieux que moi l'en punir. Par la première caravane qui nous apporta des peaux, on ne manqua pas de demander des armes à feu. Je répondis pour moi qu'il ne m'en venoit plus, quoique j'en demandasse préférablement à toute autre chose. Le Maloüin ne répondit pas si poliment aux sauvages; il leur dit d'un ton brusque qu'on leur en avoit assez fourni, et qu'ils n'en devoient plus attendre. Les Hurons, à cette réponse, suivant les ordres qu'ils avoient, rechargèrent aussitôt leurs marchandises, et les remportèrent chez eux jusqu'au temps de se joindre au gros de leur nation, qui porte une fois tous les ans ses pelleteries à Montréal, dans deux ou trois cents canots, avec les Atahoüets et autres peuples.

Le Maloüin me soupçonna d'être complice de ce manége; et ne se faisant pas scrupule de se rendre justice lui-même, j'eus beau me tenir sur mes gardes, il pensa m'en coûter la vie. Il me fit un jour manger d'une racine que je pris d'abord pour une truffe. Il fit semblant d'en manger le premier, et en loua beaucoup la bonté. Je fus la dupe de ces louanges, et je serois mort à table, si un soldat qui étoit présent, et qui connoissoit le remède dont j'avois besoin, ne me l'eût fait prendre aussi bien qu'au traître, qui copioit parfaitement bien les contorsions que ce fruit empoisonné me faisoit faire. Toute la différence qu'il y avoit entre le capitaine et moi, c'est que le poison me causoit une enflure qui passoit le talent de l'imitation.

La guerre affreuse que Louis XIV [1] avoit alors sur les bras, influa sur nous, et interrompit notre commerce. Nous demeurâmes tout désœuvrés. Ceux qui possédoient des habitations s'occupoient à les rendre plus commodes et plus agréables. Cela m'inspira l'envie d'en avoir une, quoique j'eusse intention de ne m'arrêter dans ce pays que pour y amasser de quoi vivre honorablement en Europe. Le terrain que je choisis, et qui me fut accordé, moyennant un droit médiocre que je payai, suivant l'usage, n'avoit pas une grande étendue. Il étoit situé entre une colline où venoit aboutir une forêt d'arbres d'une grosseur extraordinaire, et une petite rivière qui se jetoit dans le fleuve Saint-Laurent, entre le lac Ontario et Montréal. Outre la beauté du lieu, je voyois à un mille de là six ou sept familles françoises bien établies, et dont je jugeois que le voisinage me seroit d'un grand secours. C'est ce qui me fit préférer cet endroit à tout autre.

Je découvris dans la suite que mes voisins étoient de bons protestants qui ne vouloient pas le paroître. Il y

[1] 1692.

avoit plus de trente ans que leurs pères et mères ayant eu occasion de chercher une retraite si éloignée, s'y étoient refugiés avec de grandes richesses. Aussi étoient-ils logés très commodément, et chacune de leurs maisons dans les courses des sauvages étoit plus sûre que notre fort même. Ce qui achevoit de rendre ce séjour tout gracieux, et de le mettre à couvert de toute insulte, c'est que six ou sept cents François dispersés aux environs en faisoient leur asile ordinaire. Je trouvai là plusieurs jeunes gens avec qui je passois le temps à chasser ou à pêcher, quand je n'étois pas occupé à planter, à semer ou à faire bâtir. Telles furent mes occupations pendant deux ou trois années. Je n'allois au fort précisément que pour m'acquitter des fonctions dont j'étois chargé par mon emploi.

Notre rivière nous fournissoit du poisson excellent, et en abondance. De plus, on y voyoit plusieurs espèces d'oiseaux, et principalement des outardes. Notre chasse remplissoit nos cuisines de bonne viande, et nos magasins de pelleteries. Les bois voisins étoient remplis de chevreuils moins gros, mais bien meilleurs que ceux d'Europe. Je puis dire que j'étois là dans un pays de bénédiction.

Pendant que je vivois ainsi dans ma maison de campagne, je ne reçus que deux ou trois fois des nouvelles de mademoiselle Duclos, attendu que les Hurons, craignant qu'elle ne les quittât, l'avoient priée de s'éloigner de nos frontières, et d'établir sa demeure au centre de leurs habitations. Elle me mandoit par sa dernière lettre, qu'elle seroit charmée de me voir; que si je voulois lui faire le plaisir d'aller passer quelques jours avec elle, ses messagers sauroient bien me conduire par des chemins moins rudes que ceux que nous avions faits ensemble. Un des jeunes voisins de mon habitation auquel je fis part de cette lettre, me voyant irrésolu sur ce voyage, me pressa si fortement de le faire et de le mener avec moi, qu'il m'y détermina. Je lui promis de partir après avoir fait un tour au fort, où j'étois bien aise de me montrer auparavant.

Un des messagers de mademoiselle Duclos s'étant détaché des autres pour lui porter la nouvelle de mon prochain départ pour sa cour, fit si grande diligence, que le deuxième jour de notre marche, quoiqu'il eût eu plus de soixante lieues à faire, nous rencontrâmes une escorte qu'il amenoit au-devant de nous, et qui nous conduisit plutôt en ambassadeurs qu'en simples particuliers. Je ne doutai plus alors que cette demoiselle n'eût une grande autorité sur ce peuple. J'en fus surpris; mais mon étonnement augmenta bien encore, quand j'approchai du lieu de sa résidence.

Je vis des plaines cultivées, des cabanes bâties solidement, des villages peuplés de gens de différentes professions. Cette personne adroite et politique avoit rassemblé tout ce qu'elle avoit pu trouver parmi ses sauvages de François prisonniers que ce peuple gardoit quelquefois pour apprendre d'eux l'art de faire la guerre, ou de soldats déserteurs qui s'accommodoient mieux de la vie libre que de la discipline militaire de leur nation. La sakgame, par le moyen de ces étrangers, avoit établi des espèces d'écoles où les Hurons pour la plupart s'exerçoient, et réussissoient parfaitement aux arts les plus utiles à la société. Une vingtaine de cabanes construites autour de celle de la souveraine sembloient plutôt une bourgade dans ces déserts qu'une habitation de sauvages. Ces cabanes sont fort longues; elles contiennent chacune cinq ou six familles, et chaque famille souvent est composée de deux cents personnes. Comme on pouvoit appeler cet endroit la capitale du pays, on n'y manquoit de rien, et la police y étoit telle, que les chefs de toutes ces cabanes s'assembloient chaque jour chez la sakgame, pour tenir conseil avec elle sur ce qu'ils avoient à faire pour le bien public.

Comme ami de leur souveraine, je fus reçu avec des acclamations étonnantes. Elles étoient étonnantes en effet, et paroissoient plus propres à effrayer qu'à faire honneur. Le jeune homme qui m'accompagnoit m'avoua dans la suite qu'il en avoit eu peur, et qu'il s'étoit imaginé que ces sauvages s'applaudissoient par ces cris de nous avoir entre leurs mains, et qu'ils alloient par notre mort déclarer la guerre aux François.

La sakgame avoit trop de prudence pour ne pas suivre les coutumes de ses sujets dans les choses indifférentes. Quand nous nous présentâmes devant elle, nous la trouvâmes parée de coliers, de bracelets, de plumes et de fourrures. Il fallut, pour nous empêcher de rire d'un attirail si bizarre, qu'elle gardât l'air sérieux et imposant qu'elle avoit. Les anciens de la nation étoient à ses côtés, et conservoient aussi une gravité surprenante. Ils portoient de riches robes de pelleteries qui sembloient donner un nouveau ridicule à leurs figures étranges et grotesques. Nous ne pouvions pas dire d'eux ce que Cinéas dit à Pyrrhus des sénateurs romains.

Nous crûmes plutôt voir de vieux singes que des rois.

Après les premiers compliments et le cérémonial huronique, que la souveraine observa fort fidèlement, elle m'adressa la parole, me dit qu'elle mettoit la peine que j'avois prise de la venir voir au-dessus de tous les services que je lui avois rendus; qu'elle me prioit de trouver bon que pour ce jour-là, et surtout pour le repas en cérémonie que nous prendrions ensemble avec les principaux de la nation, elle se conformât à leurs usages, et de vouloir bien en faire autant nous-mêmes pour l'amour d'elle; ce que nous lui promîmes d'exécuter de point en point. Nous commençâmes donc le festin par fumer, après avoir adressé ces mots au soleil : *Tiens, soleil, fume.* Car ils n'oseroient toucher au calumet sans avoir auparavant prié le soleil de fumer le premier. Mais cet astre, aussi poli que ces sauvages, ne l'accepte jamais. Ce n'est pas qu'ils adorent le soleil, ni qu'ils le croient animé. On ne sauroit même dire qu'ils aient la moindre teinture de religion. Au reste, ils sont fort exacts à suivre les coutumes qu'ils tiennent de leurs anciens, et celle-là en est une des plus sacrées.

Nous fûmes assez bien traités à la manière de France. Nous mangeâmes aussi par complaisance de plusieurs mets apprêtés à la mode du pays. Leur sagamité fut fort de mon goût; c'est une bouillie très différente de celle que nous faisons de froment. Les vieillards n'eurent pas plus tôt leurs portions dans leurs ouragans ou écuelles, qu'ils se mirent à manger en gardant un profond silence. Nous fûmes obligés de les imiter pour donner notre attention à un jeune homme qui chanta pendant tout le souper à la place de mademoiselle Duclos; car, quand on régale quelqu'un, l'hôte chante à sa louange tout ce qui lui vient dans l'esprit; et comme elle ne savoit pas encore bien la langue, il avoit été décidé qu'un des officiers chanteroit pour elle. Je ne sais pas trop ce que ce chanteur put dire à notre honneur et gloire. Il nous loua peut-être sur notre adresse à prendre des castors sous la glace, ou sur le nombre des ennemis que nous avions tués, écorchés et dévorés.

J'aurois tort d'oublier que, parmi les mets qui nous furent servis, il y en eut un auquel mon camarade et moi nous ne fûmes nullement tentés de toucher; c'étoit cependant le plat d'honneur; c'étoit comme le veau gras par la mort duquel ils célébroient notre arrivée; enfin, c'étoit le morceau le plus friand, le plus précieux et le plus estimé parmi eux. Cette pièce n'ornoit leurs tables que dans les grandes cérémonies, et passoit pour la plus éclatante marque de distinction qu'ils pussent donner à des hôtes dignes de tous leurs égards. En un mot, ce plat si rare et si distingué des autres, étoit un animal nommé chez eux *chacora*, et chez nous appelé chien, qu'ils avoient fait rôtir, pour que rien ne manquât à la splendeur et à la magnificence du banquet.

Nous couchâmes dans la cabane où logeoient les François. Je vis une forge, un atelier de charpentier, plusieurs fours à cuire du pain, et un pour la poterie de terre. On nous mit des draps à la françoise sur des nattes faites des pailles de blé d'Inde, et couvertes de laine frisée de bœufs sauvages; ce qui valoit bien des matelas. Nous ne fûmes pas encore bien libres les jours suivants, qu'il nous fallut employer à honorer de notre présence des divertissements dont les anciens voulurent nous régaler, en faisant danser devant nous leur jeunesse de l'un et de l'autre sexes, et faire leur exercice militaire aux garçons les plus robustes avec les armes à feu; ce qu'ils commençoient à exécuter passablement bien.

On nous conduisit pareillement en cerémonie à deux forts que la prudente sakgame avoit fait bâtir du côté du lac Ontario, dans deux défilés par où les Iroquois étoient obligés de passer pour venir à eux. Ces forts, quoiqu'ordonnés et conduits par un soldat qui n'avoit aucune teinture des règles de la fortification, ne laissoient pas d'être assez réguliers selon le terrain, et si bien situés, qu'on n'en pouvoit approcher que par un seul endroit défendu par deux petits bastions, et palissadé de pieux de douze pieds de haut; le tout bordé d'un bon parapet, d'où cent hommes à couvert en pouvoient accabler mille dans un pays où il n'y avoit point de canon.

Nous aperçûmes en même temps des terres hérissées de froment, d'autres de maïs, de pois, de légumes et de chanvre, sans parler des collines entièrement défrichées et chargées de tabac. Ici, des vignes sauvages, détachées des arbres qui les soutenoient, et provignées à la manière des Européens, se présentoient à la vue; là, des pépinières, ou, pour mieux dire, des forêts de jeunes châtaigniers, de pommiers et de noyers, frappoient les regards, et les occupoient fort agréablement.

J'en marquai de la surprise à mademoiselle Duclos,

qui me dit: Vous ne voyez encore rien; tout cela n'est qu'une ébauche de ce que j'ai envie de faire. Si vous demeuriez dans ce pays-ci, et que la France vous fût aussi indifférente qu'à moi, vous verriez dans dix ans le canton de mes bons amis aussi beau que la plus fertile des provinces. A ces mots, se tournant vers les chefs des sauvages, elle leur répéta dans leur baragouin ce qu'elle venoit de me dire en françois; à quoi ils répondirent tous par une exclamation qui signifioit: *Ah! que cela est bien dit!*

A la fin, ces bonnes gens nous laissèrent en liberté, d'abord que leur sakgame les eut priés de ne se plus gêner en nous accompagnant sans pouvoir entendre nos conversations. Si la langue françoise étoit de l'hébreu pour eux, en récompense elle étoit assez familière à une douzaine de jeunes filles qui étoient aux côtés de leur souveraine, et lui faisoient une petite cour fort galante. Surtout les deux qu'elle avoit amenées à notre habitation la savoient bien, et l'enseignoient aux enfants de leur cabane. Une seule chose nous scandalisa dans la conduite de ces filles: elles avoient avec nous des manières si peu mesurées, qu'elles sembloient nous faire l'amour. Ce qui redoubla notre étonnement, c'est que mademoiselle Duclos, qui étoit témoin de leurs agaceries, bien loin de s'en offenser, paroissoit les autoriser. Elle rioit en elle-même de notre surprise; et devinant bien que nous étions curieux d'en apprendre la cause, elle nous la dit un jour en nous promenant dans une île aussi fertile qu'agréable, que son soldat ingénieur faisoit fortifier au seul endroit où elle n'étoit pas inaccessible.

Avouez-moi la vérité, Messieurs, nous dit-elle, n'est-il pas vrai que vous ne savez que penser des airs libres que je laisse prendre à mes filles? Quoique je les chérisse autant qu'une tendre mère aime ses enfants, je ne puis toutefois trouver à redire à ce qu'elles font; je suis assurée que vous ne les condamnerez plus vous-mêmes, quand vous serez informés de l'état malheureux où mes sauvages sont réduits. Croiriez-vous bien que de cinq à six mille personnes que contiennent les trois habitations qui, comme celle-ci, me reconnoissent pour sakgame, et qui font près du tiers des Hurons, il n'y a pas présentement quatre cents hommes capables de porter les armes? Les Iroquois, leurs voisins, ont détruit les trois quarts de cette nation, et privé l'autre quart dans la dernière guerre de ses meilleurs défenseurs, je veux dire de tout ce qu'il y avoit de jeunesse propre à combattre vigoureusement. N'avez-vous pas remarqué qu'ici les hommes sont presque tous au-dessous de vingt ans, ou bien au-dessus de cinquante, et qu'il y a au moins dix fois plus de femmes que d'hommes? Jugez donc si, dans cette situation, mon peuple n'est pas intéressé à chercher les moyens de se conserver.

D'ailleurs, poursuivit la sakgame, le mariage n'est point regardé dans ce pays comme un engagement qui vous lie pour toujours. On se marie aujourd'hui, et demain l'on se quitte. Qu'un mari soit absent, sa femme en prend un autre qu'elle garde jusqu'à son retour. Est-il revenu, elle renvoie celui des deux qu'elle aime le moins. Ce n'est pas, Messieurs, ajouta-t-elle en souriant, que j'exige de votre complaisance que vous entriez dans les vues politiques de mes sauvages aux dépens de votre religion. Je ne vous rapporte ceci que pour justifier le peu de retenue des filles de ma suite. Je ne puis cependant vous cacher que les chefs de mon conseil doivent vous prier de ne pas dédaigner de prendre pour femmes, pendant que vous serez dans ce séjour, celles que vous trouverez le plus à votre gré; si vous leur accordez cette grâce, vous les verrez respectées, chéries et nommées l'appui de la nation.

Le jeune homme qui m'accompagnoit dans ce voyage, et qui, de son naturel, n'étoit pas fort scrupuleux, parut un peu ému de cette peinture; et, pénétré du ravage qu'avoit fait dans ce pays un déluge d'Iroquois, ce nouveau Deucalion auroit volontiers contribué à réparer ce malheur; mais, quelle que fût sa bonne volonté là-dessus, j'eus assez de pouvoir sur lui pour l'empêcher d'être si charitable, en lui faisant observer que cette liberté de contracter des mariages de deux jours n'étoit, dans le fond, qu'un vrai libertinage pour les François.

Dans un autre entretien que j'eus avec mademoiselle Duclos, je lui contai mes brouilleries avec le commandant du fort, le danger que j'avois couru en mangeant avec lui, et lui fis la description de la retraite que j'avois choisie pour me mettre à couvert des trahisons de cet officier. Elle m'apprit de son côté tout ce qu'elle avoit fait depuis notre séparation, et je l'admirai dans toutes ses démarches. Quand votre peuple, lui dis-je, seroit cent fois plus nombreux qu'il n'est, il ne seroit pas moins soumis à une sakgame telle que vous. Effectivement, sa politique dans les moindres choses, sa prudence à ne proposer que des changements utiles dans les usages du pays, son adresse à ménager son crédit en suivant elle-même des coutumes qu'elle n'approuvoit pas, pourvu d'ailleurs qu'elles fussent indifférentes pour le bonheur ou le malheur de ces bonnes gens, tout cela supposoit un génie supérieur et capable de tout. Je lui demandai un jour pourquoi aucun François ne logeoit dans sa cabane. Je n'ai garde, me répondit-elle, de les tenir auprès de moi, ni même de leur parler jamais en particulier : premièrement, parce que je ne veux plus paroître Françoise, ni donner aux esprits inquiets la moindre occasion de penser que je songe à quitter ce pays-ci; la seconde raison, que je veux bien vous avouer, quoiqu'avec quelque peine, c'est que j'ai plus de confiance en mes sujets qu'en ceux de Louis XIV. Non, Monsieur, je ne dormirois pas si tranquillement que je fais, si je me voyois à la merci de personnes qui font ici tous les jours des actions perfides. Ce qui n'est pas, à la vérité, fort surprenant, puisque, si vous en exceptez un petit nombre, les François qu'on envoie en Canada sont tous des libertins chassés de leur patrie, comme des perturbateurs du repos public.

Je vous dirai encore, ajouta-t-elle, que j'ai pris pour mes Hurons une tendresse qu'ils méritent bien. Vous ne sauriez croire combien de pleurs, de cris et de gémissements leur a coûtés une légère maladie que j'eus il y a quelque temps, tandis que les François qui sont dans cette habitation comptoient peut-être ce qui pourroit leur revenir de mes dépouilles. Aussi, je distingue bien les uns des autres. Je ménage les François, parce que j'ai besoin d'eux; mais sitôt que je pourrai m'en passer, je n'en garderai que trois ou quatre que je connois pour très honnêtes gens, et qui sont dès à présent comme mes conseillers, puisqu'ils donnent dans mon conseil leurs avis, de même que les anciens de la nation. Les deux principaux sont le soldat que vous avez vu occupé à faire fortifier l'île, dont je prétends qu'on fasse un asile sûr, en cas d'irruption de la part des Iroquois; le second est un Breton fort entendu, et par l'avis duquel nous nous gouvernons pour améliorer le pays. Le premier est mon ministre de la guerre, et l'autre mon chancelier.

C'est celui-ci qui a fait transplanter dans ces lieux quantité de vignes sauvages qu'on trouve vers le lac Ontario. Il a même fait cueillir là tant de raisin, qu'il nous en a fait une grosse provision de vin. Véritablement, c'est un vin si rude, qu'il n'est pas potable; mais il ne nous en est pas moins utile; nous en faisons de l'eau-de-vie, qui supplée à celle qu'on alloit prendre à votre fort avant notre brouillerie avec le commandant. Mon Breton m'assure qu'il tirera encore de l'eau-de-vie de la lie du cidre qu'il prétend faire des fruits de plusieurs milliers de pommiers que nous avons, et dont il a choisi les plus beaux pour enter dessus de bonnes espèces de fruits qu'il a fait chercher jusqu'à Montréal et à Frontenac

Ce n'est pas tout, continua-t-elle : avant mon arrivée, les femmes qui savoient filer au fuseau, faisoient de cette façon des capuchons, des couvertures de lit, et des bandes en forme de jupons fort courts, le tout avec cette belle laine de cibolas ou bœufs sauvages que nous avons ici : mais depuis que j'ai fait semer du chanvre[1], qui vient admirablement bien dans ce pays, j'ai introduit l'usage du linge, et il n'y a plus personne dans cette habitation qui ne porte des chemises, à la réserve des jeunes gens quand ils vont à la chasse, surtout des cibolas; comme ils s'écartent alors, et vont fort loin vers le sud-ouest, ils ne veulent porter que leurs armes.

Si quelque chagrin interrompt le cours des plaisirs que je prends à contempler mon ouvrage, c'est que je ne vois personne à qui je puisse inspirer l'attachement que j'ai pour mon habitation, et qui soit capable d'achever de la rendre heureuse, ou du moins de l'entretenir après ma mort sur le pied où je l'aurai laissée. Cette réflexion m'afflige d'autant plus que mes sauvages se montrent plus reconnoissants du peu que j'ai fait pour eux; leur bonne foi, leur simplicité, leur bon cœur me les rendent si chers, que si l'on m'en séparoit, je quitterois sans balancer ma famille et ma patrie pour les venir rejoindre.

Je ne suis nullement étonné de votre extrême tendresse pour eux, interrompis-je en cet endroit; tant je suis persuadé qu'il est doux, dans quelque lieu qu'on soit, d'être honoré et comme adoré d'un peuple nombreux. Je ne sais si l'amour-propre n'entre pas pour quelque chose dans votre amitié pour ces bonnes gens. Vous n'en devez pas douter, reprit mademoiselle Duclos; il y trouve parfaitement son compte. Je vois avec une satisfaction singulière le respect et l'amour qu'ils ont pour moi. Imaginez-vous ces autorités despotiques

---

[1] 1695.

qui se font obéir d'un coup d'œil : telle est la mienne, et j'ose dire encore plus agréable, puisqu'elle est fondée seulement sur l'affection et non sur la crainte.

Je remarque même tous les jours qu'en bien des choses ils vont au-devant de ce qu'ils croient devoir me faire plaisir, et pour se conformer à mes manières, ils s'écartent des leurs. C'étoit, par exemple, une coutume établie parmi eux d'entrer les uns chez les autres, et de s'y asseoir à la première place qu'ils trouvoient sans dire mot, ni se faire la moindre politesse ; présentement ils s'entre-saluent en inclinant un peu la tête en souriant, parce qu'ils ont observé que c'est ainsi que j'en use avec eux quand ils m'abordent.

Ceux qui m'approchent le moins, et qui sont à cinquante ou soixante lieues d'ici, ne m'appellent que le bon esprit et l'amie du grand Onuntio d'en-haut. Ils me donnent ce nom depuis que, les voyant dociles sur la connoissance de Dieu, je les ai accoutumés à ne point commencer d'entreprise considérable sans lever les yeux au ciel, pour demander l'assistance du grand Onuntio, qui a fait le ciel, la terre, le soleil, la lune et tous les astres, qui nous a créés pour l'adorer et l'aimer, et qui ne veut pas que nous fassions de mal : ce qu'ils observent aujourd'hui fort religieusement, tant en ma présence qu'en mon absence. Ce qui fait voir combien il seroit aisé de leur faire embrasser le christianisme, si les missionnaires qui l'entreprennent y apportoient autant de prudence qu'ils ont de zèle pour la gloire de Dieu ; mais ces nouveaux apôtres se regardent comme martyrs dès qu'ils mettent le pied sur ces terres ; et renonçant à la vie, ils prennent effectivement toutes les mesures possibles pour arriver à ce but. Au lieu de paroître d'abord ne vouloir que le bien temporel de ces sauvages, pour les conduire insensiblement au spirituel, ils débutent par déclamer contre leur religion dans des termes qui révoltent ces malheureux, qui s'imaginent entendre des blasphèmes, et par leur prêcher des vérités abstraites, comme si des hommes grossiers pouvoient les comprendre. Comment ces auditeurs tout matériels croiront-ils des mystères, eux qui ne sauroient croire d'autre bonheur au pays des morts, à ce qu'ils disent, que celui de n'y avoir point de froid, d'y trouver de meilleur maïs, de l'eau-de-vie à discrétion, des chasses où le gibier se présentera de lui-même aux chasseurs, et aura un goût exquis ; et enfin une paix éternelle avec les François et les Iroquois ?

Cependant, quoique mes Hurons pensent de cette sorte, je ne crois pas qu'il soit impossible d'en faire de bons chrétiens. Si vous pouvez m'envoyer quelque habile missionnaire qui veuille ne rien précipiter, ne rien faire à sa tête, en un mot suivre mes conseils, je lui sauverai le martyre, et l'aiderai à convertir ce canton de sauvages. C'est de quoi je vous prie d'informer le père récollet notre protecteur, et de lui mander en même temps que je travaille pour le service de Dieu et pour celui du roi, en travaillant pour le bonheur de ce peuple. Que ce grand monarque le garantisse seulement de la fureur des Iroquois, et je réponds du reste. Priez aussi sa révérence de ne rien épargner pour effacer les mauvaises impressions qu'ont pu faire sur l'esprit du gouverneur les plaintes de quelques missionnaires au sujet des Hurons, qu'ils ont voulu faire

passer pour un peuple inconstant, perfide et barbare,
pour s'être conduit suivant les usages de sa nation reçus
des anciens. Les Hurons, a-t-on dit, ont tué, ont mangé
les prisonniers qu'ils ont faits, quand on a tenté des
descentes sur leurs côtes. Ce sont donc les sauvages les
plus cruels, des antropophages, des monstres...... Eh!
bon Dieu, devoient-ils faire autrement? Jugeons-en
sans prévention.

Ils voient arriver chez eux des ennemis qui n'ont à
leurs yeux rien que de terrible, de monstrueux, de sur-
naturel, qui conduisent sur les flots une habitation tout
entière, qui ont des tonnerres à leur disposition, et
sont presque invulnérables. Que de prodiges! Le moyen
de n'en être pas épouvanté! Si les Hurons, en défen-
dant leurs vies, ont le bonheur de se saisir de quelques-uns de ces redoutables ennemis, pourquoi ne les
tueront-ils pas pour s'en défaire? Il y auroit de l'imprudence à les épargner. Oui; mais, dira-t-on, pourquoi
les manger? Hé! pour quelle raison voulez-vous qu'ils
ne les mangent pas? C'est leur coutume de traiter ainsi
les ennemis qu'ils peuvent prendre. Trouverions-nous
bien raisonnable un chasseur qui, n'ayant jamais vu
que des perdrix rouges, n'en tueroit pas une grise qui
viendroit dans son canton, ou qui l'ayant tuée, et la
voyant grosse et grasse, l'enfouiroit plutôt que de la
manger? Nous ne jugerions jamais témérairement, si,
laissant là nos préjugés, nous nous mettions à la place
de ceux de qui nous voulons être les juges.

Si les peuples de ce nouveau monde, nous prévenant
dans l'art de la navigation, étoient venus les premiers
à la découverte de nos côtes, que n'auroient-ils pas eu

à raconter de la France à leur retour chez eux? Ayant découvert au nord-ouest une terre inconnue, diroient-ils, nous résolûmes d'y descendre pour en prendre possession au nom du chef de notre nation, et d'y faire adorer nos dieux. Quelques pêcheurs dont nous tâchâmes de nous saisir, pour nous informer du pays et des peuples qui l'habitoient, s'étant enfuis sur une grosse habitation voisine, ces barbares, au lieu de nous offrir du tabac et du maïs, ou du moins de nous laisser chasser et prendre de l'eau, firent pleuvoir sur nous une grêle de gros caillous noirs et ronds qui nous renversoient sans que nous vissions les gens qui nous les jetoient. Ce n'étoit que fumée, éclairs et coups de tonnerre épouvantables. Ceux des nôtres que nous avions mis à terre, se sentant frappés, ne sachant contre qui se défendre, regagnèrent nos canots et prirent le large. Alors plusieurs de ces sauvages sortirent de dessous leur habitation comme des bêtes farouches sortent de leurs antres quand la nuit commence. Ils nous parurent tous couverts de peaux de différentes couleurs, d'une figure extraordinaire, et vêtus de façon qu'on diroit qu'ils doivent avoir de la peine à se remuer. Ils examinèrent attentivement nos morts étendus sur le rivage, et au lieu d'en manger la chair encore toute fraîche, ils les enfouirent sous terre ignominieusement, les méprisant plus que les orignacs et que les moindres bêtes de leurs forêts.

La nécessité d'avoir de l'eau et des vivres nous obligea néanmoins à prendre terre à quelques journées de là, dans un lieu qui sembloit désert, et où pourtant nous fûmes bientôt entourés de figures semblables aux premières, mais moins farouches. Nous ne vîmes que leurs visages et leurs mains, dont ils n'ont pas l'esprit de cacher la couleur blanche et livide en la couvrant des diverses peintures que nous savons si bien mettre en œuvre. Nous leur présentâmes le calumet de paix et nos plus belles peaux, après quoi ils nous abordèrent en nous parlant dans une langue bizarre, et dont nous n'entendîmes pas un mot. Nous leur fîmes toutefois comprendre par nos signes, que nous avions besoin d'eau et de vivres. Ils nous apportèrent d'une espèce de sagamité cuite et dure dont ils mangèrent les premiers, et que nous trouvâmes assez bonne. Ils burent aussi devant nous d'une eau préparée, et dont la couleur nous fut suspecte. Ils l'apportoient dans de petites peaux rondes, dures, transparentes et fort bien travaillées; mais nous n'osâmes en boire, et ils furent obligés de nous donner de l'eau, dont nous remplîmes nos outres.

Nous remarquâmes, pendant quelques jours que nous mîmes à faire nos provisions, que ces sauvages n'avoient point de dieux; du moins nous ne leur en vîmes pas porter à qui ils rendissent hommage. Ils ont cependant une vénération superstitieuse pour les sauterelles, les chauve-souris et les lézards, parce qu'ils nous empêchoient d'en manger. Il y a apparence aussi qu'ils croient qu'après cette vie il n'y en a pas une autre dans le pays des morts; car, lorsque quelqu'un meurt chez eux, fût-ce un de leurs chefs, ils ne lui donnent ni maïs, ni ustensiles, ni armes, pas même des esclaves pour le servir dans l'autre monde.

Nous eûmes pitié de l'aveuglement de ces misérables.

Nous les suivîmes un jour dans un lieu où ils portoient en chantant un de leurs morts, et que nous crûmes être un temple. Nos piaces nous avertirent d'y faire porter notre grand dieu Widzipudzili, qu'ils leur montrèrent, en les exhortant à reconnoître leur erreur, et à profiter de l'avantage qu'ils avoient de pouvoir jeter la vue sur le plus grand des dieux; mais, bien loin de se prosterner devant lui comme nos piaces, et de l'adorer avec eux, ces impies eurent l'impudence de renverser d'une main profane ce dieu terrible, de lui rompre les jambes, et lui arracher les ailes. A ce spectacle, saisis d'une juste horreur, les prêtres de Widzipudzili fondirent sur ces infâmes pour venger notre dieu par leur mort et par le pillage du temple; mais, moins forts que courageux, nos piaces furent arrêtés et liés étroitement; pour nous, ayant promptement regagné nos canots, nous échappâmes à ces furieux; mais nous eûmes le chagrin de voir avant notre départ nos généreux prêtres dévorés par les flammes à la vue de notre petite flotte.

Je vous demande présentement, ajouta mademoiselle Duclos, si cette relation que feroit un Américain seroit insensée? Non vraiment, lui dis-je, et vous ne plaidez pas mal la cause de vos sauvages. Je ne m'étonne plus si vous vous plaisez ici. Vous voilà devenue Américaine. Vous préférez cette habitation à Paris, votre cabane au Louvre, et les Hurons aux François. Vous en dites trop, reprit-elle, ce seroit préférer un diamant brut à un poli; mais au moins cela prouve que les sauvages peuvent penser des François ce que les François pensent des sauvages.

La sakgame en cet endroit cessa de parler. Pour lui donner tout le temps de reprendre haleine, je me mis à faire son éloge en homme enchanté de son mérite. Ah! Mademoiselle, lui dis-je dans mon enthousiasme, quelle famille a eu le malheur de vous perdre, après avoir été assez heureuse pour produire une héroïne dont le nom doit devenir aussi fameux que celui des plus grands conquérants? C'est justement ce nom, s'écria-t-elle, c'est ce nom seul que je veux ménager par mon silence, pour ne pas révéler l'opprobre dont mes parents se sont couverts en me proscrivant avec tant d'injustice. Mademoiselle, repris-je, vous irritez ma curiosité en refusant aujourd'hui de la satisfaire. Songez que la sakgame des Hurons n'est pas obligée de garder les secrets de mademoiselle Duclos. D'ailleurs, que craignez-vous? me serois-je, sans le savoir, rendu, par quelque indiscrétion, indigne de votre confiance? Non, repartit-elle, je ne me défie point de vous; et je veux bien vous apprendre mes malheurs; mais contentez-vous de cela. Ne cherchez point à connoître les personnes qui les ont causés, et promettez-moi que si jamais vous retournez en France, vous ne ferez aucune démarche pour les découvrir.

Je lui protestai que sa volonté me tenoit lieu de loi, et qu'elle pouvoit compter sur ma discrétion. Hé bien, me dit-elle alors, vous allez entendre des choses que vous aurez peine à croire. Mes parents ont tenu avec moi une étrange conduite : c'est ce que je vais vous raconter le plus succinctement qu'il me sera possible.

Mon père avoit près de quarante ans lorsqu'il épousa ma mère, qui étoit une jeune personne d'une noblesse égale à la sienne, mais d'une humeur aussi vive et aussi hautaine qu'il étoit flegmatique, simple et facile. Vous devez juger à ces traits qu'il n'avoit pas dans sa maison un pouvoir despotique. Ils passèrent quelques années sans avoir d'enfants; aussi le premier qui vint au monde devint leur idole : c'étoit un garçon. Je naquis dix-huit mois après lui; et ma naissance fut suivie, trois ans après, de celle de mon second et dernier frère.

La préférence qu'on donnoit en tout au fils aîné sur sa sœur fit son effet ordinaire, c'est-à-dire qu'elle nous brouilla tous deux dès notre enfance, et fut cause que mes parents m'en aimèrent moins. Je ne le sentis que trop, quoique je ne fusse qu'un enfant; et la jalousie s'empara si bien de moi, qu'il fallut me mettre au couvent pour avoir la paix au logis.

Je me trouvai parmi des religieuses comme transportée dans un autre monde. J'aurois là facilement oublié que j'avois un frère plus chéri que moi; j'y aurois vu s'éteindre en peu de temps les foibles étincelles d'une jalousie encore naissante, si elle n'eût été rallumée à chaque instant par l'indiscrète amitié d'une femme qui m'avoit servi de gouvernante, et qui venoit me voir fort souvent. L'imprudente ne m'entretenoit que du bonheur de mon frère : elle m'exagéroit en pleurant les attentions qu'on avoit pour lui, la quantité d'argent dont il disposoit, la beauté de ses habits, et enfin les caresses qu'il recevoit de toutes parts, tandis qu'entièrement oubliée dans ma retraite, je n'avois rien qui me distinguât de la moindre bourgeoise. Elle ajoutoit à cela qu'on avoit résolu de me faire religieuse, pour laisser à mon frère de plus gros biens. Ces discours m'inspirèrent de l'horreur pour lui et pour le monastère.

Notre cadet, qu'on avoit fait chevalier de Malte, et qu'on traitoit aussi mal que moi, en eut le même ressentiment sitôt qu'il fut capable d'en avoir. Il venoit assez souvent me faire visite à la grille. Nous unissions nos chagrins, et tenions ensemble de petits conseils, dont le résultat étoit toujours que je devois refuser l'habit de novice qu'on se disposoit à me faire prendre. Enfin ma mère, voyant qu'on me tourmentoit en vain pour vaincre la répugnance que je marquois pour cet état, me fit sortir du couvent dans l'intention de m'obliger, par de mauvais traitements, à demander de moi-même à y retourner.

Toute prévenue que j'étois contre notre aîné, je ne laissai pas les premiers jours de rechercher son amitié; mais les complaisances qu'on avoit pour lui, et le peu de cas qu'il voyoit faire de nous, lui avoient gâté l'esprit. L'air fier et méprisant dont il recevoit mes avances et mes politesses me choqua. Je m'en plaignis à ma gouvernante et à mon jeune frère, à qui seuls je pouvois adresser mes plaintes. Ils partageoient mes peines. Le chevalier particulièrement en étoit pénétré. Il soupiroit quelquefois d'impatience de se voir dans un âge à mesurer son épée contre celle de cet ennemi domestique; et c'est de quoi il auroit été bien capable. Un jour que le vieux gouverneur qui les élevoit tous deux, et qui n'avoit d'autre mérite que celui d'avoir su gagner les bonnes grâces de ma mère, en faisant semblant d'aimer beaucoup l'aîné, donna le tort au cadet dans une petite contestation que ces deux frères eurent ensemble, le chevalier prit le ciel à témoin de l'injustice qu'on lui faisoit; et se jetant l'épée à la main sur le gouverneur, il l'auroit percé si son épée, semblable à celle qu'on donne aux enfants, n'eût pas été sans pointe.

J'étois de mon côté exposée à souffrir tout ce que ma mère pouvoit inventer de mortifiant pour moi. Si mon père ne nous haïssoit pas, mon jeune frère et moi, il avoit du moins pour nous une parfaite indifférence. D'ailleurs, de quoi nous auroit servi son amitié? le mari n'étoit pas plus écouté que les enfants. Quand madame étoit en colère, ce n'étoit pas lui qui trembloit le moins fort. S'il prenoit la liberté de parler, c'étoit pour dire.... madame a raison. Encore recevoit-il souvent, pour prix de sa complaisance, un ordre sec et concis de se taire, et d'attendre qu'on lui demandât son avis. Il y avoit néanmoins un temps où il perdoit sa timidité : quand il étoit plein de vin de Champagne, monsieur parloit aussi haut que madame; mais son courage s'évaporoit avec les fumées du vin. C'est à regret que je vous fais remarquer cette nouvelle qualité dans mon père.

L'amitié que nous nous portions, mon frère le chevalier et moi, déplut à ma mère, qui, pour nous ôter la consolation que nous trouvions à nous affliger ensemble, nous défendit de nous voir et de nous entretenir en particulier. Elle se doutoit bien que toutes nos conversations ne rouloient que sur les chagrins qu'elle nous causoit; et elle croyoit par cette défense prévenir les complots que nous pourrions former contre son aîné. Ce procédé ne servit qu'à nous aigrir davantage;

et prenant soin de bien cacher notre jeu, nous commençâmes à faire tout le mal que nous pouvions à notre ennemi commun. Nous profitions avec plaisir de toutes les occasions qui se présentoient de lui jouer des tours. Cet enfant gâté avoit beau s'attacher à conserver les riches habits dont on le paroit, ils n'étoient jamais huit jours sans être tachés ou déchirés. On grondoit l'idole : nous triomphions.

Il ne nous étoit pas permis d'entrer dans le cabinet de ma mère; notre aîné seul avoit ce privilège. Il y entroit quand il lui plaisoit, et badinoit avec ses oiseaux. Nous guettions le moment de nous y pouvoir introduire après lui sans être vus, et il arrivoit de là qu'il avoit laissé quelque cage ouverte, ou un chat enfermé dans le cabinet. Une pareille étourderie lui attiroit des réprimandes qui nous ravissoient. Il faut avouer que le plaisir de la vengeance est bien doux. Il n'y a point de maux dont il n'ôte ou ne suspende le sentiment; aussi faut-il bien de la vertu pour y renoncer.

Mon frère aîné avoit deux chiens de chasse qui faisoient ses délices. La mort de ces deux animaux si chéris auroit été un exploit digne du chevalier; mais l'exécution en étoit difficile. Il m'en parla comme d'un coup d'état, et la foiblesse que j'eus d'entrer dans la conspiration fut la cause de mon exil. Nous formâmes donc ce beau projet, dont toutefois il ne nous revint que la satisfaction d'avoir eu la douce espérance de nous venger. Qu'il y a de gens dans le même cas, et dont le ressentiment se borne à penser ce qu'ils feroient, si leur pouvoir répondoit à leurs désirs!

Je m'imaginois pendant quelque temps que le chevalier avoit abandonné son dessein, dont il ne me parloit plus, soit qu'il fût rebuté des obstacles qui s'y rencontroient, soit qu'il eût pitié des têtes proscrites, qu'il ne laissoit pas d'aimer; mais elles étoient encore plus chères à son frère, et cela suffisoit pour l'empêcher d'écouter sa compassion. Un soir, en sortant de table, il me mit entre les mains un paquet, et me dit assez bas : Tenez, voici de quoi les expédier promptement. Serrez cela. C'étoit, je crois, de l'arsenic en poudre qu'il venoit de recevoir, et qu'il craignoit qu'on ne trouvât dans ses poches pendant la nuit. Malheureusement pour nous, le vieux gouverneur, qui n'étoit pas éloigné, entendit apparemment ce que le chevalier venoit de me dire, car il alla rapporter ces paroles à mes parents. Il leur représenta sans doute que j'avois des intentions abominables; et le poison trouvé la nuit dans une des boîtes de ma toilette confirmant son rapport, mon frère et moi nous demeurâmes atteints et convaincus dans leur esprit d'avoir envie d'attenter sur leurs personnes.

Je m'aperçus en me levant que le paquet n'étoit plus où je l'avois serré. Je crus que le chevalier l'avoit repris; ce qui fut cause que je ne m'en inquiétai point, et que je ne pris aucunes mesures pour détourner le malheur qui me menaçoit et que j'ignorois. J'achevois de m'habiller, lorsqu'on me vint dire de la part de ma mère de me tenir prête à partir pour un couvent, où elle avoit résolu de me conduire. Je me préparai à lui obéir de bonne grâce, regardant un monastère comme une prison où je serois encore moins malheureuse qu'au logis. Pendant qu'on faisoit des paquets de mon linge et de mes habits, je voulus aller dire adieu à mon père, qui étoit dans son cabinet; mais j'eus beau frapper à la porte, il n'ouvrit point, et n'osa me répondre, sans doute parce qu'on le lui avoit défendu. Je courus à la chambre du chevalier pour le prier de me venir voir au couvent; je ne trouvai personne; et, pour trancher d'inutiles circonstances, je montai dans un carrosse de louage avec ma mère et le vieux gouverneur, qu'on appeloit Duclos. On me conduisit à une messagerie où une chaise toute prête à rouler m'attendoit. J'entrai dedans avec le gouverneur; et remarquant que ma mère se disposoit à s'en retourner : Madame, lui dis-je avec émotion, quel est donc votre dessein? où monsieur Duclos va-t-il me mener par votre ordre? n'est-ce pas dans un couvent de Paris que vous vous êtes proposé de me mettre?

Non, ma fille, me répondit froidement ma mère; je vous envoie à celui dont votre tante est abbesse. Vous apprendrez sous les yeux d'une personne si vertueuse, à vous confirmer dans des devoirs dont un plus long séjour dans la maison paternelle pourroit vous écarter. Adieu, Mademoiselle : vous avez dit tant de fois que vous étiez beaucoup moins mal au couvent qu'avec nous, que je crois vous faire plus de plaisir que de peine. Je ne savois quelle réponse je devois faire à ces paroles; et quand je l'aurois su, ma mère ne m'eût pas donné le temps de lui répliquer; elle remonta dans le carrosse de louage, et nous nous éloignâmes l'une de l'autre avec un égal empressement.

La profonde mélancolie où je fus plongée depuis Paris jusqu'à La Rochelle, où nous allions, causa bien de l'inquiétude à M. Duclos, qui s'imagina que je méditois quelque coup funeste pour lui. Il se tenoit jour et nuit sur ses gardes; et, croyant que j'avois peut-être encore sur moi de l'arsenic, il avoit grand soin de me faire servir en particulier. Je suis sûre qu'il se repentit plus d'une fois de s'être chargé de ma conduite. J'ai toujours été persuadée que sa commission se bornoit à me remettre entre les mains de ma tante; mais que, pour me punir de lui avoir fait peur sur la route, et pour débarrasser ma famille d'un mauvais sujet, bien assuré d'ailleurs qu'il seroit avoué de tous, il s'étoit déterminé à profiter de l'occasion de l'embarquement qui se faisoit alors à La Rochelle pour le Canada.

Au lieu donc de me faire prendre le chemin de l'abbaye de ma tante, où il ne falloit pas une journée pour nous rendre, M. Duclos s'accommoda fort honnêtement avec le capitaine du vaisseau sur lequel vous étiez. Vous savez le reste, Monsieur, et vous devez vous souvenir de l'état où je fus pendant les premiers jours. On désespéra de ma vie, et je l'aurois infailliblement perdue, si le capitaine n'eût pas eu plus de soin de moi que de plusieurs autres que la mer fit tomber malades. Il est vrai qu'il avoit des raisons particulières pour me distinguer des femmes qui étoient à son bord. Il m'avoit reçue comme passagère, et ne devoit toucher le reste de la somme dont ils étoient convenus, le vieux gouverneur et lui, qu'en rapportant en France un certificat de mon arrivée à Quebec, où il avoit ordre apparemment de m'abandonner à la Providence. Pour vous mettre au fait de cet

accord, je vous dirai que le capitaine m'apprit que
M. Duclos m'avoit livrée à lui sous le nom de Marguerite
Duclos, sa fille, en l'assurant que je n'étois ainsi bannie
que pour avoir voulu plusieurs fois empoisonner mon
père, ma mère et mon frère aîné, et que tout récemment j'avois été trouvée saisie d'arsenic dont je prétendois me servir pour commettre ces trois crimes.

La surprise que me causa le capitaine par ce discours, le désespoir de me voir chargée d'une accusation si horrible, et dont je ne pouvois, malgré toute mon innocence, prouver la fausseté; tout cela fit un tel effet sur moi, que j'en pensai mourir de douleur. Cependant, dès que je pus parler, je fis au capitaine le récit de l'aventure de l'arsenic trouvé sur ma toilette. Il entrevit, dans ce que je lui dis, l'injustice qu'on m'avoit faite de me soupçonner d'un si grand attentat. Il me plaignit, tout inhumain qu'il étoit. Il fit plus : il eut la générosité de me donner une partie de l'argent qu'il avoit reçu de M. Duclos, qu'il croyoit mon père; car je ne le désabusai pas sur cet article. C'est ainsi que je fus instruite du sujet de mon voyage forcé.

J'ignore quelles réflexions fit depuis le capitaine; mais, comme s'il se fût repenti d'avoir été assez foible pour me croire et se laisser attendrir par un faux récit de mon malheur, il reprit, deux jours après, sa férocité ordinaire. Il ne me regarda plus. Je résolus de ne me découvrir à personne, et d'attendre, sous l'indigne nom de l'auteur de mes ennuis, que mon frère le chevalier fît connaître mon innocence avec la sienne. J'aurais néanmoins peut-être été forcée d'éclater, si votre ingénieuse bonté n'eût trouvé un moyen de me dérober au sort misérable que j'avais à craindre.

Mademoiselle, dis-je alors à la sakgame, si la vertu ne met point à couvert des revers de la fortune, du moins elle en fait triompher tôt ou tard. La malice et l'injustice des hommes vous ont envoyée, comme une esclave, dans un pays étranger, et le ciel, plus juste, vous y fait vivre en souveraine. J'y vivrais contente, reprit-elle, si je savais que le chevalier ne fût pas plus à plaindre que moi; la tranquillité de ma vie n'est troublée que par le souvenir de ce cher frère, et il est le seul mortel au delà des mers pour lequel je m'intéresse. Si je revois la France, lui répliquai-je, nous imaginerons quelque expédient pour vous donner de ses nouvelles, sans vous faire connoître qu'autant que vous le jugerez à propos. Mais, ajoutai-je, si ce frère si chéri vous priait de retourner dans l'ancien monde, rejeteriez-vous sa prière? Les souverains, repartit-elle en souriant, ne quittent point leurs états, et ne se parlent que par ambassadeurs. En ce cas, lui dis-je sur le même ton, vous me ferez l'honneur de me revêtir de ce titre sacré, et je lui présenterai de votre part mes lettres de créance et le calumet de paix.

Je n'eus plus qu'une conversation avec mademoiselle Duclos, après quoi je lui demandai mon audience de congé. Elle ne me l'accorda pas sans peine, et je fus obligé de lui promettre que je lui ferois de temps en temps de pareilles visites. Si nous avions accepté tout ce que ses Hurons nous présentèrent de pelleteries, nous nous serions enrichis; mais nous les refusâmes le plus poliment qu'il nous fut possible. Nous nous contentâmes de souffrir qu'ils chargeassent de leurs présents quelques canots qu'ils firent partir pour notre habitation en même temps que nous, et qui pourtant n'y arrivèrent qu'un mois après nous, attendu qu'il leur avoit fallu prendre des chemins longs et très difficiles. Une escorte nombreuse nous reconduisit avec la même pompe qu'auparavant ; et par reconnoissance, nous la renvoyâmes chargée de vin, d'eau-de-vie et d'autres présents.

A mon arrivée, je fus obligé de quitter mon habitation et de me rendre au fort. L'affreuse guerre que la France avoit alors à soutenir étendit sa fureur jusqu'à nous. Tout le pays était en alarmes. On faisoit des courses dans la Nouvelle-Angleterre, et les Anglois, de leur côté, en faisoient sur nous. Ils engageoient même les sauvages à en faire. Nous fûmes obligés [1] d'établir une correspondance de notre canton avec le fort de Bourbon, que M. d'Iberville venoit d'enlever aux Anglois dans le golfe de Hudson. Ils n'en avoient pas été quittes pour cette perte ; on leur venoit aussi de ravager plusieurs îles et une partie de la Jamaïque, de façon que, ne doutant point qu'ils n'eussent envie de nous rendre le change ; nous étions dans la nécessité d'être toujours sur nos gardes.

Il est vrai que le fort de Frontenac nous mettoit à couvert de surprise de la part des Anglois ; mais ils avoient gagné plusieurs cantons d'Iroquois à force de présents, et ceux-ci pouvoient se trouver sur nos talons

[1] En octobre 1694.

avant que nous fussions seulement avertis de leur marche. Ces terribles sauvages portoient la désolation partout : ils détruisoient les plantations, brûloient les cabanes et n'épargnoient personne. Lorsqu'un fort les arrêtoit, ils faisoient impunément le dégât aux environs, la garnison n'osant les attaquer, à cause que les Iroquois étoient en trop grand nombre, et qu'ils avoient, pour la plupart, des armes blanches et des armes à feu, que les Anglois et les Hollandois leur fournissoient, et avec lesquels ils se battoient courageusement.

Les alarmes continuelles que nous donnoit la proximité de leurs frontières, plusieurs hostilités déjà commises, la ligue faite entre tous leurs cantons, et leur alliance avec les Anglois et les Hollandois ; toutes ces choses engagèrent enfin M. de Frontenac, gouverneur du pays, à leur faire sentir le poids des armes de France, comme tant d'alliés ligués contre elle le sentoient en Europe. Toutes les compagnies entretenues par le roi eurent ordre de s'assembler à Montréal. L'envie de se venger des Iroquois et d'écarter de si dangereux voisins, ayant fait joindre à ces troupes tous les François établis sur ces frontières avec les sauvages attachés à la France, M. de Frontenac se trouva en état d'entrer dans leur pays à la tête d'une armée nombreuse et formidable pour ces lieux-là, puisqu'elle étoit de près de trois mille hommes.

On n'eut pas peu de peine à transporter de l'artillerie jusqu'à un fort que les Anglois avoient fait bâtir à ces sauvages. Il étoit flanqué de bons bastions, et si régulier, qu'il nous auroit arrêtés long-temps, s'ils eussent eu le courage de s'y tenir enfermés ; mais les Iroquois, tout braves qu'ils sont, veulent quand ils combattent avoir le terrain libre derrière eux, et ils s'attachent plus à des coups d'adresse et de surprise qu'à se battre de pied ferme. Ils abandonnèrent donc leur fort, contre le conseil des Anglois, avec lesquels ils se retirèrent, nous laissant liberté entière de ravager ce canton. Nous commençâmes par raser le fort, après quoi tout fut pillé ou détruit dans un assez grand espace de pays, afin de donner du moins à ce peuple un désert à passer avant qu'il pût entrer dans la Nouvelle-France.

Le corps des troupes dans lequel j'étois avec plusieurs volontaires qui m'avoient suivi à cette expédition, ayant découvert dans un bois une grande habitation d'Iroquois, l'investit et s'en rendit maître. Nous y suprîmes beaucoup de vieillards et d'enfants, et nous partageâmes le butin. Pour moi, je cédai ma part et celle que mes associés devoient avoir dans les pelleteries et les ustensiles qui avoient été apportés là comme dans un lieu de sûreté ; je me contentai de prendre sur mon compte tous les prisonniers, dont personne ne voulut se charger. Je surpris par là tout le monde, et encore plus quand je leur offris à tous la liberté, pourvu que chacun d'eux me donnât pour sa rançon un enfant mâle de quatre à cinq ans ; ce qui m'en procura plus de deux cents qui se trouvèrent aux environs. Après quoi je renvoyai, sans rançon, le reste des captifs, à la réserve d'une demi-douzaine de femmes que je gardai pour avoir soin de mon petit troupeau.

Vous savez, monsieur de Beauchêne, continua Monneville en m'adressant la parole, que deux jours après le tout pensa m'être enlevé, et nous coûter la vie à mes volontaires et à moi. Vous devez vous en souvenir, quisque vous étiez avec les sauvages qui vinrent la nuit fondre sur mon quartier, que j'avois eu l'imprudence de choisir assez loin du corps de l'armée. S'ils eussent su que je n'avois là que soixante et quelques hommes, ils ne se seroient pas retirés comme ils firent, après m'en avoir tué quelques-uns. Vous devez encore moins avoir oublié que, trop jeune et trop téméraire, vous vous engageâtes si avant, qu'il vous fut impossible de rejoindre les autres, et que vous demeurâtes mon prisonnier.

Cet accident me fit précipiter mon départ. J'étois bien aise ainsi de prévenir le gros de l'armée dans laquelle mes deux cents enfants m'auroient beaucoup plus embarrassé. Lorsque j'eus assez de canots, je demandai à M. de Frontenac permission de partir, et il me l'accorda fort gracieusement, me faisant fournir ce qui m'étoit nécessaire pour mes petits prisonniers, qu'il croyoit pieusement, comme les autres, que j'emmenois pour les faire élever dans notre religion, ainsi que le publièrent les missionnaires, aumôniers de l'armée. Ces bons pères jugeoient de mes intentions sans songer que, pour exécuter le projet dont ils me faisoient honneur, au lieu de ma simple habitation, il m'auroit fallu des maisons et des revenus comme les leurs.

Quoiqu'ils vantassent extrêmement la bonne action qu'ils s'imaginoient que j'avois faite, ils n'eurent aucune envie d'en partager le mérite avec moi, en se chargeant eux-mêmes d'une partie de ces enfants; mais ils firent chanter un grand *Te Deum* à Quebec, dès qu'ils eurent appris que je les avois fait tous baptiser; ce que je ne manquai pas en effet de faire avant que de les envoyer à mademoiselle Duclos, à qui je les destinois.

Vous devinez bien que cette politique sakgame me sut bon gré d'un pareil présent. Elle me manda que je ne lui en pouvois faire un plus précieux, et que ses bons amis étoient pénétrés de reconnoissance du service que je leur avois rendu en leur envoyant de quoi former des guerriers qui leur seroient un jour d'un grand secours; que tous ces enfants avoient été adoptés, et croyoient tout de bon avoir retrouvé leurs parents dans leurs pères adoptifs. Elle ajoutoit qu'elle les feroit instruire dans la religion chrétienne, et qu'elle espéroit qu'après avoir été élevés comme Hurons, ils n'auroient pas moins le cœur françois que s'ils étoient nés au centre de la France.

Les grâces que Louis xiv distribuoit alors de toutes parts pénétrèrent jusque dans nos déserts, pour y venir chercher ceux de ses serviteurs qui s'y distinguoient le plus. Parmi les personnes qui reçurent des gratifications, fut comprise une demoiselle de ma connoissance, appelée de Verchères. Cette héroïne avoit une habitation et un fort qui portoient son nom, à quelques lieues de Montréal. Elle étoit fille d'une mère qui lui avoit appris à se servir du mousquet et à se mettre en amazone à la tête de son monde dans les incursions des sauvages. Un jour ayant été surprise par une troupe d'Iroquois, elle se débarrassa de leurs mains, et s'enferma dans son petit fort, où, secourue d'un seul soldat, elle les arrêta d'abord à coups de fusil. Ensuite, faisant elle-même jouer sur eux son canon, elle obligea ces sauvages à se retirer ; ce qu'ils firent avec d'autant plus de précipitaion, qu'ils jugèrent qu'elle ne tarderoit pas à recevoir du secours. Cette jeune guerrière, après cette action, ayant eu le bonheur de trouver l'occasion d'écrire à madame de Pontchartrain, lui envoya le détail du petit siége qu'elle avoit soutenu, et obtint, par son entremise, une pension de quatre cents livres.

Dans ce temps-là, le jeune homme qui m'avoit accompagné chez mademoiselle Duclos, y retourna pour lui offrir ses services avec cinq ou six de ses meilleurs amis, que la relation du voyage qu'il avoit déjà fait n'avoit nullement effrayés. Il prit soin de cacher, ainsi que ses camarades, ce beau dessein à tout le monde, sachant bien que personne ne l'approuveroit. Je fus le seul à qui l'on n'en fit pas mystère, de peur que mademoiselle Duclos ne leur sût mauvais gré de ne lui point porter de mes nouvelles. Ils m'en firent donc confidence, et je les chargeai d'une lettre pour la sakgame.

Pendant leur voyage, le Maloüin, commandant de notre fort, mourut de poison. J'ai toujours été persuadé que le coup qui le mit au tombeau m'étoit destiné, auquel cas je fus une cause bien innocente de sa mort. Quoi qu'il en soit, je me rendis aussitôt à Quebec pour y annoncer cette nouvelle, et solliciter ce poste, pour lequel je ne croyois pas trouver de concurrents ; néanmoins le gouverneur me dit poliment que si je voulois absolument cette place, il ne pouvoit me la refuser, mais qu'il me prioit, en attendant une autre occasion, de la céder à un jeune homme qui lui étoit fortement recommandé, et qui sans cela lui alloit demeurer sur les bras. Cette manière obligeante de refuser me charma, et je protestai au gouverneur que, trop content de sa bonne volonté, je me désistois de ma demande d'aussi bon cœur que j'aurois reçu le bienfait.

Le jeune homme dont il parloit venoit d'arriver sur le vaisseau qui nous avoit apporté l'heureuse nouvelle de la paix de Ryswick, dont nous nous flattions de goûter les fruits dans ce nouveau Monde, par la liberté du commerce, qui devoit augmenter nos fortunes. Ce changement me fit songer à profiter du moins de la succession du Maloüin, si je n'avois pas sa place. Il n'avoit ni enfants ni héritiers. Son habitation alloit être abandonnée, et ne pouvoit manquer de devenir en peu d'années un désert comme auparavant. Je la demandai, et elle me fut accordée.

Dans une seconde visite que je fis au gouverneur, je lui exposai le plan de la conduite de mademoiselle Duclos parmi les Hurons. Il ne se lassoit pas de m'entendre parler là-dessus, et il admiroit la prudence et la politique de cette incomparable fille. Il en fut enchanté, et crut voir dans son système tant d'utilité pour l'état, qu'il eut la générosité de lui envoyer pour plus de cent pistoles de présents, la faisant assurer en même temps d'une protection particulière pour elle et pour son canton. Les révérends pères, jaloux de leur gloire, ne voulurent pas paraître moins généreux que le gouverneur; ils firent aussi leurs présents à la sagkame; mais, pour varier un peu les choses, ils firent consister leurs dons en plusieurs reliquaires, quelques chapelets bénits, avec un billet d'association à une confrérie, sur le catalogue de laquelle son nom fut couché gratis. La marque de cette confrérie lui fut portée par un jeune homme qu'on lui envoyoit pour missionnaire, sur la prière que j'en avois faite. On chargea ce nouvel apôtre de magnifiques ornements sacerdotaux, et d'une superbe chapelle; mais en lui faisant sa leçon en particulier, je lui conseillai de n'employer tout cela que quand mademoiselle Duclos le jugeroit à propos.

En me chargeant du soin de conduire et d'installer dans notre petit fort M. de La Haye, c'étoit le nom du nouveau commandant, le gouverneur me dit qu'il me tiendroit compte de tout ce que je ferois pour ce jeune homme, qui étoit né, ajouta-t-il, pour une meilleure fortune. Je commençai donc, sur cette recommandation, à m'intéresser pour M. de La Haye; et madame son épouse, qui s'embarqua avec nous, acheva de m'attacher au service de la famille. Cette dame étoit une jeune personne qui joignoit à la beauté la plus régulière un air si gracieux, tant de modestie, tant de douceur dans le son de sa voix, dans ses yeux, dans ses manières, qu'entraîné par ce puissant je ne sais quoi qui ne peut se définir, je perdis subitement ma liberté, sans même avoir envie de la défendre.

Si je m'étois contenté de l'amitié de ces deux jeunes époux, les attentions que j'eus d'abord pour eux me l'acquirent à un tel point, qu'en arrivant au fort, on eût dit que c'étoit un frère et une sœur qui y venoient joindre un frère chéri. Comme j'avois été gratifié de toutes les dépouilles du Malouin, ses meubles m'appartenoient, ainsi que tout le reste, et j'aurois pu laisser à son successeur un appartement tout nu; mais je n'y dérangeai pas la moindre chose, ce qui ne devoit pas être compté pour rien dans des lieux tels que ceux-là. Je rendois tous les jours à ces époux quelque petit service, dont ils me témoignoient d'autant plus de reconnoissance, qu'ils soupçonnoient moins le motif qui me faisoit agir. Ils s'imaginoient que j'en usois ainsi avec eux par pure générosité.

Je les menois si souvent à l'habitation dont j'avois hérité, qu'elle n'étoit pas plus à moi qu'à eux. Ils la trouvoient si bien bâtie et si bien située, qu'ils s'y plaisoient infiniment. Pour moi, j'y goûtois moins la douceur de la solitude que le plaisir d'y voir continuellement l'objet de ma passion. Tant que je m'en tins aux regards et aux soupirs, madame de La Haye ne pénétra point mes sentiments. Elle étoit si éloignée de me croire amoureux, qu'elle me donnoit sans contrainte d'innocentes marques de la tendre amitié qu'elle avoit pour moi. D'un autre côté, quelque jaloux que je fusse du bonheur de son époux, je vivois avec lui dans une liaison si forte, que cette seule considération m'avoit souvent fermé la bouche, lorsque mon secret étoit près de m'échapper.

M. de La Haye, car il m'avoit conté ses aventures, étoit fils d'un riche conseiller du parlement de Paris, qui, le destinant au barreau, l'élevoit chez lui dans cette intention; mais le jeune homme s'appliqua si peu à l'étude, et principalement à celle du droit, que lorsqu'il lui fallut subir ses examens, ses examinateurs furent obligés de lui faire soutenir ses thèses à huis clos. Son père, lui voyant si peu de disposition à briller dans la robe, changea de dessein, et lui acheta chez le roi une charge qui depuis a causé ses malheurs.

J'ignorois quels étoient ses malheurs : il me les avoit cachés dans tous les entretiens que nous avions eus ensemble jusque-là, et il ne m'avoit jamais encore parlé de sa femme, lorsqu'un matin, en nous promenant après avoir déjeuné, les fumées de deux bouteilles d'un vin blanc que nous venions de boire, firent sur lui le même effet que les rayons du soleil sur la statue de Memnon. M. de La Haye, qui étoit ordinairement taciturne et rêveur, prit tout à coup un air gai, libre et ouvert, et se répandit en discours. Sitôt que je le vis en train de babiller, je le mis sur le chapitre de sa prospérité passée, et lui dis qu'il ne me paroissoit pas tout-à-fait malheureux, puisque la fortune lui avoit donné une épouse aussi accomplie que la sienne.

Vous trouveriez ma femme encore plus aimable, me répondit-il, si vous saviez tous les sujets que j'ai de l'aimer et de l'estimer. Comme après elle je n'ai rien de plus cher au monde que vous, je vais vous faire cette confidence. Il en va coûter à mon amour-propre pour vous découvrir des défauts que la situation où je suis présentement vous dérobe; mais n'importe, je veux dire tout : c'est une petite confusion que je mérite bien.

A titre de fils unique d'un père opulent, continua-t-il, j'avois déjà su trouver à emprunter une dixaine de mille écus à l'âge de vingt ans, quand un oncle, que j'avois à la cour, engagea mon père à me faire quitter la robe pour me mettre auprès de lui. La charge dont on traita pour moi coûta près de cinquante mille livres. Quel appât pour mes créanciers! les cordons de leurs bourses usuraires en furent rompus; elles m'étaient toujours ouvertes; j'y puisois et les laissois compter. De cinquante jeunes gens qui trouvoient comme moi de l'argent plus aisément que le roi, j'étois le plus considéré et le plus tôt servi. Il est vrai qu'ils me faisoient dater et renouveler mes billets quand il leur plaisoit; mais quoiqu'ils prissent ces précautions, je voyois bien qu'ils m'affectionnoient particulièrement, et qu'ils ne hasardoient pas tant avec les autres, de qui souvent ils exigeoient impoliment des gages.

Une succession de près de deux cent mille livres que mon père, par sa mort, nous laissa peu de temps après, à eux et à moi, car je ne leur en devois tout au plus que la moitié, augmenta leurs espérances et le dérangement de ma conduite. Mon oncle m'en fit en vain plusieurs fois des reproches : quoique je sentisse bien que je les méritois, je n'avois pas la force de changer. Ma félicité, ou, pour mieux dire, ma stupidité me perdoit. J'aimois le vin et la bonne chère : vingt parasites me mangeoient. Avec cela je jouois gros jeu; et, croyant passer pour beau joueur, je jouois en dupe. Mon oncle, averti de mes dissipations, m'en fit de nouvelles réprimandes, qui furent encore inutiles. Il se lassa de m'en faire, et pour me frustrer de sa succession, il résolut de se marier, dans l'intention d'avoir un héritier plus digne de lui.

C'étoit pourtant sur cette succession que mes créanciers comptoient le plus. Ils la regardoient comme un

Beauchêne.

supplément à mes biens qui leur seroit un jour nécessaire. Ils savoient mieux que moi mes facultés ; car je leur laissois le soin de calculer mes revenus et mes dettes. Pour vous achever le tableau de mon dérangement, je trouvois trop sages et trop rangés ceux qui prenoient des maîtresses en titre. Cette conduite me paroissoit trop raisonnable et trop conforme à l'ennuyeuse uniformité de l'hymen. Enfin, j'étois aussi débauché que je le pouvois être, lorsqu'il arriva un événement dont mon mariage a été la suite, et que je vais vous raconter.

J'avois depuis peu de jours un valet de chambre qui, n'ayant jamais servi, se piquoit d'une fidélité dont la plupart de ces messieurs se défont peu à peu dans le service. Il m'avertit un jour qu'un de mes laquais, en qui j'avois confiance, me voloit, et s'entendoit avec mon cuisinier. Jasmin, ajouta-t-il, sort tous les soirs après le souper, et emporte quelque chose dans un endroit que j'ai remarqué. Pour m'éclaircir par moi-même de la vérité du fait, je me cachai un soir dans l'escalier d'une maison dans laquelle mon valet de chambre assuroit qu'on portoit les larcins. Le laquais accusé y vint effectivement chargé d'un paquet, passa devant moi sans me voir, et entra dans un galetas où je le suivis brusquement. Fripon, lui dis-je, en lui présentant mon épée nue, c'est donc ainsi que tu me voles ? Le malheureux se jeta d'abord à mes genoux : Frappez, Monsieur, me dit-il, vous nous percerez tous les trois du même coup. En même temps, il me montra du doigt une jeune fille que la frayeur rendoit immobile, et un vieillard accablé d'infirmités.

Ce ne sont, poursuivit le laquais en ouvrant une serviette qu'il portoit, ce ne sont que les restes des viandes de vos domestiques. Je prolonge avec cela les jours de mon père, qui n'a plus que ce secours pour subsister. Cependant quoique ces restes soient fort mauvais, je ne laisse pas de les bien acheter de votre cuisinier, à qui, pour ce sujet, je cède mes gages depuis un an. De son côté, le père, qui avoit la langue libre, me crioit miséricorde, mais il n'étoit plus besoin d'avoir recours à la prière pour m'attendrir. Ce que je voyois me désarmoit et m'inspiroit de la compassion. Je m'approchai du vieillard, et lui demandai pourquoi il ne demandoit pas plutôt une place à l'hôpital que de rester dans le pitoyable état où il se trouvoit. J'ai déjà voulu prendre ce parti, me répondit-il; mais mes enfants s'y sont opposés; ils sont effrayés du nom seul du lieu où il faudroit qu'ils me vinssent voir.

Pendant que je parlois au bon homme, son fils s'enfuit et sa fille se cacha. Consolez-vous, dis-je au père, j'approuve ce que fait votre fils; et bien loin de le chasser de chez moi, je lui double ses gages. Pour rendre ces paroles plus constantes, je les accompagnai de deux ou trois pistoles qui se trouvèrent dans mes poches, tant en or qu'en argent. Je comptois, à mon retour chez moi, que je rassurerois Jasmin, qui, ne pouvant pas savoir ce que j'avois dit à son père, ni quel parti j'avois pris, devoit être dans l'inquiétude. Par malheur pour lui, le valet de chambre le voyant rentrer, et croyant lui donner un bon conseil, lui dit de fuir promptement pour se soustraire à la justice entre les mains de laquelle je pourrois le mettre; ce qui troubla l'esprit du laquais à un point, qu'il disparut sans qu'on ait depuis reçu de ses nouvelles.

Sa fuite inquiéta son père, qui envoya plusieurs fois sa fille s'informer chez moi si l'on n'avoit point entendu parler de Jasmin. Un jour s'étant directement adressée à moi pour cela, quoiqu'elle fût couverte de haillons, elle ne laissa pas de m'éblouir par sa beauté. J'en fus tellement frappé, qu'oubliant le généreux motif qui m'avoit jusque-là déterminé à lui faire du bien, je proposai à cette innocente des conditions pour la tirer de misère, elle et l'auteur de sa naissance. C'est ainsi que je faisois servir au crime les traits de l'humanité même.

Cette vertueuse fille me parut très éloignée d'en venir à mon but. Pour son père, je le trouvai plus facile; soit qu'il fût touché de mes manières engageantes, soit que la crainte de tomber dans une affreuse indigence ne lui permît pas d'être intraitable, il se rendit à mes instances; mais nous n'eûmes pas peu de peine l'un et l'autre à séduire la fille. Je dis l'un et l'autre, car il fut obligé d'user de détours pour la persuader. Il l'assura que je lui avois donné ma parole d'honneur que je l'épouserois publiquement dès que la chose seroit possible : ce que je n'osois, disoit-il, faire alors, de peur de déplaire à un oncle de qui je devois hériter. Tandis qu'il n'épargnoit rien pour la faire consentir à son déshonneur, je le secondois par la dépense que je faisois pour eux. Je leur louai et meublai un appartement, et leur donnai une servante. Enfin nous fîmes tant, le père et moi, que la fille cessa de nous résister.

Ce qui l'avoit déterminée plus que tout le reste à céder à mes empressements, c'est que, jugeant par mon procédé à son égard que j'étois trop honnête homme pour la tromper, elle s'imagina que mon attachement pour elle ne finiroit qu'avec ma vie. En moins de huit jours elle s'apprivoisa; et le père, content de son sort, ne se souvenoit plus d'avoir été misérable. Il ne jouit pas long-temps de sa honteuse prospérité; il tomba malade; il mourut en me recommandant sa fille.

Sa mort nous débarrassa elle et moi d'un grand fardeau. La pauvre enfant se livra tout entière à l'amour qu'elle avoit pris pour moi, contente de l'estime et de l'amitié que je ne pouvois refuser au vrai mérite que je remarquois en elle. On eût dit que son état lui plaisoit, quoiqu'après les promesses que je lui avois faites, elle eût droit d'espérer une meilleure condition. Jamais vie ne fut plus retirée que la sienne; jamais fille ne parut moins aimer le monde. Je ne pouvois l'engager à paroître aux spectacles et aux promenades. Elle me prioit même de ne l'aller voir qu'en secret, bien éloignée de ressembler à celles qui ne sauroient avoir d'amants en état de faire de la dépense, qu'elles ne se fassent une espèce de trophée de leur infamie.

Par pure complaisance pour moi, elle vouloit bien apprendre à chanter et à danser; mais elle employoit à lire la meilleure partie de son temps. Sa conduite, ses belles qualités auroient dû me retirer de la débauche, et me fixer entièrement. Elle avoit encore une vertu qui me charmoit; c'étoit son désintéressement. Elle ne me demandoit jamais rien. Il est vrai que je prévenois ses besoins et ses désirs. Je la voyois rarement sans lui faire présent de quelque bijou : tantôt je lui donnois une montre d'or ou une tabatière, tantôt une bague et un collier ; et lorsqu'il m'arrivoit de gagner au jeu cinquante ou soixante pistoles, je l'obligeois à les partager avec moi. C'est de l'argent du jeu, lui disois-je ; si vous ne le prenez je le perdrai demain ; j'aime mieux que vous l'ayez qu'un autre. Mais ordinairement elle ne vouloit rien accepter, à moins que je ne lui promisse d'être raisonnable pendant un certain nombre de jours, et de ne point fréquenter les mauvaises compagnies qui me perdoient.

Je ne serois pas en Canada si j'eusse voulu la croire, elle et un ami sincère que je menois quelquefois souper chez elle, et qui, de son côté, m'exhortoit souvent à changer de conduite. Quand je m'engageois dans des parties de plaisir, et qu'il m'arrivoit de passer deux jours sans la voir, je la mettois dans des inquiétudes mortelles ; et si j'avois la moindre indisposition, elle fondoit en larmes comme si sa vie eût été attachée à la mienne.

Je lui causai bien d'autres alarmes, un jour qu'il m'arriva, dans le vin, et presque sous les yeux du roi, un malheur que la honte m'empêche de vous dire. Louis XIV ne pardonne point aux ivrognes. Il me fallut disparoître de peur de finir mes jours sur un échafaud ; et, malgré le crédit de mon oncle et celui de mes amis, je n'obtins ma grâce qu'en perdant ma charge. De plus, je fus condamné à donner dix mille livres à l'Hôtel-Dieu. Cette affaire mit aux champs mes créanciers. Ils se connoissoient tous ; ils eurent bientôt fait l'évaluation de mon bien ; et la première résolution qu'ils prirent dans leur assemblée, fut de ne me plus rien prêter, afin de ne pas augmenter mes dettes. Ayant appris quinze jours ou trois semaines après que mon oncle alloit se marier, ils jugèrent par ce mariage précipité que mon oncle m'abandonnoit. Ils éclatèrent, et se joignirent aux administrateurs de l'Hôtel-Dieu. C'est ce que mon ami m'écrivit dans le lieu où je m'étois retiré. Il ajoutoit dans sa lettre qu'il avoit été voir mon oncle; qu'il lui avoit dit, en lui montrant les articles de son mariage : tenez, Monsieur, voici la preuve que je ne reconnois plus mon neveu, un maraud que je ferois arrêter sur-le-champ si je savois où il est, et que je laisserois volontiers périr dans un cachot pour expier l'ignominie dont il couvre notre famille.

Mon ami, n'étant pas en état de trouver les dix mille francs qu'il me falloit, ne put empêcher que mon bien ne fût saisi et vendu; encore aurois-je eu besoin avec cela de quatre-vingt mille livres pour achever de satisfaire mes créanciers. Du moins si, n'ayant plus rien, je n'eusse rien eu à craindre, j'aurois peut-être gagné sur ma fierté de chercher quelque ressource à Paris, où je connoissois tant de gens qui se disoient de mes amis; mais j'aurois vainement fait cette honteuse démarche, puisque mon ami me manda qu'il les avoit vus tous, et qu'ils ne se souvenoient plus de moi, bien loin d'être disposés à me retirer de l'abîme que la plupart d'entre eux m'avoient creusé. La seule personne qui s'intéresse à votre sort, ajouta-t-il, c'est la demoiselle chez qui nous avons quelquefois soupé ensemble. Elle vient tous les jours s'informer de vous; elle me presse fortement de lui apprendre votre adresse : ce que je n'ai pas jugé à propos de faire, de crainte qu'elle ne soit gagnée par vos ennemis. Tout ce que ses larmes vraies ou fausses ont pu obtenir de moi, c'est une promesse de vous faire tenir un billet de sa part.

Il m'en envoya un en effet, et me marqua qu'il croyoit cette amante sincère; mais qu'il ne s'agissoit plus de pousser de tendres soupirs, et que je devois être assez embarrassé de moi-même, sans me charger encore d'une fidèle aventurière. J'étois de son sentiment, et je commençois à oublier cette fille, comme je m'imaginois qu'elle ne devoit plus penser à moi; cependant, plus je relisois sa lettre, plus elle me paroissoit digne d'attention. Je me souviens encore des paroles qu'elle contenoit: « Je ne puis plus vivre sans
« vous voir, disoit la demoiselle; si vous ne me per-
« mettez pas de me rendre auprès de vous, j'irai vous
« chercher dans toutes les villes frontières. Ce n'est
« pas tant pour ma satisfaction que je vous demande
« cette grâce, que pour votre propre intérêt. Le mal-
« heur qui nous éloigne l'un de l'autre peut finir : pourvu
« que je vous voie, je puis vous consoler. Nous rece-
« vons quelquefois du secours d'où nous en attendions
« le moins. Représentez-vous mon père expirant, et
« n'oubliez pas que vous lui jurâtes de ne m'abandonner
« jamais. J'ai tout perdu depuis que je suis à vous. Je
« n'ai que vous de cher au monde. Que m'importe dans
« quel état je vous retrouve? C'est vous, et non vos
« richesses, que j'ai chéri. Songez que je suis à vous
« aussi constamment que si les lois divines et humaines
« m'avoient imposé la nécessité de partager votre for-
« tune comme votre nom. Adieu; je partirai quand il

« vous plaira pour vous aller rejoindre où vous m'or-
« donnerez de me rendre. »

Avant que j'eusse reçu cette lettre, l'ennui qui m'accabloit dans mon exil, et l'argent dont j'étois près de manquer, m'avoient déjà inspiré l'envie de faire un tour secrètement à Paris. Il n'y eut plus moyen de m'en défendre après avoir lu ce billet, quoiqu'il ne me promît rien de positif. Je partis sans bruit du lieu où j'étois, et gagnai la nuit la maison de mon ami, qui fut surpris de me voir. Je hasardois à la vérité beaucoup ; mais plus on est malheureux, moins on craint le danger. Mon ami envoya sur-le-champ dire à ma maîtresse qu'il avoit des nouvelles à lui annoncer. Elle vola aussitôt chez lui; et m'y trouvant moi-même au lieu d'une lettre qu'elle espéroit, peu s'en fallut que de joie elle ne perdît le sentiment. Elle ne s'amusa point à me témoigner le plaisir que ma vue lui causoit; elle s'informa seulement de ma santé, puis elle nous pria, mon ami et moi, de la suivre chez elle, en nous disant qu'elle espéroit que nous ne serions pas fâchés d'avoir pris cette peine.

En entrant dans une petite chambre où elle demeuroit, car elle avoit loué son appartement pour épargner quelque chose, elle nous montra une cassette qu'elle ouvrit, et dans laquelle il y avoit une grande quantité de pièces d'or, avec un assez bon nombre de bijoux. Monsieur, me dit-elle en s'adressant à moi, tout cela vous appartient; vous voulez bien que je vous le restitue. Pénétré de cette action, je regardois tout interdit, non pas le trésor, mais la fille généreuse qui me l'offroit. Alors, se jetant dans mes bras, je serois bien plus riche, s'écria-t-elle, si j'avois été aussi prompte à recevoir que vous l'étiez à me donner. Que je me reproche en ce moment ma délicatesse ! Que n'ai-je été plus avide ! que j'aurois entre mes mains de richesses qui vous ont été enlevées !

A Dieu ne plaise, lui répondis-je, que j'accepte ce que vous m'offrez de si bon cœur ! Non, ma chère enfant, vous le méritez mieux que moi; et je donnerois ma vie pour vous le conserver. Et moi la mienne, reprit-elle, pour pouvoir vous rétablir dans la situation brillante où je vous ai vu. Quel spectacle, dit alors mon ami; que l'on est heureux d'éprouver des revers à ce prix ! Tu n'as rien perdu, ajouta-t-il en se tournant de mon côté, puisque tu possèdes le cœur d'une personne si rare.

Après un long combat de tendresse et de générosité entre cette fille et moi : Que prétendez-vous faire, enfin, nous dit mon ami ? Il faut, lui répondit-elle, qu'avec cette somme vous tâchiez d'apaiser ses créanciers, ou bien qu'il l'emporte et se retire en lieu de sûreté. Je mourrai, s'il me laisse; mais je ne lui demanderai point de m'emmener. Ce seroit pour lui trop d'embarras. Qu'osez-vous penser, lui dis-je; non, il n'y a plus que la mort qui puisse nous séparer, puisque votre amitié est à l'épreuve de mes malheurs.

Mon ami nous interrompit encore pour nous dire qu'il étoit d'avis que je demeurasse caché tandis qu'il verroit mes créanciers, et leur feroit des offres; ce que j'acceptai. Il les vit tous en particulier, et les eut bientôt disposés à un accommodement. On prend facilement des arrangements avec des gens qui s'attendent à tout perdre. Je me voyois à la veille d'être libre, lorsqu'un nouveau malheur nous enleva cette dernière espérance. Un laquais de mon ami, se doutant bien qu'il y avoit des choses précieuses dans la cassette, fit si bien son compte, qu'il attrapa la clef du cabinet de son maître pendant la nuit, et emporta la cassette.

Quel coup de foudre pour mon ami, lorsqu'il s'en aperçut le lendemain ! Il courut à l'instant faire ses plaintes, mit la maréchaussée en campagne, et plusieurs espions dans la ville aux trousses du fripon, qui fut pris au bout de quinze jours, et pendu à la porte de son maître, après avoir avoué son crime. Voilà toute la consolation qui nous en revint ; car la justice demeura saisie de la cassette et de ce qu'il y avoit dedans.

Il n'est pas aisé de s'imaginer notre désespoir, et particulièrement celui de mon ami. Nous étions nous-mêmes obligés de le consoler. La jeune fille, qui faisoit seule cette perte, paraissoit la moins affligée, et m'exhortoit à prendre patience. Vous voyez, lui disois-je un jour, le prix de votre tendresse. Que ne m'abandonniez-vous à ma mauvaise destinée ? Vous aviez de quoi vivre, il falloit m'oublier. Il falloit vous secourir, me répondit-elle ; mais je ne le peux plus que par mes soins. Partons avec ce qu'il nous reste d'argent. Quittons un pays où l'on en veut à votre liberté. Vous ne me dites rien, poursuivit-elle, en remarquant que je rêvois ; vous êtes distrait ; je le vois bien, vous voulez vous éloigner de moi, mais vous n'y réussirez point ; je vous suivrai partout où vous irez. Je serai comme une ombre attachée à vos pas. Vous m'avez rendue heureuse tant que vous l'avez été; il est juste que je partage à présent votre affliction.

Vous la partagerez, si vous l'osez, lui dis-je, quand vous saurez à quels périls il faudra vous exposer pour me suivre. Je quitte non-seulement la France, mais même l'Europe. Un ancien ami de mon père m'est venu voir en secret : il m'a conseillé de passer en Amérique, et m'a donné une lettre de recommandation pour y avoir de l'emploi. Est-ce un voyage que vous puissiez entreprendre? est-ce un climat qui vous convienne? D'ailleurs, pourquoi vous bannir de votre patrie pour vous exposer à mille dangers qui sont attachés à une longue navigation? Je ne connois de danger que celui de vous perdre; et, encore une fois, je vous suivrai partout. Ce sera donc en qualité d'épouse, lui répliquai-je, attendri de sa constance; ce titre seul peut me déterminer à continuer de vous associer à ma fortune. Cette fidèle amante, qui regardoit notre mariage comme le plus grand bonheur qui pût lui arriver, ne s'y opposa point. Je l'épousai donc, et nous partîmes pour ce pays sous le nom que nous portons aujourd'hui.

O ciel! m'écriai-je, lorsqu'il eut cessé de parler, quoi! c'est l'histoire de madame de La Haye que je viens d'entendre en écoutant la vôtre! Oui, c'est sa propre histoire que je vous ai racontée. Je vous ai peint sa conduite jusqu'à ce jour; et vous devez remarquer avec quelle attention elle cherche à me faire plaisir. Elle fait tout son possible pour dissiper mon chagrin ; car elle n'est pas naturellement aussi enjouée qu'elle vous le paroît auprès de moi. Je suis pénétré de sa complaisance, et je vous proteste que si je désire un meilleur destin, c'est uniquement pour reconnoître toutes ses bontés.

Qui croiroit qu'après avoir ouï ce récit, je n'aurois pas respecté la vertu d'une pareille femme? J'en eus cent fois plus d'estime pour elle; mais par malheur je l'en aimai aussi davantage. Je cédai sur-le-champ aux deux époux mon habitation, qui leur plaisoit tant, et j'en fis venir moi-même de Quebec la ratification. Que ne m'en tenois-je là! le plaisir de leur rendre service, et d'être chéri tendrement de l'un et de l'autre, auroit suffi pour un cœur plus vertueux que le mien. Quelle étrange fatalité! il falloit un crime pour me satisfaire. Je ne songeois plus qu'à madame de La Haye; je ne vivois que pour elle. J'aurois voulu qu'elle m'eût aimé autant qu'elle aimoit son mari. Je m'en flattois quelquefois, comme s'il eût été possible qu'elle cessât de lui être fidèle, après toutes les marques de tendresse qu'elle lui avoit données.

J'étois continuellement auprès de cette dame; et son époux, bien loin de ne le pas trouver bon, me remercioit sincèrement de la complaisance que j'avois de lui tenir compagnie. Quand je me voyois seul avec elle, je tombois dans les distractions les plus marquées, ou je faisois des exclamations sur le bonheur de son mari; et, avec cela, je m'abandonnois à une langueur affreuse qui me consumoit. Madame de La Haye ne manqua pas de pénétrer mes sentiments, et cette connoissance l'affligea. Je m'en aperçus au soin qu'elle prenoit de me fuir toutes les fois que le hasard vouloit qu'elle se trouvât seule avec moi.

Dans un de ces moments, feignant d'être incomdée, elle fit quelques pas pour se retirer; mais je l'arrêtai : Non, madame, lui dis-je, vous n'avez point d'autre incommodité que celle que ma présence vous cause. Demeurez ; c'est à moi de m'éloigner. Puis, la regardant tendrement : Vous l'avez donc découvert, continuai-je, ce malheureux amour qui va me causer la mort, puisqu'il vous déplaît. Oui, je l'ai remarqué, répondit-elle, et je dois aussi vous avoir donné lieu de penser que je ne l'ignorois pas, en changeant de conduite avec vous. Nous commencions à goûter la douceur du repos dans cette agréable solitude; falloit-il troubler une tranquillité dont nous vous étions en partie redevables ? Vous deviez plutôt conserver votre ouvrage. Votre amitié n'auroit donc été qu'un piége dans lequel j'ai donné en la payant de la mienne?

Eh ! Madame, lui dis-je, l'amitié peut-elle payer un amour aussi ardent que celui dont vous recevez si mal l'aveu? Cependant, cet amour, tout violent qu'il est, a long-temps mis en défaut votre pénétration; et les efforts que j'ai faits pour vous le cacher jusqu'ici, prouvent qu'il est moins téméraire qu'innocent. Qu'osez-vous dire? interrompit-elle; pouvez-vous appeler votre amour innocent? Mon amitié même va cesser de l'être, si vous ne changez de langage, et n'étouffez une passion qui me fait déjà sentir toute l'horreur d'un exil que votre générosité nous faisoit trouver supportable. Reprenez vos bienfaits; demeurez seul ici, et rendez-moi le droit de vous regarder avec indifférence. Je n'ai point oublié comment on peut vivre dans la retraite la plus obscure, et notre demeure dans le fort ne le sera pas assez pour moi.

Si vous me privez de votre vue, m'écriai-je, ordonnez donc de mon sort. Que voulez-vous que je devienne? La moindre absence, me dit-elle, vous guérira. Ne me cherchez point quand je vous évite ; ou plutôt quittez ses lieux. Eloignez-vous ; mais, de grâce, que monsieur de La Haye ne s'aperçoive pas du motif de votre éloignement. Epargnez-lui le désespoir où le mettroit la connoissance de ce qui se passe. Enfin, gagné par ses raisons, attendri par ses larmes, je lui promis de me séparer d'elle, et de l'oublier même, si c'étoit une chose qu'il me fût possible de faire. Elle parut contente de cette promesse ; et, de mon côté, pour lui marquer que je ne connoissois de loi que sa volonté, je me disposois à lui dire un éternel adieu.

J'étois à genoux devant elle, et tenois une de ses mains, que je mouillois de pleurs, lorsque, par malheur, monsieur de La Haye entra brusquement dans la salle où cette scène se passoit ; et me surprenant dans cette attitude, il ne consulta que sa fureur ; il fondit sur moi, l'épée à la main, avec tant de précipitation, que j'eus à peine le temps de me mettre en défense. Cependant je fus bientôt en garde, et je puis dire que si je ne l'eusse pas ménagé, je l'aurois fort mal mené ; mais je ne fis que parer les coups qu'il me portoit avec plus de vivacité que de mesure.

Ce qu'il y eut de malheureux dans ce combat, c'est que madame de La Haye se jeta inconsidérément entre nous deux, attrapa une blessure, et fut cause que j'en reçus une dangereuse. Alors le mari, devenant moins furieux, voulut bien l'écouter. Elle lui apprit qu'aussi fidèle ami qu'elle étoit fidèle épouse, je me bannissois de cette retraite, et que c'étoit en prenant congé d'elle que je m'étois jeté à ses genoux. Sur ce rapport, le mari, passant de la colère à la douleur, eut un regret mortel de m'avoir blessé. Il envoya chercher le chirurgien, qui ne me quitta point que je ne fusse entièrement hors de danger et en état de sortir. Il m'accompagna même jusqu'à mon habitation, où je me retirai.

Ma santé fut plus tôt rétablie que la tranquillité de mon cœur; car j'appris, dans le temps de ma convalescence, que la blessure que madame de La Haye avoit reçue au côté, et qu'elle avoit négligée, ne la croyant pas de conséquence, étoit devenue fort sérieuse; et l'on m'annonça bientôt après la mort de cette dame. Je pensai perdre l'esprit à cette nouvelle. Je fis mille extravagances; je m'appelois son assassin, et je voulois m'ôter la vie; ce que j'aurois fait indubitablement si l'on m'eût laissé seul, ou qu'on ne m'eût sauvé de moi-même.

Les douleurs les plus violentes ne sont pas les plus longues. Le temps modéra la mienne, et je ne songeai plus qu'à m'éloigner d'un pays qui ne pouvoit plus m'être agréable. J'en trouvai une occasion. Monsieur Leroi de La Poterie, contrôleur de la marine, chargé du soin des fortifications de la Nouvelle-France, vint, dans ce temps-là, visiter mon petit fort en faisant sa tournée. Je le priai de mettre quelqu'un à la place que j'y occupois, pendant que j'irois à Quebec demander la permission de me retirer. Il le fit fort volontiers. Aussitôt je vendis tout ce que je possédois dans le pays, et je me rendis à Quebec pour profiter de la première occasion qui s'offriroit de repasser en France. Le récollet, mon patron, fit tout son possible pour me retenir; mais il ne gagna que le temps qu'il me fallut pour vendre une grosse partie de pelleteries qui me restoit dans la ville.

FIN DU QUATRIÈME LIVRE.

LIVRE CINQUIÈME.

SUITE DE L'HISTOIRE DU COMTE DE MONNEVILLE.

Monneville repasse en France. Il se rend à Paris, où il se faufile avec de jeunes débauchés, parmi lesquels il rencontre par hasard le chevalier, frère de mademoiselle Duclos. Il fait connoissance avec ce jeune homme, et lui apprend des nouvelles de sa sœur. Ils deviennent les meilleurs amis du monde. Monneville le quitte pour aller faire un voyage au Mesnil, où il a été élevé dans son enfance, dans le dessein d'y voir sa nourrice, et de tirer d'elle des éclaircissements sur sa naissance. Il achète la terre du comte de Monneville, son père. Il va au château du Mesnil, où il revoit la baronne et Lucile; et, après quelques conversations avec ces dames, il se fait entre eux une reconnoissance. La baronne lui apprend qu'il est son fils. Ensuite il épouse Lucile. Le chevalier vient à ses noces, qui sont à peine achevées, que ces deux cavaliers se préparent à partir pour le Canada, dans l'intention d'y aller chercher mademoiselle Duclos. Le chevalier se casse la jambe, ce qui l'empêche de faire ce voyage. Monneville arrive à Quebec, va à Montréal, où, après mille perquisitions, il apprend que cette sakgame des Hurons a perdu la vie, au grand regret de ces sauvages. Enfin Monneville s'étant rembarqué pour revenir en France, est attaqués et pris par les Anglois, qui le mènent à Boston dans la Nouvelle-Angleterre. Là il est vendu comme un esclave à un capitaine qui l'achète pour le revendre; mais Beauchêne et ses compagnons rencontrent le vaisseau de cet officier. Ils s'en rendent maîtres, et par là Monneville est tiré d'esclavage.

A mon départ de Quebec, je me trouvai riche de près de cent mille livres, qui contribuèrent beaucoup à me consoler, surtout quand je me vis à Paris en état de faire figure avec cette petite fortune. Je la devois dans le fond au maltôtier; mais comme il n'avoit pas eu en vue de me la procurer, lorsqu'il m'avoit fait reléguer si loin, je le cherchai d'abord pour en tirer quelque vengeance; mais le roi, de sa grâce, m'avoit prévenu. J'appris que mon ennemi étoit en prison depuis plusieurs années [1], sans espérance d'en sortir.

Mon dessein étoit d'aller, après cela, trouver ma nourrice, et voir ce qu'étoit devenue ma chère Lucile; mais comme je me l'imaginois morte ou mariée, ce qui étoit pour moi à peu près la même chose, je ne m'empressois pas trop à faire ce voyage. D'ailleurs j'étois retenu à Paris par des amusements qui me firent manger pendant l'hiver une partie du produit de mes pelleteries. Il est vrai que je vivois avec des enfants de la joie qui dépensoient encore plus que moi : quand il m'en coûtoit une peau de castor, ils en étoient pour un arpent de vigne ou de pré. Notre société, qui nous donnoit un grand relief dans le monde, se joignoit quelquefois à une autre qui n'étoit pas moins fameuse, et qu'on appeloit la coterie royale, parce qu'elle s'étoit formée vers la place qui porte ce nom. Malheur aux cabarets où nous nous assemblions. Nous payions bien la bonne chère, mais nous faisions dans les meubles un dégât effroyable.

Les deux coteries se réunirent un jour chez un célèbre traiteur : c'étoit la royale qui devoit faire les frais. On complimenta beaucoup un jeune homme qui portoit le deuil, et qui étoit à table presque vis-à-vis de moi. On lui vouloit persuader qu'en conscience il étoit obligé de donner à ses dépens une fête à toute la compagnie, en action de grâces du bonheur insigne qui

[1] 1699.

venoit de lui arriver. Cet animal-là, disoit l'un, n'est-il pas bien heureux? Il n'avoit qu'un frère, qui étoit son aîné; le ciel l'en a délivré, il y a quatre ou cinq mois; et son père, qui pouvoit vivre encore trente ans, creva la semaine dernière. Ma foi, Messieurs, disoit un autre, quand un père veut bien faire cette action-là, je trouve que c'est la plus belle de sa vie : le mien recule tant qu'il peut, et je crains que la mode des pleureuses ne soit passée avant qu'il m'en faille porter. C'est pourtant une parure qui sied bien. Regardez, Messieurs, combien cela donne de grâces à un jeune homme. Qu'en dis-tu, chevalier? Chevalier toi-même, répondit brusquement celui qui avoit un habit de deuil; ce nom me révolte; je ne l'ai porté que trop long-temps. Le bon homme, à qui Dieu fasse paix, ne m'auroit jamais appelé autrement, si mon frère n'étoit pas allé à tous les diables.

Te voilà, sans doute, fort consolé de cette double perte, lui dit un autre. En peux-tu douter, répartit le chevalier? Je serois un grand fou de m'affliger de la mort de mes deux plus grands ennemis. Non, non, Messieurs, ma douleur est sur mes manches. Je veux pourtant, pour reconnoître le service qu'ils m'ont rendu, en faire un solennel, où nous boirons à leur santé à pleins verres, et où nous pousserons l'affliction jusqu'à tomber sous la table. Celle-ci, dit un autre, est propre à nous servir de mausolée. Je ferai, si tu le trouves bon, l'oraison funèbre. Je n'oublierai rien. Je connoissois parfaitement les deux pèlerins. Je sais tout le mal qu'on en peut dire. J'y joindrai même, si tu veux, l'éloge de ta mère, qui m'a tout l'air de n'aller pas loin.

Du moins, reprit le chevalier, ce ne sera pas la douleur d'avoir perdu son mari qui la suffoquera. Elle n'étoit pas moins lasse de lui que je l'étois de toute la famille. Aussi tendre épouse qu'Artémise, il y avoit long-temps qu'elle souhaitoit de tenir dans une urne les cendres de son cher époux, à peine de les avaler. A huitaine donc, Messieurs, poursuivit-il, nous ferons dans huit jours ici le service de mes parents morts ; mais souvenez-vous bien qu'on n'entrera point sans pleureuses. Que chacun fasse aussi provision de mouchoirs, car je vous avertis que la cérémonie sera des plus tristes.

Je riois comme les autres de cette plaisante scène, quand mon voisin s'avisa de me raconter tous les mauvais traitements que le chevalier avoit reçus de sa famille. Ce jeune homme, me dit-il, si son frère aîné ne fût pas mort, auroit eu peut-être le sort de sa sœur, qui a disparu tout à coup, et qu'on dit morte, quoiqu'elle soit peut-être très vivante. A ces dernières paroles, je considérai le chevalier avec attention, et plus je le regardai, plus je trouvai qu'il ressembloit à mademoiselle Duclos. Je fis ensuite quelques questions à mon voisin, et ses réponses tournèrent mon doute en certitude. Ce chevalier, dis-je en moi-même, est assurément le frère de la sakgame. Avant que de nous séparer, je m'approchai de lui, et je le priai de m'accorder une heure de conversation chez lui le lendemain. Je vous préviendrois, me dit-il ; mais j'aime mieux vous attendre au logis, parce que je dois donner à déjeuner à quelques-uns de mes amis ; vous serez de la partie.

Je me rendis chez lui le jour suivant sur les dix heures du matin. Il étoit encore au lit, et il y avoit à son chevet une vieille dame, qui me céda d'abord sa place, et se retira dans une autre chambre. La voilà, me dit-il tout bas, cette tendre mère dont on parloit hier devant vous si avantageusement. Elle ne manque pas tous les matins de venir s'informer de l'état de ma santé. Elle n'en useroit pas de cette sorte avec moi, si mon frère aîné vivoit encore. Avant sa mort, ce soin, cette attention n'étoit que pour lui; sa tendresse pour moi, comme vous voyez, n'est pas d'ancienne date.

Avez-vous toujours été, lui dis-je, le seul objet de son indifférence? Plût à Dieu que cela fût! me répondit-il; je n'aurois pas perdu une sœur que j'ai long-temps pleurée, et que je pleure encore toutes les fois que j'en rappelle le souvenir. Mais, ajouta-t-il en soupirant, changeons de matière; il s'agit de déjeuner, et non pas de vous ennuyer du récit de mes chagrins et des affaires de ma famille. Cependant, Monsieur, repris-je, je ne vous ai demandé hier l'entretien que j'ai à l'heure qu'il est avec vous, que pour parler de cette sœur dont la perte vous est si sensible. Dites-moi, de grâce, comment avez-vous été séparés l'un de l'autre? Monsieur, me répliqua-t-il, sans m'informer de l'intérêt que vous y pouvez prendre, je veux bien satisfaire votre curiosité là-dessus.

Également haïs de nos parents, ma sœur et moi, continua-t-il, nous fûmes bannis de la maison paternelle; on m'enferma dans un collége de moines, d'où je ne suis sorti que depuis la mort de mon frère, et ma sœur fut envoyée à je ne sais quel couvent où elle n'arriva pas, puisqu'elle fut malheureusement tuée en chemin avec un vieux domestique qui la conduisoit. Ce fait est-il bien vrai, interrompis-je ? Il ne l'est que trop, me repartit le chevalier. Je me souviens d'avoir ouï dire à mon père qu'il avoit des preuves certaines de l'assassinat du conducteur. Je crois, repris-je, la mort de cet homme bien avérée; mais peut-être pouvez-vous douter de celle de votre sœur. Non, non, repartit-il, je ne puis me flatter qu'elle soit encore vivante. Si elle l'étoit, auroit-elle gardé un si long silence ? D'ailleurs elle aura vraisemblablement été traitée comme son guide. Et ce guide, lui dis-je, ne s'appeloit-il pas Duclos ? n'étoit-il pas votre gouverneur ? enfin, n'avez-vous pas été bannis de votre maison, votre sœur et vous, pour deux chiens que vous vouliez empoisonner ?

Ah! ciel! s'écria le chevalier, il n'y a que ma sœur au monde qui sache cette circonstance, et vous ne pouvez l'avoir apprise que d'elle. Au nom de Dieu, ajouta-t-il, tout ému, qu'est devenue cette chère sœur ? Où est-elle, Monsieur ? la verrai-je encore ? Oui, lui répondis-je, vous pourrez la revoir; mais la chose ne se peut faire ni facilement ni si tôt. Là-dessus, je lui contai les malheurs de Marguerite Duclos, et l'histoire de la nouvelle sakgame des Hurons. Les alternatives de fortune de cette malheureuse sœur arrachèrent à ce jeune homme bien des larmes, tantôt de joie, tantôt de tristesse. Il frémissoit à l'idée seule des misères auxquelles elle auroit été exposée sans moi. L'espèce de souveraineté où je la lui représentois après cela, le consoloit aussitôt. Enfin je tins ce jeune homme pendant deux heures dans une succession continuelle de joie et de chagrin, de plaisir et de peine.

Lorsque j'eus achevé de lui rendre compte de l'état où j'avois laissé sa sœur, il se répandit en discours reconnoissants. Il me fit mille protestations d'amitié. Il exigea de moi que je lui promisse de prendre un logement chez lui, en me conjurant de disposer de ses biens comme des miens propres, en un mot, de ne nous séparer jamais. Dans l'impétuosité de sa tendresse pour sa sœur, il vouloit que nous partissions sur-le-champ pour l'aller chercher, comme s'il n'eût été question que de faire en poste un petit voyage en France. Mais je lui dis qu'il suffisoit d'abord de faire donner avis à la sakgame de la situation où étoient les affaires de son frère, et de l'inviter à venir à Paris partager son bonheur.

Il s'agissoit donc de faire savoir à la sakgame les intentions du chevalier; ce qui n'étoit pas facile. Néanmoins, de peur de le chagriner, je ne lui en fis pas sentir toute la difficulté. Nous écrivîmes en même temps plusieurs lettres, dans l'espérance qu'elles ne seroient pas toutes inutiles. J'en adressai une au couvent des pères récollets de Quebec; une autre à un marchand de Montréal, qui commerçoit avec les Hurons, et une troisième à l'intendant du Canada, à qui le jeune homme la fit recommander par M. de Barbesieux, dont il étoit aimé. En attendant une réponse, il m'appeloit son frère, en m'assurant qu'il ne tiendroit qu'à moi de le devenir, et il ne pouvoit vivre un moment sans moi.

Nous allâmes au bout de huit jours célébrer la fête qu'il avoit promis de donner à ses amis, et dont il devoit faire les frais. Je n'ai jamais rien vu de si plaisant que tout ce qu'inventa cette jeunesse pour faire honneur au chevalier. Le panégyrique de son père et de son frère étoit une pièce achevée. L'ironie la plus fine et la mieux soutenue y régnoit partout; et ce discours comique fut prononcé avec un sérieux admirable.

La fête dura presque toute la nuit, et elle auroit été aussi amusante que bizarre, si cette jeunesse tumultueuse eût pu se modérer; mais après mille extravagances pleines d'esprit, mille cérémonies divertissantes, quoique ridicules pour la plupart, et remplies d'imprécations contre la coutume qui soumet les enfants à leurs pères, un des plus étourdis s'avisa de dire qu'il manquoit une chose essentielle à la fête; qu'il falloit avoir des femmes qui, par des cris lugubres, fissent le rôle de ces anciennes Romaines que l'on payoit pour pleurer aux funérailles. Chacun applaudit à une si belle imagination; et ceux qui connoissoient dans le quartier des personnes propres à faire ce personnage, sortirent pour en aller chercher. Ils nous en amenèrent trois, qui ne croyoient assurément pas venir là pour pleurer. Elles prirent cependant la chose fort galamment; et après qu'on les eut mises au fait du service extraordinaire qu'on attendoit d'elles, et qu'on leur eut fait boire quelques rasades de vin de Champagne, pour les empêcher de succomber à la tristesse que demandoit leur rôle, ces créatures se mirent à faire des lamentations et des cris si perçants, que tout le voisinage en retentit.

Quelque chose que pût dire et faire notre hôte, deux ou trois escouades du guet, attirées par ce tapage funèbre, voulurent entrer absolument pour voir eux-mêmes ce qui se passoit dans cette maison. Ils n'avoient pas affaire à des gens disposés à approuver leur curiosité. Nous leur disputâmes l'entrée. Ils firent tête d'abord; mais ils lâchèrent pied bientôt après. Nous les poursuivîmes jusque dans la rue, où un des nôtres, en les poussant, tomba percé de deux ou trois balles qu'il reçut dans le corps.

L'hôte qui nous avoit laissé faire toutes ces folies dans sa maison, fut emprisonné et ruiné. Pour nos trois pleureuses de commande, on les envoya pleurer tout de bon à l'hôpital. Depuis ce temps-là, nos coteries furent tout-à-fait dérangées; nous ne pûmes jamais renouer de belles parties, pas même nous trouver une demi-douzaine ensemble sans être examinés, suivis et montrés au doigt par la populace; car on contoit de nous d'étranges choses. Les uns disoient de notre dernière assemblée, qu'elle n'étoit composée que d'infâmes juifs déguisés, et que si le guet n'étoit pas accouru aux cris des filles enfermées avec eux, ces malheureuses auroient été débaptisées. D'autres prétendoient que c'étoit des sorciers qui tenoient là leur sabbat, et que nous avions résolu de perdre par d'affreux orages le reste de la France, comme nous venions de faire depuis peu plusieurs de ses contrées, surtout l'Orléanois et la Bourgogne.

On nommoit même un archer digne de foi, qui, par le trou de la serrure, avoit vu plusieurs diables qui, nous ayant fait signer de notre sang ces terribles commissions, s'étoient envolés par la cheminée en forme de hiboux, laissant la salle et toute la maison empestées d'une vilaine odeur de soufre et de cuir brûlé. On assuroit encore que les femmes que nous avions entraînées avec nous, nous avoient trahis par leurs cris, pour se venger de ce que nous les faisions servir de jouet à des démons incubes, afin que les femmes qui seroient grosses en même temps, périssent toutes avec leur fruit; et l'on douta si peu de cette particularité parmi le peuple, qu'on dit que cela fit faire à Paris un fort grand nombre de neuvaines.

On fit plus, un prêtre normand crut et dit pieusement dans un prône que notre troupe étoit la même qui, l'année précédente, avoit tenu une pareille assemblée dans un moulin auprès de Mantes, pendant lequel sabbat la grêle avoit presque abîmé cette ville, sans qu'il en tombât un seul grain sur le moulin. Il ajouta qu'une femme qui avoit été livrée de force à l'esprit immonde, étoit accouchée peu de temps après d'un monstre horrible, qui avoit quatre bras armés de griffes au lieu d'ongles, et deux têtes cornues. Il montroit effectivement une lettre par laquelle on lui donnoit avis des accidents, à quelques circonstances près; mais ce n'étoit pas user immodérément du privilége des historiens en second, que de n'y mettre du sien que des sorciers, des cornes et des griffes.

Je profitai de l'interruption que cette affaire causoit à nos assemblées pour en détourner le chevalier, que j'appelle toujours ainsi, quoiqu'il ait perdu ce nom en devenant chef d'une illustre famille; ces sortes de cohues ne me plaisoient point du tout en mon particulier, et ce jeune homme n'étoit déjà que trop dérangé. Il prit fort bien le conseil que je lui donnai là-dessus, et nous nous bornâmes à quatre ou cinq amis dont il voulut bien me laisser le choix.

Pour nous deux, nous étions comme inséparables ; on ne nous voyoit guère l'un sans l'autre. A la maison j'étois plus maître que lui. Il vouloit que tout fût commun entre nous ; et, soit manque de délicatesse, soit excès d'amitié pour moi, il y auroit volontiers compris sa maîtresse. Il est vrai que se lassant de celle qu'il avoit, il sembloit avoir envie de me la céder pour en choisir une de la première classe ; ce qu'il pouvoit faire alors avec les gros biens dont il étoit devenu maître par la mort de son père. Véritablement, un entremetteur qui s'étoit chargé du soin de lui déterrer un parti brillant, lui trouva bientôt une de ces belles du grand air, qui savent donner du relief à l'amant qu'elles coulent à fond. Celle-ci pourtant n'eut pas le temps de lui faire l'honneur de le ruiner ; elle lui tira seulement quelques plumes les premiers jours ; mais s'étant aperçu que les appas dont il étoit épris n'étoient qu'artificiels, il s'en dégoûta, et il en fut quitte pour le vin du marché.

Comme je l'aimois véritablement, je lui conseillai de quitter ce train de vie, et de songer plutôt à un établissement solide. Je sais, me dit-il, que vous ne me parlez ainsi que pour mon bien ; néanmoins je vous avouerai que j'ai résolu de ne prendre ce parti qu'après vingt-cinq ans, et je vous dirois même quarante, si je n'étois pas fils unique. Hé bien, repris-je, portez donc vos vœux à des idoles qui en valent la peine. A votre place, je m'en tiendrois à ce que nous appelons une inclination bourgeoise. C'est donc là votre avis, me repartit le chevalier ? vous croyez qu'un attachement de cœur, une belle passion me conviendroit? Je suis ravi que vous pensiez comme moi. C'est mon goût. Cependant, avant que je me détermine, je veux consulter le vieux baron. Je suis persuadé qu'il pense autrement que nous sur cet article. Voulez-vous que je vous dise de quelle façon il parloit dernièrement de la galanterie, dont il possède les plus fines rubriques? Tu as pris le bon parti, me disoit-il cordialement : il en coûte trop à filer le parfait amour avec une personne qui garde des ménagements, et dont on ne dispose point à son gré.

Si c'est, par exemple, une femme mariée que tu aimes, outre la peine de t'en faire aimer, tu auras celle de trouver des moments favorables, et de tromper le jaloux; il faut être Espagnol pour n'y pas perdre patience. Les difficultés te rebuteront, à moins qu'elle n'appartienne à un sot; et alors la facilité qu'il y aura à lui confirmer ce titre rendra la tromperie insipide.

La chaîne d'une veuve a bien des charmes; mais souvent la belle perd un ami, parce que, maîtresse de sa conduite, elle se livre trop, et le traite en époux aimé. Il y a bien de l'honneur à mettre une jeune fille sous le joug; il est glorieux de s'en faire aimer; mais le chemin de son cœur est parsemé d'épines, et demande plus de patience que tu n'es capable d'en avoir. Premièrement, si elle est née coquette, et que tu ne lui plaises pas d'abord, il n'y a rien à faire; le cœur d'une coquette se donne au premier abord, ou se défend toujours. Pendant tes plus grandes assiduités, elle te laissera te morfondre à sa porte, et tentera d'autres conquêtes.

Si c'est une fille farouche, ou simplement ce qu'on

appelle une fille sage, qu'il faut d'adresse pour la vaincre! que de travaux! que de constance! Néanmoins ne te rebute pas. Poursuis-la sans cesse. Elle fuit, mais elle se lassera. Il y aura quelque heureux moment où elle ne sera pas fâchée de trouver, comme Syrinx et Daphné, quelque fleuve au milieu de sa course. Ce sera un bon prétexte pour s'arrêter. Si c'est une prude que tu aimes, autres peines, autres soins; elle exercera ta patience, et la fatiguera, si tu ne suis avec elle une méthode toute particulière. Ne l'attaque, celle-là, qu'avec les mêmes armes avec lesquelles elle se défend. Il faut l'applaudir en tout, avoir du goût pour ce qui lui plaît, blâmer ce qu'elle blâme, et tâcher d'être de toutes ses parties. L'occasion fera le reste. Il y aura peut-être quelque quart d'heure de distraction où les sentiments d'honneur et de vertu s'endormiront, et là prude dépourvue du secours de ces grands mots sera fort faible.

Il y a d'autres filles qui, gardant un honnête milieu, ne sont ni sauvages ni coquettes. Celles-là mettent l'amour et la discrétion d'un homme à de grandes épreuves avant qu'elles se livrent à lui; mais aussi, après cela, son bonheur est digne d'envie; ses plaisirs sont parfaits, sans amertume, sans ennui, sans dégoût. Elles savent se conserver son estime, son amitié, son respect même jusque dans leurs foiblesses, ou plutôt elles n'ont que des apparences de foiblesse; et fâchées que l'objet aimé exige d'elles autre chose qu'un cœur tendre, elles ne font que se prêter, pour ainsi dire, à ses propres foiblesses. Je t'en souhaite de cette espèce-là; pour moi, je n'ai jamais eu le bonheur d'en rencontrer en mon chemin.

Voilà les leçons que ce nouvel Ovide me donnoit l'autre jour, continua le chevalier, et vous devez bien le reconnoître à ces traits. Je le reconnois bien aussi, lui répondis-je; et il me semble que le baron est comme ce rat, lequel ayant perdu sa queue, vouloit persuader aux autres animaux de son espèce que des queues ne faisoient que les embarrasser, et qu'ils devoient tous s'en délivrer. Le baron est de l'ancienne cour; il n'y a plus pour lui de galanterie gratuite. Il voudroit réduire à la mendicité toutes les honnêtes femmes qui refusent des hommages, parce qu'il offroit les siens à leurs mères il y a trente ans. Croyez-moi, l'amour vénal est un esclave dont la société ne fait point honneur, et l'on ne doit l'admettre à sa table tout au plus que comme fait le baron, faute d'autres convives. Pour vous, chevalier, étant jeune, et fait comme vous êtes, vous devez vivre autrement que lui. Vous voyez combien peu il est estimé avec ses belles maximes. Si les pères défendoient à leurs enfants de le fréquenter, il seroit réduit pour toute société, à celle de quelques libertins méprisés partout comme lui. Il a de l'esprit, je l'avoue, mais son esprit est dangereux. Il est amusant; mais il n'est pas le seul qui le soit. Vous connoissez des gens dont la compagnie n'est pas moins agréable, et dont l'amitié ne peut faire rougir.

On ne trouve point mauvais, ajoutai-je, qu'un jeune homme de famille, pour connoître le monde, goûte un peu des plaisirs qu'il lui présente. On exige seulement de lui qu'il ne s'y abandonne pas tout entier, et qu'il y ait du discernement dans le choix qu'il en fait. Les plaisirs d'un soldat ne sont pas ceux d'un gentilhomme, et les vôtres doivent différer de ceux d'un aventurier. Il est bon que vous soyez façonné par le beau sexe, c'est-à-dire par des femmes qu'on puisse fréquenter sans se familiariser avec la débauche.

Le chevalier m'interrompit en cet endroit. Je suis convaincu, me dit-il ; épargnez-vous la peine de me prêcher plus long-temps ; je suis frappé de vos raisons. Faites-moi seulement mettre en pratique vos utiles avis. Je vous laisse le maître de ma conduite. Je ne vous en demande pas tant, lui répondis-je ; soyez seulement persuadé que c'est par amitié que je prends la liberté de vous parler comme je fais. Je le sais, reprit le chevalier; sans cela, ajouta-t-il en souriant, je pourrois croire que vous ne m'exhortez à la vertu que pour vous conserver plus sûrement la petite brune que je vous ai cédée. Il pouvoit bien sans craindre de me choquer, badiner sur cet article, lui qui m'avoit souvent reproché que je ne faisois guère de cas de ses présents, puisque je m'attachois si peu à sa petite brune. Cependant cette plaisanterie fut cause que je cessai entièrement de voir cette fille, qui n'en devint pas plus malheureuse, puisqu'elle épousa l'intendant du chevalier. Ce domestique, quoique riche, n'eut pas de répugnance à la prendre pour femme. Elle valoit effectivement mieux que lui. C'étoit une petite éveillée des plus piquantes, une rieuse qui avoit toujours quelque conte plaisant à vous faire.

Un jour, qu'elle nous divertissoit par le récit des beaux faits d'une beauté fameuse par ses galanteries, je lui demandai si elle avoit connu la D...., cette déesse des amours dont j'étois l'Adonis lorsqu'on me fit partir pour le Canada. Si je l'ai connue! s'écriat-elle; c'est elle qui m'a donné les premiers principes du savoir-vivre. Si je connois le monde, si j'ai quelque éducation, c'est son ouvrage. Hélas! la pauvre fille n'auroit pas fait une si triste fin, si elle eût profité elle-même des conseils qu'elle me donnoit; mais elle croyoit ne manquer jamais de rien, et négligeoit de garder, comme on dit, une poire pour la soif. Avec cela elle avoit un trop bon cœur. Elle n'avoit aucun égard pour elle-même, quand il s'agissoit de servir un ami. Si elle vous avoit oublié aussi facilement que vous nous laissez là, vous autres hommes, elle ne se seroit pas perdue pour l'amour de vous.

De grâce, lui dis-je, expliquez-moi en quoi j'ai eu le malheur de causer celui de cette obligeante personne. C'est ce que je puis vous apprendre, me répondit-elle, car je demeurois alors chez elle, et ma mère étoit sa femme de chambre favorite. Quelques jours avant votre départ, vous dîtes, s'il vous en souvient, à deux ou trois de vos amis, que vous aviez une cruelle affaire sur les bras, et que le maltôtier chez qui vous travailliez vous faisoit de terribles menaces. C'en fut assez pour les mettre à ses trousses, quand ils virent que vous aviez disparu. Ils se préparèrent à lui faire des affaires juridiquement. Votre maîtresse, à qui vous aviez dit la même chose, encore plus alarmée qu'eux, eut l'indiscrétion d'intéresser pour vous l'illustre amant qui prenoit soin d'elle. Ce seigneur généreux fit plus qu'elle ne demandoit. Il prit la peine d'aller chez le maltôtier, pour le questionner et l'intimider.

Le maltôtier, bien loin de paroître effrayé des menaces qu'on lui faisoit, répondit froidement qu'il étoit lui-même fort en peine de vous; que votre absence dérangeoit infiniment ses affaires, parce que vous ne lui aviez rendu aucun compte, et qu'il n'avoit osé faire ouvrir votre chambre, quelque besoin qu'il eût de plusieurs papiers qui y étoient. L'obligeant seigneur envoya chercher un serrurier, fit ouvrir la chambre, examina quelques livres de compte qu'il rendit au maltôtier; puis, faisant l'inventaire de ce qui vous appartenoit, il reconnut plusieurs bijoux qu'il avoit donnés à la D...., avec quelques lettres qu'elle vous avoit écrites, et que vous aviez eu l'imprudence de conserver. Il découvrit par là le vrai motif qui engageoit cette demoiselle à prendre si vivement vos intérêts; et, piqué de se voir dupé si grossièrement, il résolut de la punir de son infidélité.

Vous savez qu'il étoit prompt à exécuter ce qu'il avoit entrepris. Il la vint prendre dès le lendemain matin dans le carrosse qu'il lui avoit donné, pour aller, disoit-il, dîner au bois de Boulogne, et s'y promener ensemble le reste de la journée. En arrivant à Passy, il la chargea d'ordonner elle-même le repas, après quoi il s'enfonça dans le bois avec elle. Là, feignant d'avoir besoin, il s'éloigna d'elle, et revint seul à Paris, laissant là cette malheureuse, sans carrosse et sans amant, payer le dîner qu'elle avoit commandé. Ce ne fut pas tout encore; et son amour, changé en haine, n'auroit pas été content de cette vengeance. Il poussa son ressentiment jusqu'à faire enlever tous ses meubles, et lui procurer un logement dans ce lieu d'horreur dont la porte est toujours ouverte aux personnes qui ne sont pas fidèles aux amants qui ont du crédit.

C'est là que j'ai vu pendant trois ans cette pauvre créature dans un état digne de compassion. Comme ses beaux jours étoient passés, on ne s'intéressoit plus pour elle ; et, ne possédant rien, elle se trouvoit hors d'état d'acheter sa liberté. Elle ne recevoit aucune consolation que de moi, qui, n'ayant pas alors l'argent que j'ai présentement, ne pouvois guère lui procurer de douceurs dans ce lieu de misères. Le jour enfin qui la devoit délivrer de ses peines arriva. Elle mourut dégoûtée du monde, et pleurant amèrement les désordres de sa vie.

Tel fut le récit que la petite brune nous fit de la mort de la D....; ce que je n'entendis point sans ressentir quelques mouvements de douleur et de pitié. Il y avoit déjà long-temps que je vivois à Paris de la manière que je l'ai dit ; et m'y ennuyant, je dis au chevalier que j'avois envie d'aller au pays qui m'avoit vu naître. Véritablement je souhaitois d'apprendre des nouvelles de ma nourrice, et principalement de ma chère Lucile, dont je me souvenois toujours avec plaisir. Le chevalier, qui ne recevoit point de réponses du Canada, s'opposa fortement à mon dessein, comme si, en me perdant de vue, il eût dû perdre l'espérance de revoir sa sœur. Il se rendit cependant à mes instances, à condition que mon voyage ne seroit que de huit ou quinze jours, et que je le ferois dans sa chaise de poste, escorté par son valet de chambre.

Je partis donc ; et après quelques jours de marche [1], je m'arrêtai dans une petite ville qui n'est pas éloignée

[1] 1700.

de la terre du Mesnil. J'appris là que le château qui porte ce nom n'étoit plus habité que par des fermiers; que le baron s'étoit tué malheureusement il y avoit quatre ou cinq ans, et que pour jouir toujours des biens de sa première femme, il n'avoit jamais voulu marier sa fille Lucile, rebutant par mille tracasseries tous les partis qui s'étoient présentés pour elle; mais que depuis la mort de ce seigneur, les parents de Lucile, du côté maternel, l'avoient retirée d'auprès sa belle-mère, et lui avoient fait épouser un vieux garçon, lieutenant général, qui, quatre mois ensuite, courant trop vite après le bâton de maréchal de France, s'étoit laissé tomber dans une tranchée, où il avoit trouvé une mort glorieuse, aussi bien que plusieurs autres braves officiers qui le suivoient. Enfin, que sa jeune veuve, devenue sa maîtresse, étoit retournée vers la baronne du Mesnil, qui s'étoit retirée à Ganderon.

Pour ma nourrice, il me fallut aller jusque dans son village pour savoir ce qu'elle étoit devenue. On me dit qu'elle avoit fini sa carrière peu de temps avant le baron du Mesnil. Elle avoit une fille, ajouta-t-on, qui disparut toute jeune sans qu'elle en ait entendu parler depuis. Elle a laissé son petit bien à la baronne, pour le rendre à cette fille, si elle se retrouve; et cette bonne dame la fait chercher partout. Je ne doutai point, après cela, que ma nourrice ne lui eût fait à mon sujet de plus grandes confidences qu'à moi-même; ce qui me donna autant d'impatience de parler à la baronne, que j'en avois de revoir Lucile.

Ce qui m'embarrassoit, c'est que je ne savois sous quel prétexte je pourrois me présenter à elles. Je ne connoissois personne à Ganderon, ni dans le pays, qui m'y pût introduire ; je craignois de leur faire de la peine, et de passer pour un aventurier si j'osois descendre tout droit chez elles. Néanmoins quelqu'un me dit qu'il y avoit une terre à vendre assez près de Ganderon ; ce qui me fit prendre la résolution d'y aller. Il se trouva que c'étoit justement la terre de Monneville, qui retournoit à quatre ou cinq héritiers avides après la mort de mon plus proche parent, qui s'en étoit mis en possession, sur la foi des certificats qui assuroient que le comte de Monneville, mon père, avoit été tué en Westphalie.

J'arrivai à Monneville sur les deux ou trois heures après midi, et mon guide me fit descendre dans un mauvais cabaret qui étoit là. J'entrai d'abord dans le château ; et tandis que je l'examinois, le curé, qui répondoit ordinairement en l'absence des vendeurs, vint me joindre. Je ne lui eus pas sitôt dit que j'avois dessein d'acheter cette terre, que, me regardant déjà comme son seigneur, il m'accabla de civilités. Il m'offrit un lit et son souper de si bonne grâce, et avec une politesse si opiniâtre, que je fus obligé de me laisser conduire chez lui. Ce qui me plaisoit dans ce bon homme, c'est qu'il me paroissoit un grand babillard, et je jugeois que ce défaut me seroit d'une grande utilité dans mon entreprise.

Après les premiers compliments, qui durèrent bien un gros quart d'heure, le vieux curé m'envisageant fixement : Je donnerois, me dit-il, tout ce que je possède au monde pour que cette terre vous convînt. Vous ressemblez si parfaitement au dernier de la famille à qui elle appartenoit avant ces collatéraux d'aujourd'hui, que je croirois n'avoir point perdu ce gentilhomme, si je vous voyois en sa place. Oui, Monsieur, ajouta-t-il avec transport, seulement à vous voir, je me sens porté à vous aimer autant que je l'aimois, et à vous tenir compte des obligations que je lui avois. Elles ne sont pas petites : c'est lui qui m'a fait ce que je suis; c'est lui qui m'a donné ce bénéfice, qui est un des meilleurs du pays.

Je n'aurois pas perdu sitôt cet aimable gentilhomme, continua-t-il, s'il eût voulu me croire, et demeurer ici tranquille, sans se faire un point d'honneur de suivre l'exemple de son père, à qui la guerre avoit été funeste.

Je vis bien qu'il suffisoit de ne pas interrompre ce bon prêtre, pour qu'il ne cessât de parler. Je le laissai donc s'égayer à son aise, en faisant le détail de toutes les bonnes qualités de son défunt gentilhomme; détail que je lui fis bien répéter dans la suite, quand je sus la part que j'y devois prendre. Je le questionnai après cela sur la noblesse du voisinage, lui prêtant une attention qui le charmoit, principalement quand il en fut à l'article de Ganderon, et qu'il me parla de Lucile et de sa belle-mère. Il me dit, entre autres choses particulières, que ces deux veuves aimoient beaucoup la retraite, et ne faisoient pas dans le monde la figure qu'elles y auroient dû faire avec les biens dont elles jouissoient, et dont il ne manqua pas de me calculer exactement le revenu.

J'ai connu la baronne, me dit-il, avant qu'elle allât à Paris, du temps qu'elle n'étoit que demoiselle de Ganderon; que le couvent l'a changée, grand Dieu! aussi bien que son mariage avec le baron du Mesnil. Elle étoit alors d'une gaieté extraordinaire, toujours riant, toujours dansant, au lieu que présentement ses jours ne paroissent tissus que de tristesse et d'ennui, quoiqu'elle ne soit pas encore dans un âge à devoir renoncer aux plaisirs innocents du siècle. Pour la jeune douairière, elle ne paroît pas regarder la vie avec tant d'indifférence. Ce n'est pas que je croie qu'elle songe à se remarier; du moins n'y a-t-il aucune apparence qu'elle s'occupe d'une pareille pensée; au contraire elle est attachée si fortement à sa belle-mère, que je doute qu'elle la veuille quitter une seconde fois.

Vous jugez bien, poursuivit-il, qu'elle a été recherchée par tout ce qu'il y a de meilleur dans le pays: outre son bien elle a beaucoup de mérite; elle est sage et bien élevée. Elle n'a peut-être pas été contente de son premier mariage, dis-je au bon curé. Elle n'a pas dû l'être, me répondit-il, et ç'a été un meurtre de lui avoir laissé atteindre la majorité dans l'état de fille, pour lui donner après cela un aussi vieux mari que celui qu'elle avoit épousé par l'avidité de ses parents, qui croyoient par là doubler son bien; mais le ciel les en a punis, car il est mort au bout de quelques mois, et elle n'en a point eu d'enfants.

Je demandai aussi au curé si elle ne songeoit point à acheter Monneville. Je ne le crois pas, me dit-il; car elle m'en auroit parlé : cependant cette terre conviendroit assez à la baronne; mais se voyant sans enfants, elle ne fait aucune acquisition. Ainsi vous pouvez compter qu'elle n'ira point sur votre marché, non plus que sa belle-fille. Malgré ce que me dit le vieux prêtre, je crus devoir profiter pour les voir du prétexte de leur aller faire politesse au sujet de cette terre, et les assurer que je n'y songerois point du tout, pour peu qu'elles en eussent envie. Je fis entrer le curé dans mes vues, et il s'offrit à me conduire dès le lendemain à Ganderon.

Je devois passer pour un homme de conséquence à juger de moi par l'habit; jamais gentilhomme sur le lieu n'en avoit peut-être porté de si riche que celui dont j'étois revêtu, ni même que celui du valet de chambre qui me suivoit. Je ne pouvois pas me tromper en abordant les deux dames. Elles se promenoient toutes seules, et le curé commença par les apostropher nommément, et leur parler dès qu'il put s'en faire entendre. Pour répondre au compliment qu'il leur fit en me présentant à elles, ces charmantes veuves me reçurent fort civilement, et me dirent qu'elles seroient ravies d'avoir un voisin tel que moi. Nous parlâmes fort peu, les dames et moi; car le vieux patriarche, qui croyoit apparemment être en chaire, ne déparloit point; mais au défaut de nos langues, nos yeux firent bien leur devoir. Ceux de la baronne furent toujours fixés sur moi, et les miens sur ma chère Lucile.

Nous nous étions quittés si jeunes, cette dernière et moi, qu'il n'est pas étonnant qu'elle ne me reconnût point. J'eus moi-même bien de la peine à me la remettre, quoique je susse que c'étoit elle. Cette visite se passa sans éclaircissement; j'avois néanmoins autant d'envie d'en venir là qu'elles en avoient de savoir qui j'étois. La baronne, s'imaginant que le curé pourroit l'en instruire, le tira à part pour le lui demander. Elle ne fit que l'embarrasser par cette question, à laquelle il répondit qu'il ignoroit mon nom, mais qu'il n'épargneroit rien pour le découvrir. Je ne me souviens pas de ce que je dis à Lucile pendant ce temps-là; je me souviens seulement que j'étois dans une agitation d'esprit qui lui dut causer de la surprise si elle s'en aperçut.

Un moment après que la baronne eut quitté l'entretien du curé pour se mêler du nôtre, ce bon ecclésiastique l'embarrassa extrêmement à son tour : Madame, lui dit-il en me regardant, je ne sais si mes yeux me trompent. Dites-moi, je vous prie, si dans votre première jeunesse vous n'avez vu personne qui ressemblât à ce monsieur? La baronne, qui ne s'étoit nullement attendue à cette question, en fut troublée. Elle avoit encore mieux que lui remarqué cette ressemblance dont il parloit. Cependant elle répondit qu'elle croyoit avoir connu quelqu'un dont j'avois quelques traits; mais qu'elle ne se souvenoit pas dans quel endroit. Avez-vous oublié, reprit-il, le comte de Monneville, grand ami de feu monsieur votre père, et qui fut tué en Franche-Comté en soixante-huit? Il avoit laissé deux fils, dont l'aîné mourut au même temps que lui. Le cadet lui survécut de quelques années. Tenez, Madame, considérez ces traits; voilà certainement la vivante image de ce cadet. Je suis surpris que cela ne vous frappe pas comme moi. Vous étiez déjà grande quand ce Monneville vivoit, et vous avez cent fois joué tous deux ensemble. Votre père l'aimoit beaucoup, et l'a bien regretté. Pour moi je lui dois mon petit établissement, et je ne l'oublierai jamais dans mes prières.

Je le disois hier à monsieur, ajouta-t-il, cette ressemblance m'a donné pour lui une telle inclination, que je voudrois pour beaucoup qu'il s'accommodât de la terre de Monneville. Hé bien, monsieur le curé, lui dis-je, faites en sorte que je l'aie; vous ne sauriez me rendre un plus grand service que de me procurer le voisinage de ces dames; et je vous proteste que vous ne serez pas moins content de votre nouveau seigneur que vous l'avez été de celui que vous regrettez. L'affaire est entre vos mains, lui dit alors la baronne; vous pouvez la faire réussir si vous voulez, puisque c'est vous qui recevez ordinairement les enchères. Le curé, là-dessus, promit de mettre tout en usage pour en venir à bout.

En prenant congé de ces deux veuves, je les priai de me permettre de les assurer quelquefois de mes respects, tant que je serois dans ce pays-là. Elles me répondirent que je leur ferois plaisir; et comme c'étoit ce que je demandois, je n'eus garde d'y manquer. Il étoit fête le lendemain. J'appris qu'on disoit à Ganderon une messe à neuf heures, et que les dames y assistoient d'ordinaire. L'impatience me prit d'y aller et de m'y faire connoître. Je me trouvai dans l'église avant elles; et quand elles arrivèrent, la baronne, m'ayant aperçu, m'envoya prier sur-le-champ de me placer avec elles dans leur banc.

Après la messe, je leur donnai la main pour les reconduire, et je leur dis qu'au hasard de passer pour un importun, je prenois la liberté de leur venir demander à dîner, mais préalablement une conversation particulière. Elles parurent étonnées de mon compliment; Lucile surtout se montra mécontente, et n'entra avec nous dans le cabinet de la baronne qu'avec peine et par pure bienséance; encore ouvrit-elle toutes les fenêtres, et affecta de ne vouloir pas que la porte fût fermée. Quand nous fûmes assis, Madame, dis-je à la baronne, vous fîtes sentir hier au curé de Monneville qu'il vous feroit plaisir de s'informer qui je suis, et de vous en rendre compte; quelques recherches qu'il fasse, il ne réussira pas. Quoique je sois né dans ces quartiers, et même assez près du Mesnil, où j'ai eu l'honneur de vous voir long-temps l'un et l'autre, je suis sûr de n'être connu ici de personne; ce qui ne doit pas vous surprendre, puisque j'ai quitté ce pays-ci dès l'âge de douze ans. Peu d'années après, je sortis du royaume pour passer aux Indes, d'où je ne suis de retour que depuis quelques mois.

Pendant ce voyage, qui comprend presque toute ma vie, j'ai toujours été dans une ignorance absolue de la chose qui m'importe le plus de savoir, et qui seule aujourd'hui m'attire en ces lieux. Je vais vous étonner en vous disant ce que j'ignore, et à qui je viens m'adresser pour m'en éclaircir. J'ignore qui je suis; et c'est de vous, Madame, dis-je à la baronne, que je viens l'apprendre, puisque c'est à vous seule que l'aura révélé, en mourant, la seule personne qui le savoit, la nourrice qui m'a élevé.

La baronne n'étoit pas en état de me répondre; elle changea de couleur, et s'évanouit entre les bras de Lucile, qui ne sachant que penser de ce qu'elle voyoit, étoit dans un extrême étonnement. Cependant la baronne reprit l'usage de ses sens; et jetant sur elle des yeux à demi ouverts : Hé quoi ! ma fille, lui dit-elle, vous ne reconnoissez pas la petite sœur avec laquelle vous avez été élevée? Oui, Madame, dis-je alors à Lucile, c'est moi qui, sous un autre habillement, ai passé les premières années de ma vie auprès de vous. Vous me faisiez l'honneur de payer de votre amitié le tendre et respectueux attachement que j'avois pour vous; permettez-moi de vous en faire souvenir.

Tandis que Lucile rappeloit ses idées, la baronne l'assuroit que je disois la vérité, et, de mon côté, je lui citois tant de circonstances de notre éducation, qui n'étoient connues que de nous, que se laissant enfin persuader, et me regardant d'un air encore tout interdit: Si vous êtes cette petite sœur, me dit-elle en soupirant, vous devez me tenir compte de bien des larmes que vous m'avez coûtées, et dont j'aurois été moins prodigue, si je vous avois cru d'un sexe que je ne devois ni tant aimer ni tant plaindre.

Elles me firent aussitôt tant de questions l'une et l'autre, qu'il me fallut, dès ce moment même, commencer à leur conter mes aventures, et principalement de quelle façon j'avois quitté le pays, personne n'ayant jamais su ce que je pouvois être devenu. Pendant cet entretien, et tant que le dîner dura, je voyois de temps en temps la jeune veuve, que je ne saurois appeler que Lucile, tomber dans une rêverie qui me faisoit juger qu'elle doutoit encore que je fusse bien ce que je disois. J'étois au désespoir qu'elle ne me reconnût que comme par degrés.

Comme je ne doutois pas que ma nourrice n'eût déclaré en mourant, à la baronne, bien des choses qu'elle n'avoit osé me révéler, à cause de ma jeunesse, j'étois fort impatient de faire parler cette dame là-dessus. Lucile même se joignit à moi pour la prier de satisfaire une si juste curiosité; néanmoins nous ne gagnâmes rien. Quelque amitié que madame du Mesnil eût pour sa belle-fille, elle la trouvoit de trop dans un éclaircissement où elle se défioit d'elle-même, et n'étoit pas sûre de ne me découvrir que ce qu'elle voudroit.

Tout ce que j'ai su de votre nourrice, me dit-elle, c'est qu'elle m'assura qu'elle n'étoit point votre mère; qu'elle vous avoit toujours aimé comme si vous eussiez été son propre enfant; et qu'enfin elle vous destinoit le peu de bien qu'elle avoit, si je voulois bien m'en charger pour vous le rendre un jour, si vous paroissiez dans le pays. Elle me fit aussi bien des excuses, ajouta la baronne, de la tromperie qu'elle m'avoit faite, en vous laissant dans ma maison habillé en fille.

Eh! Madame, lui dis-je, ne m'obligez point à demi. Je savois déjà ce que vous venez de me dire; c'est le reste que je vous conjure de ne me point céler. Fixez-vous auprès de nous, me répondit-elle en souriant; accommodez-vous de la terre de Monneville; après quoi, si je sais quelque chose de plus, et que je m'en souvienne, je vous promets de vous en faire part. Songez à la promesse que vous me faites, lui répliquai-je; s'il ne s'agit que de faire cette acquisition pour être au fait de ma naissance, je viendrai dans peu vous sommer de votre parole.

Il ne fut plus question que d'affermir Lucile dans la foi qu'elle commençoit d'ajouter à nos discours. Il me vint sur cela une pensée qui fit plus d'effet que tout le reste : je quittai pour un moment ma perruque, et pris, à l'aide des femmes de chambre du château, une coiffure pareille à celle que je portois à l'âge de dix ans; ensuite je me présentai devant les dames; et feignant de pleurer, je m'approchai de Lucile pour la prier de me consoler, comme autrefois, en me permettant de lui baiser la main. Oh! pour le coup, dit-elle à sa belle-mère, la voilà elle-même, c'est ma petite sœur. Vous en souvenez-vous, Madame, quelque chagrin qu'elle eût, en lui donnant ma main à baiser, je la consolois? c'étoit un remède à tous ses maux.

Vous souvenez-vous bien aussi, dis-je alors à Lucile, que vous me promettiez de m'aimer toujours? Promesse d'enfant! répondit-elle. Promesse d'enfant tant qu'il vous plaira, dit la baronne; j'entends un homme qui vous aidera volontiers à la tenir : c'étoit le curé de Monneville qui arrivoit, et dont on entendoit la voix, quoiqu'il ne fût encore que dans la basse-cour. Ce bon prêtre, du plus loin qu'il aperçut les dames, leur fit dix questions sans leur donner le temps de répondre à une seule. Pour moi, criant plus haut que lui, je lui dis, en l'abordant, que j'étois enfin déterminé à devenir seigneur de sa paroisse, à quelque prix que ce fût : ce qui lui causa une si grande joie, qu'il en parut tout transporté. Madame, dit-il à Lucile en se mettant les deux poings sur les côtés, nous verrons si mon gentilhomme sera traité comme les autres. Oui, jeune veuve dédaigneuse, je veux qu'avant six mois d'ici il vous rende le veuvage ennuyeux.

Ce compliment, qui nous fit tous rire, ne laissa pas de m'être fort agréable, et la baronne n'eut pas moins d'envie que moi de travailler à l'accomplissement de cette menace prophétique : c'est ce que je découvris bientôt. Un millier d'écus que j'offris de plus qu'aucun autre, me mit en possession de la terre et du nom de Monneville. Dès que la chose fut faite, je courus chez madame du Mesnil. Votre conseil, lui dis-je, a été un ordre pour moi. Ma demeure est fixée. Je ne quitterai plus un pays qui m'a vu naître, et qui m'a rappelé de si loin. Vous savez dans quelle inquiétude je suis; m'y laisserez-vous encore long-temps? Non, me répondit-elle; suivez-moi seulement. A ces mots, elle me conduisit dans une chambre écartée, où, se voyant seule avec moi, elle me parla en ces termes:

Puisque la terre de Monneville est à vous, je crois pouvoir vous dire à présent ce que je refusai ces jours passés de vous découvrir, dans la crainte que l'envie de rentrer dans ce bien par une autre voie, ne vous fît hasarder des démarches qui, dans le fond, auroient été inutiles, et qui auroient perdu de réputation plusieurs personnes. Le compliment que l'on vous fait partout, que vous ressemblez parfaitement au dernier comte de Monneville, n'est pas mal fondé; vous êtes son fils. Seroit-il bien vrai, Madame, interrompis-je avec émotion, que ce gentilhomme fût mon père? Oui, Monsieur, reprit-elle; mais vous êtes dans une impuissance absolue de vous faire jamais reconnoître pour tel, puisque vous n'en sauriez avoir d'autre preuve que le témoignage de votre nourrice; preuve qui vous devient inutile, parce qu'elle n'a sûrement fait cette confidence qu'à moi seule, et qu'elle m'a dit que ce mariage n'avoit jamais été déclaré.

C'est toujours assez, Madame, lui dis-je, pour ma satisfaction particulière, de savoir que je suis de cette illustre famille. Je me consolerai de ne pouvoir faire aucun usage de cette connoissance; mais, de grâce, achevez. Pourquoi le comte ne daigna-t-il pas me reconnoître? Pourquoi celle qui me donna le jour m'abandonna-t-elle quand je perdis mon père? Aurois-je eu le malheur de la perdre en même temps? Étoit-elle digne de sa tendresse? Qui étoit-elle enfin? C'est ce que je ne puis vous apprendre, repartit la baronne : votre nourrice ne me la nomma point, et me dit même qu'elle ne l'avoit jamais connue. N'importe, Madame, lui dis-je, vous pouvez me la faire connoître sans son secours. Peut-être n'ignorez-vous pas quelles personnes mon père voyoit alors familièrement? Rappelez-vous ce temps, vous ne sauriez manquer de démêler ma mère.

Quand mes soupçons pourroient devenir une certitude, me répondit la baronne, quel fruit tireriez-vous de cette connoissance? Vous seriez peut-être cher à une personne à qui vous ne donneriez pas vous-même votre estime; car enfin les obstacles qui empêchoient vos parents de rendre leur union publique n'étoient pas levés, quand la mort enleva votre père. Pensez-vous que, dans de pareilles circonstances, une personne d'honneur voulût vous reconnoître aujourd'hui publiquement?

A Dieu ne plaise, Madame, lui dis-je, que j'exigeasse cela de sa complaisance! Je ne voudrois connoître cette personne infortunée que pour la consoler en secret de la perte mon père, si elle y est encore sensible, pour en parler sans cesse avec elle, pour mêler mes larmes avec les siennes, la respecter et la chérir autant que je le dois. Mais non, je suis trop malheureux pour pouvoir jouir d'une si grande consolation. Si ma mère est vivante, je ne puis la connoître, ni goûter la douceur de ses embrassements, et j'apprends que mon père n'est plus, avant d'apprendre son nom; je suis même privé de la triste consolation d'arroser son tombeau de mes larmes, puisque les précieux restes de ce brave homme sont, à ce que j'ai ouï dire, au fond de l'Allemagne.

Hélas! reprit la baronne en poussant un profond soupir, il n'est que trop vrai qu'il a perdu le jour; mais il n'en a pas été privé si loin d'ici. Ce sont des horreurs que je n'ose vous dire, et auxquelles je ne puis songer sans frémir. Je vis couler ses pleurs quand elle prononça ces paroles. Cela me fit ouvrir les yeux, et rappeler plusieurs traits pareils qui lui étoient échappés.

Vous pleurez, Madame, lui dis-je, vous pleurez en me parlant de la mort de mon père : permettez-moi de m'expliquer, et de vous dire ce que je pense. La crainte que vous avez qu'on ne soupçonne les personnes que mon père voyoit avant ma naissance, la part que vous prenez à ce qui me regarde, l'état où vous vous trouvâtes quand vous me reconnûtes, vos regards même en ce moment, me découvrent la vérité. Puis-je me tromper à tant d'indices! Non, Madame, non, mon cœur me parle encore avec plus de certitude: vous êtes ma mère.

Je me jetai à ses genoux en lui parlant ainsi. Elle étoit plus morte que vive, et ne me répondit qu'en m'embrassant. Après un assez long silence, plus expressif que les paroles, elle me fit relever, et me conta de quelle manière, après avoir promis au comte de Monneville de n'être jamais qu'à lui, elle s'étoit déterminée à épouser le baron du Mesnil, croyant, comme les autres, que le comte avoit été tué en Allemagne.

La baronne me dit ensuite : Je vous aurois reconnu

dès votre enfance, si votre nourrice ne m'eût pas déguisé votre sexe, parce que vos traits me rappeloient dès lors ceux du comte, et que je reconnoissois parfaitement cette femme pour celle à qui je vous avois confié en naissant; mais je n'avois garde de lui demander ce que vous étiez devenu. Ce ne fut qu'à sa mort que je fus éclaircie de tout. Il y a quatre ou cinq ans qu'étant tombée dangereusement malade, elle me fit dire qu'elle souhaitoit de me parler en secret. Le baron du Mesnil, qui vivoit encore, me conduisit aussitôt chez elle, et m'attendit plus d'une heure dans son carrosse, tandis que cette bonne femme me raconta l'histoire de votre naissance, que je savois aussi bien qu'elle. Mais quand elle m'apprit que sa fille étant morte, elle vous avoit pris à sa place, et élevé sous mes yeux comme telle, jugez quel fut mon étonnement. Il égala le déplaisir que j'eus ensuite, quand elle me dit de quelle façon votre père s'étoit venu faire tuer à la porte du château du Mesnil, par le baron même. J'étois immobile, et presque sans sentiment, pendant qu'elle me fit ce cruel détail, et à peine eus-je la force de tendre la main pour recevoir le portefeuille du comte, dans lequel, outre son écriture, je reconnus quelques billets que je lui avois écrits.

Le baron, qui m'attendoit impatiemment à la porte, fut assez surpris de me voir revenir dans l'état où j'étois. Heureusement le triste devoir que je venois de rendre à cette bonne femme, lui parut la véritable cause de mon trouble. Je ne répondis pas un mot aux plaintes qu'il me fit de la longueur de ma visite, et je ne pouvois jeter les yeux sur lui sans frémir d'horreur.

C'étoit mon époux, mais c'étoit aussi l'assassin de la personne à qui j'avois auparavant donné ma foi. Quelques efforts que je fisse pour lui cacher mon chagrin, et l'invincible aversion que j'avois pour lui, il s'en aperçut; et s'il ne fût pas mort presque en même temps que la nourrice, nous aurions infailliblement vécu fort mal ensemble; par bonheur, il fut tout à coup frappé d'une maladie mortelle, et il n'eut que le temps de mettre ordre à sa conscience, qui n'étoit pas dans une disposition favorable pour le salut de son âme.

Ce malheur subit ne laissa pas de me toucher; mais, au lieu de me tenir compte de mes pleurs, les dernières paroles qu'il m'adressa, furent pour me féliciter de ma liberté prochaine, et se plaindre de mon refroidissement à son égard, ou plutôt de la perte qu'il avoit faite de mon estime et de mon amitié, sans en savoir la cause.

La baronne cessa de parler en cet endroit, et je pris ainsi la parole : Madame, je regarde le bonheur de vous connoître pour ma mère comme le plus grand qui puisse jamais m'arriver. Vous pouvez disposer de moi plus absolument que si toutes les lois civiles me soumettoient à vous; et la première grâce que j'ose vous demander en qualité de fils, c'est de me permettre de demeurer toujours avec vous. Elle fut ravie de me voir dans ce dessein, et me dit que le sien étoit de m'attacher si bien auprès d'elle, qu'il ne me fût pas inutile de l'avoir connue. Elle me déclara qu'elle avoit envie de m'unir avec Lucile, à laquelle elle me pria de ne communiquer jamais ce qu'elle venoit de m'apprendre, pas même après notre mariage, si elle pouvoit le faire réussir.

Elle sonda là-dessus la jeune veuve, qui lui avoua qu'elle avoit la même pensée, et qu'elle souhaiteroit d'avoir sa petite sœur pour mari; que malheureusement la chose lui paroissoit impossible, attendu que sa famille, qui avoit tant d'intérêt à l'empêcher de se remarier, ne manqueroit pas de la chicaner sur l'embarras où nous serions de montrer des preuves de mon nom, de ma famille, de mes qualités et de mon pays. La baronne lui dit qu'effectivement elle prévoyoit des difficultés de ce côté-là; mais qu'elle croyoit que je trouverois bien moyen de les lever quand il n'y auroit plus que cela à faire.

Je fus admis dans leur petit conseil, et je fis à Lucile mille tendres remercîments des bontés qu'elle avoit pour moi. Pour répondre à la difficulté qu'elles me proposèrent, je leur dis que je ne leur demandois que la permission de me laisser faire un voyage à Paris; que là j'engagerois quelqu'un des amis que j'y avois à me faire passer pour son parent, à peine de ressusciter en moi quelque branche éteinte de sa famille : qu'avec cela je pourrois acheter une charge chez le roi, laquelle me donneroit un petit relief qui empêcheroit les parents de Lucile de s'opposer à mon bonheur. Elles applaudirent à mon dessein, et je me préparai sur-le-champ à partir pour l'exécuter.

Il ne me restoit pas beaucoup d'argent; et je ne pouvois faire fonds que sur l'amitié du chevalier, qui m'avoit fait mille offres de service. Je comptois bien que pour me faire trouver des espèces, il ne refuseroit pas d'être ma caution. Je ne le mis pourtant point à cette épreuve, puisque la baronne, en me souhaitant un bon voyage, fit mettre dans ma chaise une cassette où je trouvai quarante mille livres, tant en or qu'en lettres de change.

Mon absence avoit paru bien longue au chevalier. Je le trouvai désolé de n'avoir point de nouvelles de sa sœur. Il vouloit absolument l'aller chercher lui-même chez les sauvages. Je n'eus pas peu de peine à lui promettre que je l'accompagnerois, s'il falloit nécessairement en venir là. Dès qu'il sut mon prochain mariage, et ce qui m'amenoit à Paris, il vint avec moi à Versailles, où il me fit bientôt traiter d'une charge qui pouvoit dans mon pays jeter de la poudre aux yeux. Aussi tout mon argent y fut employé. Je me fis faire, aux frais du chevalier, une livrée pareille à la sienne, et un magnifique équipage pour m'aller établir à Monneville; équipage si riche et si brillant, que, comme celui de Phaëton, il suffisoit seul pour faire taire l'envie, ou, si vous voulez, pour l'exciter.

Un certain air de grandeur et d'opulence en impose infiniment dans une province. Tous mes vassaux furent plusieurs jours sous les armes, et je récompensai bien leur zèle. On ne parloit que de monsieur le comte de Monneville, on ne songeoit pas seulement que je dusse avoir un autre nom. Je fis d'abord mes visites avec beaucoup de fracas, et l'on étoit reçu chez moi comme on l'auroit été chez le gouverneur de la province. Je ne jurois que par les seigneurs de la cour, et je tâchois d'insinuer que personne n'avoit là plus de crédit que moi. Je disois, d'un autre côté, que le pays me plaisoit, que je voulois bâtir et acheter. Je faisois à regret ce rôle; mais il m'étoit utile de le faire. Les parents de Lucile, éblouis comme les autres de mes fastueuses apparences, se crurent trop heureux que je voulusse bien entrer dans leur famille, sur laquelle ils se flattoient que j'allois attirer les bénignes influences de Versailles.

Nous ne jugeâmes cependant pas à propos de laisser languir la chose. Pendant que le curé de Monneville proposoit ma main à Lucile, qui, feignant d'en être surprise, demanda du temps pour y faire ses réflexions, je visitai les parents, et sollicitai leurs suffrages d'un air poli, et pourtant plein de cette confiance qu'ont ceux qui ne craignent point un refus. Ma recherche ne leur déplut pas. Je feignis à mon tour que j'avois besoin de l'agrément de quelques parents que j'avois à Paris, et j'écrivis au chevalier que je le priois de me tenir la promesse qu'il m'avoit faite de venir à mes noces comme parent, avec deux de nos amis que j'avois engagés à faire avec lui cette partie.

Ils y vinrent tous trois habillés si superbement, et avec un si grand train, qu'en voulant me faire honneur, ils auroient fait découvrir notre innocente supercherie, s'il y eût eu dans le pays quelque généalogiste, puisque, faisant une figure de grands seigneurs, le chevalier ne m'appeloit que son frère, et les autres leur cousin. J'expliquai aux dames cette fraternité prétendue, en leur apprenant que le chevalier ne me nommoit pas autrement depuis que nous nous connoissions, ayant eu dessein de me faire épouser une sœur qu'il avoit dans la Nouvelle-France.

Les noces se célébrèrent à Ganderon avec une pompe et une magnificence que l'on n'avoit pas coutume de voir dans le pays; ce qui fit plus de plaisir à la baronne qu'à Lucile, qui auroit mieux aimé se marier avec moins d'appareil et de bruit. Nous partîmes peu de jours après tous ensemble pour Paris, afin d'y passer l'hiver. La baronne, ma mère, tomba malade; et comme il y a là plus de médecins qu'il n'en faudroit, elle y pensa laisser la vie; ce qui rendit cette ville si odieuse à ces deux dames, qu'elles me conjurèrent de les ramener à la campagne.

J'avois aussi tant de goût pour la vie tranquille que je menois avec elles en province, que je me lassai bientôt de ma charge. Je priai le chevalier de m'en défaire, et d'obtenir pour cela l'agrément de la cour. Il me rendit volontiers ce service, à condition que je ferois avec lui le voyage de Canada, comme je le lui avois promis. J'eus beau m'en vouloir défendre, et lui représenter la répugnance que ma jeune épouse auroit à y consentir, il ne me fut pas possible de résister à ses persécutions. Il les poussa jusqu'à me le faire ordonner de la part du roi même, par M. de Pontchartrain, qui, pour m'y obliger encore par un autre moyen, me fit mettre en dépôt le prix de ma charge, pour ne me le rendre qu'à mon retour. Je vis bien qu'il me falloit absolument acheter mon repos par cette dernière démarche.

Je m'y résolus donc contre le sentiment de Lucile, qui, pour rompre ce voyage, auroit volontiers abandonné notre argent au dépositaire.

Avant notre départ, le chevalier fit une grosse provision de tout ce que je lui dis être convenable pour les présents qu'il vouloit faire aux sujets de la sakgame, sa sœur; il dégarnit plusieurs boutiques d'armuriers, de miroitiers, de clincailliers et d'autres marchands, sans parler des colifichets du Palais. Je suis sûr que nous emportions pour plus de dix mille écus de bagatelles.

En sortant d'Amboise, notre chaise de poste versa; j'en fus quitte pour quelques contusions à la tête; mais le chevalier se cassa un bras. Un mauvais chirurgien qui étoit là ne voulant point entreprendre de le remettre, nous obligea d'en envoyer chercher un à Tours. Nous n'avions pas de temps à perdre : nos marchandises étoient embarquées à Nantes, et l'on n'attendoit qu'un vent favorable pour mettre à la voile. Il n'y avoit pas moyen cependant d'exposer le chevalier aux fatigues de la mer dans l'état où il étoit. Je lui conseillai de s'arrêter à Amboise, de s'y faire guérir tranquillement, et de me laisser seul continuer la route, en l'assurant que si je faisois seul ce voyage, j'y mettrois moins de temps que s'il venoit avec moi. Il me délivra donc mes lettres de créance, et je me séparai de lui.

En arrivant à Quebec, on me dit chez l'intendant et aux récollets, que sur nos lettres de Paris on avoit fait toutes les démarches possibles pour découvrir ce qu'étoit devenue mademoiselle Duclos, sans que personne eût pu la déterrer, quoiqu'on l'eût fait chercher par des missionnaires et des soldats vers le lieu même que nous avions désigné. Il fallut donc me résoudre à continuer mon voyage, sans savoir si je la trouverois moi-même où je l'avois laissée. Je fis charger sur plusieurs canots les ballots et les caisses destinées pour sa petite cour, et je m'embarquai pour Montréal, où je me proposois de laisser le tout plutôt que d'en faire faire au hasard un transport plus long et si difficile.

Avant que de passer outre moi-même, je me déterminai à perdre quelques jours, au lieu de risquer de faire en vain le plus pénible du chemin. Tandis que je me reposois, j'envoyai vers le petit fort où j'avois demeuré, deux hommes entendus, qui en savoient la route, avec des lettres pour les particuliers à qui j'avois vendu mon habitation, ne doutant point que les jeunes gens que j'y avois connus n'eussent entretenu quelque liaison avec la sakgame que je leur avois fait connoître, et ne m'en donnassent des nouvelles.

En attendant leur retour, j'eus de longues conférences avec l'abbesse de Notre-Dame de Montréal. Je m'étois chargé de la voir de la part d'un de ses parents qui étoit ami du chevalier. C'étoit une religieuse toute décrépite, qui, avec un zèle sans exemple, avoit soutenu les plus accablantes fatigues pour porter la lumière de la foi parmi toutes sortes de nations sauvages, où elle avoit vu deux de ses nièces qui la suivoient partout, prises et déchirées par ces furieux catéchumènes. Elle s'appeloit, je crois, Bourgeois. Elle étoit d'une très bonne famille de Champagne, et elle avoit été la première abbesse de son couvent.

Je me souviens que cette sainte dame répandit bien des pleurs, quand je lui lus la réponse que je reçus au sujet de mademoiselle Duclos. Elle étoit écrite de la main même du jeune homme qui m'avoit accompagné chez les Hurons, et elle étoit conçue en ces termes : « Vous avez fait inutilement bien du chemin, si vous

« ne cherchez que mademoiselle Duclos. L'autorité
« du roi, par l'ordre duquel vous venez, dit-on, la
« trouver, est impuissante auprès d'elle. Au fond de
« son tombeau, elle ne reconnoît plus dans ce monde
« aucun pouvoir. Cette incomparable demoiselle ne
« vécut pas long-temps après votre départ de ce pays.
« Sa mort a été fatale pour bien des personnes, et l'au-
« roit été pour moi-même, si elle eût été récente, lors-
« que j'ai été en dernier lieu dans le quartier des Hu-
« rons où elle régnoit. Les François que vous avez vus
« auprès d'elle, au nombre de vingt-cinq, ont été pour
« la plupart immolés sur son tombeau. On diroit qu'elle
« avoit prévu ces tristes effets de l'amour qu'on lui
« portoit, puisque pendant sa maladie, elle en renvoya
« quelques-uns en ce pays sous différents prétextes. On
« dit qu'entre autres elle voulut rendre ce service à son
« missionnaire, et qu'elle l'avoit chargé de plusieurs
« lettres pour vous et pour sa famille; mais, comme il
« refusa de l'abandonner, tant qu'il espéra qu'elle en
« pourroit revenir, il partit trop tard. Il fut repris ap-
« paremment et tué en chemin, car on ne l'a pas revu
« depuis. Ce n'est pas tout, Monsieur; huit des plus
« aimables filles qui étoient auprès d'elle voulurent
« aussi la suivre dans l'autre monde, pour la servir et
« lui tenir compagnie; la sakgame eut beau les conjurer
« de renoncer à de si détestables maximes, elle ne put
« rien obtenir; et en expirant, elle entendoit celles qui
« ne devoient pas lui survivre, prendre leurs arrange-
« ments pour l'autre monde, comme on fait en celui-ci
« pour un voyage de cinquante lieues. Ce qu'elle crut
« pouvoir faire de mieux dans ses derniers moments

« pour ces misérables filles, c'est qu'elle leur assura qu'au
« pays des morts, elle ne recevroit en sa compagnie que
« celles qui seroient chrétiennes comme elle ; ce qui
« engagea les filles qui n'avoient pas pris ce parti à se
« faire baptiser solennellement avant que de mourir.
« Depuis ce temps-là, Monsieur, il ne se passe pas de
« jour que plusieurs sauvages n'aillent fumer sur son
« tombeau, et lui demander à haute voix si elle n'a
« besoin de rien. Ce fut peut-être le zèle et l'empres-
« sement avec lequel je fis cette cérémonie avec eux qui
« me sauvèrent du sacrifice. Ils m'en surent bon gré, et
« parurent surtout enchantés de mon bon cœur, quand
« ils me virent mettre sur son tombeau mon argent,
« mon couteau et mon épée, avec tout ce que j'avois de
« bijoux, lui promettant de venir souvent lui faire de
« semblables présents. Si vous doutez, Monsieur, de
« ce que je vous dis, prenez une escorte nombreuse,
« et je vous accompagnerai jusque sur le lieu même. »

Je ne crois pas qu'on puisse être plus touché que je
le fus en apprenant ces nouvelles et les rapports que
me firent les deux hommes qui me les apportèrent. Ils
me dirent que cette demoiselle n'étoit pas moins aimée
des François que des sauvages, et que dans toutes les
familles où je les avois envoyés, personne ne leur avoit
parlé d'elle que les larmes aux yeux. Tout ce que mademoiselle Duclos m'avoit dit de l'attachement que les
Hurons avoient pour elle, ne me laissa pas douter un
moment que ce que j'en apprenois ne fût véritable. Je
fus tenté vingt fois d'envoyer chez ce peuple si reconnoissant tous les présents que j'avois apporté pour lui;
ce que j'aurois fait certainement si les effets m'eussent
appartenu. Mais je craignois que le chevalier ne le

trouvât pas bon, et je troquai le tout contre des pelleteries dont il n'a cependant pas profité, puisque le vaisseau dans lequel j'étois pour repasser en France, fut attaqué vers le grand banc de Terre-Neuve, et pris par les Anglois.

Nous fûmes conduits à Boston, dans la Nouvelle-Angleterre. Deux passagers, prisonniers comme moi, firent entendre au capitaine que je devois être un grand seigneur, puisque j'étois connu de Louis XIV, et venu par son ordre en Canada. Ce qui obligea les Anglois à me traiter durement pendant quelques années, en me faisant travailler aux ouvrages les plus pénibles ; et quand je n'y pouvois plus résister, on me laissoit reposer au fond d'un cachot. On en usoit avec moi de cette sorte pour me forcer à me racheter par une rançon de cent mille livres qu'on avoit l'insolence de me demander aussi bien qu'au gentilhomme qui étoit avec moi.

Le capitaine du vaisseau que vous venez de prendre, nous acheta là comme on achète des esclaves, pour gagner sans doute sur le prix que nous lui coûtâmes. Il nous a traînés depuis un an à la Jamaïque et sur les côtes d'Afrique. Nous souhaitions qu'il nous menât en Angleterre, parce qu'on trouve là des personnes qui connoissent toutes les grandes familles de France, et qui l'auroient détrompé sur notre compte. Mais, grâce à Dieu, voilà notre rançon gagnée, car je ne crois pas que vous mettiez à prix la liberté que nous vous devons. Nous en avons toute la reconnoissance dont nous sommes capables ; et c'est tout ce qu'exigent les cœurs généreux.

FIN DU CINQUIÈME LIVRE.

LIVRE SIXIÈME.

Continuation de l'histoire du chevalier de Beauchêne. Il rencontre deux vaisseaux anglois gardes-côtes, qui le font prisonnier. Pour recouvrer sa liberté, il forme un projet qui ne réussit point. Il est mis à terre, avec ses compagnons, au pied d'un rocher dans les déserts de la Guinée, où on les laisse sans vivres, sans armes. Après avoir essuyé mille dangers, Beauchêne, avec deux de ses compagnons, arrive au cap Corse, où il retombe entre les mains du capitaine qui l'avoit pris. Il est enfermé dans un souterrain, et remis en liberté. Il est conduit à Juda. Il y est bien reçu par M. de Chamois, gouverneur du fort françois, qui l'engage à aller ravager l'île du Prince. Détail de cette expédition. Descentes de Beauchêne sur les côtes du Brésil. Enlèvement d'un capitaine garde-côtes. La tête du chevalier est mise à prix par le gouverneur de Rio-Janeiro. Vengeance de Beauchêne. Il fait une prise considérable. Valeur des Portugais. Il se joint avec d'autres flibustiers aux troupes que M. Cassart commandoit. Ils vont ravager Mont-Serrat. Détail de cette expédition.

Tous mes flibustiers furent si charmés de l'histoire de Monneville, qu'ils l'assurèrent qu'ils consentoient volontiers que nous retournassions sur-le-champ au Sénégal, et même aux Canaries, d'où il lui seroit facile de se rendre en France par l'Espagne. Néanmoins après ce premier mouvement de bonne volonté, on tint conseil à ce sujet, et l'on jugea qu'il étoit plus à propos de continuer à croiser sur les côtes d'Afrique encore quelque temps, afin de faire quelque autre prise, et d'aller vendre le tout à Saint-Domingue, où l'on ne manque jamais d'occasion pour la France, ou bien à Cadix, supposé que nous fissions quelque capture considérable.

Nous fûmes près d'un mois sans rien rencontrer, après quoi vers la hauteur de Boufaut nous découvrîmes deux navires anglois. Je les pris d'abord pour des vaisseaux marchands, et ne les reconnus pour vaisseaux de guerre gardes-côtes, que quand je les vis venir sur nous. Je virai de bord aussitôt pour les éviter; mais un des deux, belle et légère frégate de 40 pièces de canon et de trois cents hommes d'équipage, nous joignit après douze heures de chasse. Nous nous défendîmes depuis minuit qu'on nous attaqua jusqu'à dix heures du matin, toujours en retraite. Il me fallut alors amener malgré moi, parce que notre vaisseau, étant rasé comme un ponton, ne pouvoit plus manœuvrer. Le second vaisseau anglois, nommé l'*Escarboucle*, de 50 pièces, nous joignit après le combat, et nous fûmes transférés sur son bord.

Il y avoit déjà bonne compagnie à son fond de cales, et entre autres près de trois cents François qui venoient d'être pris sur le *César*, corsaire de Nantes, commandé par le vaillant capitaine Cazali, Créole de Saint-Christophe. Je l'avois vu dans l'Amérique; et quand il sut que c'étoit à moi qu'on mettoit les fers aux pieds, il vint me faire un compliment de condoléance. Pour lui, il étoit libre sur le vaisseau des Anglois. Il mangeoit et se divertissoit avec les officiers.

De peur de maladie et pour nos besoins, on nous permettoit de monter sur le tillac deux à deux, et d'y prendre l'air quelque temps. Je m'y trouvois toujours avec Monneville; et comme nous ne nous étions pas rendus aux Anglois, ni nous, ni M. de Cazali, sans leur avoir tué beaucoup de monde, nous remarquâmes qu'il restoit sur l'*Escarboucle* moins d'hommes que nous n'étions de prisonniers. Nous fîmes part de cette observation au peu de flibustiers qui restoient, et nous commençâmes avec eux à exciter les François à la révolte. Je leur représentai que rien n'étoit plus facile que de nous rendre maîtres du vaisseau, si nous en attaquions l'équipage la nuit et à propos : qu'après cela, nous reprendrions aisément nos propres vaisseaux, et peut-être même la frégate angloise.

L'amour de la liberté les animoit tous autant que moi; mais ils trouvoient la difficulté de la recouvrer plus grande que je ne disois. A force de courir des périls, un flibustier s'accoutume à les voir moindres qu'ils ne sont, et à les mépriser. Il n'en est pas de même des autres guerriers. Notre plus grand embarras étoit que nous n'avions point d'armes. Je leur dis à ce sujet, que si M. de Cazali ne nous aidoit pas à en avoir par surprise, je me chargeois de leur en fournir, me faisant fort de briser le coffre d'armes dès que nous serions sur le pont.

Quand ils m'eurent tous donné leur parole d'honneur, je communiquai notre dessein à M. de Cazali, qui l'approuva; mais quand je lui dis que le succès dépendoit plus de lui que de nous, et que nous ne pouvions rien faire qu'il ne nous livrât les clefs du coffre d'armes qu'il lui étoit aisé d'avoir la nuit en égorgeant celui qui les gardoit : Mon cher chevalier, me dit-il en me serrant la main, je vous garderai le secret, parce que je ne crois pas être obligé de le révéler; mais je ne saurois être des vôtres. Ce qui est adresse et courage en vous, seroit en moi perfidie et lâcheté. Comme

François, je souhaite que vous réussissiez, et comme honnête homme, je ne puis trahir un ennemi qui épargne ma vie et me confie la sienne.

Je ne puis vous blâmer, répondis-je à M. de Cazali, quelque préjudiciable que nous soit votre délicatesse. Gardez-nous donc le secret. Je n'abandonne pas mon entreprise, quoique l'événement que vous pouviez rendre infaillible devienne douteux sans votre secours.

Tout le monde sait que, pendant la nuit, il n'y a que la moitié de l'équipage d'un vaisseau qui veille, et qu'on se relève de quatre heures en quatre heures. On appelle cela faire le quart. Nous choisîmes le milieu d'un de ces quarts pour faire notre coup. Il y avoit une demi-douzaine de flibustiers qui étoient venus à bout comme moi de défaire leurs fers. J'avois plus de confiance en eux qu'en tout le reste. Quand l'heure marquée fut venue, j'en pris un des plus forts, avec qui, montant sur le tillac à deux heures après minuit, comme pour prendre l'air, nous renversâmes du haut de l'écoutille à fond de cale deux sentinelles qui nous gardoient. Ils furent d'abord étouffés. Je me saisis après cela d'une grosse pince de fer avec laquelle j'enfonçai le coffre d'armes dès le second coup.

Le grand bruit que je fis par là nous perdit. L'alarme subite que cela mit dans le vaisseau, fit deux mauvais effets pour nous. Elle réveilla les Anglois, qui se mirent en défense, et glaça d'effroi les François qui restoient à fond de cale, et qui, n'osant en sortir, nous laissèrent accabler quarante ou cinquante qui étions montés les premiers. Ce qui acheva notre défaite, c'est qu'après qu'il y eut une vingtaine d'Anglois de tués, et entre autres leur second capitaine, je reçus sur la tête plusieurs coups qui m'étourdirent et me renversèrent dans la foule. Tous mes flibustiers furent traités de la même façon, si bien que personne ne commandant ni ne conduisant ce qui restoit de François de bonne volonté, nous cédâmes la victoire aux Anglois. Ainsi, quand Monneville remonta du fond de cale où je l'avois envoyé conjurer les François de ne nous pas abandonner, il n'en trouva plus qu'une poignée qui se défendoit. Il leur conseilla lui-même de se retirer avec les autres plutôt que de se faire tuer sans fruit.

D'abord qu'il fut jour, les officiers des deux vaisseaux s'assemblèrent sur l'*Escarboucle*; et le résultat du conseil de guerre qu'ils tinrent à notre sujet, fut que tous les prisonniers seroient séparés sur les quatre vaisseaux, et mis aux fers; et que les auteurs de la révolte seroient pendus aux vergues. On les découvrit bientôt, et l'on me nomma pour faire ce sot personnage avec Monneville et trois flibustiers.

Certainement nous aurions éprouvé cet infâme supplice sans M. de Cazali, qui représenta fortement à nos juges les conséquences de cet arrêt, qui, dans le fond, étoit contraire aux droits des gens et aux lois de la bonne guerre; comme il le leur fit voir dans leurs propres réglements, puisqu'il a été toujours permis à des prisonniers de s'échapper s'ils le peuvent, comme il l'est à un oiseau de s'envoler de sa cage, si elle n'est pas bien fermée. Enfin, il harangua si pathétiquement, qu'il nous sauva de la corde par la force de son éloquence.

Mais les Anglois, qui ne vouloient pas que nous y perdissions, se promirent bien de nous dédommager amplement. Ils s'y préparèrent à loisir, et s'en tinrent enfin à un moyen aussi sûr, mais plus honnête de se défaire de nous. Ils nous mirent à terre quelque temps après dans les déserts de Guinée, au pied d'un rocher escarpé, le soir du mardi gras de l'année 1711, où ils nous laissèrent sans vivres, sans armes, et couverts chacun d'une vieille chemise de toile bleue. Je me souviens que, lorsqu'il fut question de descendre dans la chaloupe, où trente soldats bien armés nous attendoient pour nous escorter, M. de Cazali me dit en me tendant la main : adieu, mon pauvre chevalier, c'est fait de toi; si tu échappes aux griffes des lions, ce sera pour mourir de faim, ou pour apaiser celle des nègres; recommande ton âme à Dieu, mon ami.

Ne vous inquiétez pas, Monsieur, lui répondis-je; si ces nègres sont farouches et roturiers, nous allons les apprivoiser et les ennoblir. Je veux en particulier peupler de chevaliers cette terre sauvage. C'étoit pure rodomontade de ma part. Je faisois comme ces enfants fiers et mutins, qui, quand on les prive de quelques bijoux qu'ils aiment, disent qu'ils en étoient las, et qu'ils sont ravis d'en être débarrassés. Je sentois bien qu'étant fort éloigné du cap Corse, et encore plus de Juda, nous ne pouvions pas y arriver au travers de tant de dangers, et que nous serions infailliblement dévorés par les nègres ou par les bêtes féroces.

Dans le temps qu'on nous fit le compliment peu gracieux que nous étions cinq condamnés à être pendus, j'avois adroitement attrapé un scalpel du chirurgien qui nous pansoit, et je l'avois caché dans la manche de ma chemise, dans le dessein de m'en servir pour expédier d'abord l'Anglois qui me mettroit la corde au cou, et me procurer aussitôt moi-même l'honneur coupable de périr par le fer en dépit de mes ennemis. Voilà les damnables maximes que j'avois apprises des sauvages, des flibustiers et des Anglois eux-mêmes. Ce ferrement nous restoit quand nous fûmes à terre; ainsi je portois dans ma manche tout notre arsenal.

Ce ne fut pas une petite affaire pour nous que de gagner le haut du rocher avant la nuit. Quand nous y fûmes, nous regardâmes du côté de la terre, et cherchâmes des yeux quelques arbres où nous pussions prendre de quoi nous faire des bâtons pour nous défendre du moins quelque temps contre les bêtes; mais nous ne vîmes pas le moindre arbrisseau. Nous résolûmes néanmoins de ne nous pas avancer davantage, et de passer là toute la nuit en veillant chacun à son tour pour éviter la surprise.

Mes camarades, considérant notre déplorable situation, fondoient en larmes, et se désoloient comme à l'envi. Si nous ne sommes pas dévorés cette nuit, disoient-ils, demain nous périrons dans les sables de soif et de chaud, ou bien nous servirons de pâture aux nègres par les cantons desquels nous serons obligés de passer pour gagner Juda, et qui tous mangent les blancs qui tombent entre leurs mains. Comment échapper à tant de périls? La mort n'étoit pas le plus grand mal que nous pouvoient faire les Anglois. Nous en serions quittes à présent sans les soins indiscrets de M. de Cazali.

Pour moi, disoit Monneville, en recouvrant la liberté, j'ai tout perdu. Je suis dans un état à désirer d'être encore aux fers. C'en est fait, mon cher ami, me disoit-il, nous ne reverrons jamais ni le Canada ni la France. Que le sort de ma femme est triste! ajoutoit-il; elle va, comme ma mère, passer sa vie à pleurer et à attendre un époux qu'elle ne reverra jamais.

Quoique je visse aussi bien qu'eux que notre perte étoit inévitable, je voulois pourtant faire l'esprit fort et les consoler. Ne perdons point courage, leur disois-je, l'abattement et le désespoir sont les plus grands maux, quand on se trouve dans des extrémités pareilles à celles où nous sommes. De la patience et de la résolution, mes amis! Il n'y a rien dont on ne vienne à bout avec cela. Nous n'avons à craindre les monstres que cette nuit. Demain nous ferons des massues qui nous suffiront pour nous en défendre. Quant aux nègres, nous devons plutôt les chercher que les fuir; ils nous recevront et nous donneront à manger, ou, plus cruels que leurs tigres, ils nous attaqueront. Trouvez-vous que nous soyons fort à plaindre dans ces deux cas? Dans le premier, vous voilà sauvés; dans le second, nous leur vendrons cher notre vie, et nous la perdrons en braves gens. N'est-ce pas notre destinée? Croyez-moi, la flèche d'un sauvage ne fait pas plus de mal que la balle du mousquet d'un mylord ou d'un seigneur portugais.

Je les priai après cela de se reposer sans crainte, tandis que je veillerois le premier; ce qu'ils refusèrent de faire. Je me couchai donc pour leur donner l'exemple, et je leur dis de m'éveiller lorsqu'ils voudroient dormir à leur tour. Je ne me sentois pas plus disposé qu'eux à prendre du repos; mais je ne voulois pas qu'ils s'aperçussent qu'en tâchant de les rassurer, je n'étois pas moins effrayé qu'eux. Leurs plaintes m'attendrissoient; et j'avois le visage couvert de larmes, que je cachois en croisant mes mains sur mon front. C'étoit pour la seconde fois de ma vie qu'il m'arrivoit de pleurer.

Néanmoins, comme la crainte nous faisoit garder à tous un profond silence, je crois que je me serois endormi, si mes camarades ne m'eussent averti qu'ils voyoient venir vers nous un gros animal : c'étoit un lion dont nous pouvions distinguer facilement la grandeur énorme. Il n'étoit pas à plus de cinquante pas de nous, et il nous regardoit avec des yeux étincelants. Je me mis à la tête de la troupe, en l'exhortant surtout à ne se point écarter. Vous ne courez aucun risque pour le présent, leur disois-je; cet animal ne sauroit aller à vous qu'après m'avoir ôté la vie, et il ne peut m'expédier assez vite pour que je n'aie pas le temps de le percer de plusieurs coups de mon ferrement.

Le lion, ne nous voyant point remuer, s'avança fort doucement jusqu'à la portée du pistolet, aussi curieux de nous voir de près que nous étions peu contents de sa curiosité. Je crois qu'il l'auroit poussée jusqu'à venir fondre sur nous, si deux ou trois de nos camarades n'eussent fait un grand cri à la vue d'un tigre qui passoit d'un autre côté. Ces deux animaux, épouvantés d'un bruit si nouveau pour eux, prirent la fuite, et nous laissèrent nous remettre un peu de la frayeur qu'ils nous avoient causée.

Nous ne vîmes rien du reste de la nuit; et, dès qu'il fut jour, nous nous mîmes en chemin au travers des terres. Après quatre heures de marche, nous trouvâmes quelques arbres sous lesquels nous jugeâmes à propos de nous arrêter, pour en dépouiller deux de leurs écorces, dont nous fîmes chacun une espèce de chapeau en forme de gondole, sans quoi il ne nous eût pas été possible de supporter l'ardeur du soleil, qui commençoit à s'élever sur l'horizon. Nous nous remîmes ensuite en marche; mais par malheur nous trouvions de temps en temps du sable dans lequel nous enfoncions jusqu'aux genoux, et qui étoit si brûlant, que nous étions obligés de courir en le traversant.

Nous fîmes beaucoup de chemin le premier jour, parce que nous avions toute notre force, et que nous ne commençâmes que le soir à sentir la faim qui nous accompagnoit. Nous couchâmes dans des joncs au bord d'une rivière guéable, où nous eûmes une nuit aussi fraîche que le jour avoit été chaud. La rosée étoit si abondante, que le matin nos chemises étoient toutes mouillées. L'expérience que j'avois faite en Irlande de cet aphorisme, qu'il faut toujours donner quelque chose à l'estomac, fit que je goûtai de plusieurs sortes de feuilles d'arbres et de joncs, dont je fis provision avant que de partir, de peur de tomber dans quelque désert où nous n'aurions pas même cette ressource. Nous ne fîmes que les sucer ce jour-là; mais nous en mangeâmes le lendemain, parce qu'aucun de nous n'avoit pu dormir la nuit.

Ayant pris un peu sur la droite pour nous rapprocher de la mer, nous aperçûmes assez loin une colline toute couverte d'arbres. Nous y adressâmes aussitôt nos pas, dans le dessein d'y passer la nuit; et quand nous y arrivâmes après deux ou trois heures de chemin, nous entendîmes devant nous un bruit comme de coups de bûcheron. Nous allâmes tout doucement vers le lieu d'où il partoit, et nous vîmes que c'étoit un nègre qui frappoit des palmiers, et leur faisoit des saignées, comme j'en avois vu faire aux érables en Canada.

Ces incisions se font aux érables dans la force de la sève; on la laisse couler depuis dix heures du matin jusqu'à quatre après midi, et il y a tel arbre qui, pendant ce temps-là, rend plusieurs pots d'eau dont on tire un sucre que l'on prétend être beaucoup meilleur pour l'estomac que celui des îles.

Nous découvrîmes, au milieu d'un beau vallon, un gros village de nègres, composé de plus de trois cents cases; et, entre le village et nous, six à sept cents hommes qui venoient à notre rencontre, armés d'arcs et de flèches. Le gros de la troupe marchoit gravement comme à une affaire bien sérieuse, et une centaine de jeunes gens grands et bien faits, courant devant les autres comme les enfants perdus d'une armée, s'approchoient de nous en sautant et en caracolant, puis se retiroient au corps de l'armée, disparoissant comme des ombres au moindre mouvement que nous faisions, ou plutôt ainsi qu'une bande d'étourneaux qui voient venir à eux des chasseurs. Enfin ces nègres, s'enhardissant peu à peu, venoient de plus près en plus près, mais toujours sur le qui-vive; ils tenoient leurs arcs bandés, nous examinoient un moment, et s'enfuyoient aussitôt.

Je dis à mes camarades qu'il falloit nous jeter au milieu d'eux, s'ils nous attaquoient, en tuer le plus que nous pourrions, et mourir en gens de cœur. En un mot, leur dis-je, mes amis, imitez-moi, et ne faites que ce que vous me verrez faire. Nous avancions cependant au petit pas, d'un air humble et craintif, à demi-courbés, et nous appuyant sur nos massues, comme si nous avions été sans force. Je dis nos massues, car nous nous en étions fait chacun une des arbres dont les écorces nous servoient de chapeaux. Notre contenance marquoit tant de foiblesse et de timidité, qu'il falloit que ces gens-là fussent plus poltrons qu'on ne le peut exprimer, pour avoir peur de nous.

Quand ils furent à quelques douze pas de notre petite troupe, un des plus apparents fit un certain cri, qui obligea tout son monde à faire halte et silence en même temps. Alors, par un effort généreux, il sortit des rangs, et s'avança jusqu'à nous. Je ne laissai pas de remarquer que nature pâtissoit en lui, car ce héros trembloit, quoique plus de deux cents nègres tinssent leurs arcs bandés, et fussent prêts à tirer sur nous au premier signal. Il me tendit la main, et je lui présentai la mienne. Il me pressa le bout du doigt en faisant claquer les siens, et en me disant : *Kio kio paw*. Je répétai les mêmes mots à tout hasard; et, portant la main à ma bouche, pour lui faire entendre que nous avions besoin de manger, je m'aperçus qu'il comprenoit ce que je voulois dire. Il se tourna vers les siens, et leur ayant dit apparemment que nous étions des malheureux dont ils n'avoient rien à redouter, ceux d'entre eux qui avoient le plus de courage, eurent l'assurance de nous venir à leur tour presser le bout des doigts et nous saluer de leur *kio kio paw*. Enfin la multitude s'enhardit : il nous fallut recevoir et rendre, pendant plus d'un quart d'heure, le compliment que ces paroles composoient.

Pour nous faire voir qu'ils concevoient bien que nous

mourions de faim, quelques-uns d'entre eux se détachèrent des autres, et coururent au village nous préparer à manger. Pour y arriver après eux, il nous fallut percer une nouvelle foule d'hommes et de femmes qui s'empressoient à nous considérer. Nous aurions volontiers soutenu leurs regards, si nous eussions eu le ventre plein; mais leur curiosité nous paroissoit importune dans l'état où nous étions. Nous parvînmes pourtant jusqu'à une belle case, devant laquelle il y avoit une quantité prodigieuse de poisson cuit, qui sembloit être destiné pour nous.

Nous nous assîmes tous au pied du mur de la case, où, redoublant nos gestes les plus expressifs pour demander à manger, nous eûmes la consolation de nous voir enfin servir de ces petits poissons, auxquels cependant nous ne pûmes toucher encore qu'après avoir fait la cérémonie du calumet. Ce qu'il y eut d'heureux pour nous, c'est que nous nous rassasiâmes sans nous incommoder; premièrement, parce que les arêtes, que nous n'aurions certainement pas eu la patience d'éplucher, se trouvèrent petites et mangeables; secondement, comme nos poissons étoient cuits dans l'huile de palmier, et que nous buvions en même temps du vin fait du suc du même arbre, ce mets nous dégoûta tous, et nous empêcha d'en prendre trop.

Pendant notre repas, outre la presse qui étoit autour de nous, les arbres voisins étoient tout noirs, aussi-bien que le dessus des cases, tant il y avoit de nègres perchés de toutes parts pour nous examiner attentivement. On peut juger, par un petit incident que je vais rapporter, combien ces peuples sont peu aguerris. Ma massue me glissa des mains par hasard; je me baissai avec vivacité pour la ramasser, et ce mouvement que je fis leur causa tant d'épouvante, qu'ils s'enfuirent presque tous. Vous eussiez vu ceux qui étoient sur les arbres se jeter promptement en bas pour se sauver, de même que si une armée d'ennemis fût venue fondre sur eux. Ils se rassurèrent néanmoins peu à peu, et se rapprochèrent de nous.

Quand je vis que, bien loin d'avoir envie de nous faire du mal, ils nous regardoient comme des gens qu'ils craignoient, je laissai là ma massue; et me mêlant parmi eux, je commençai à lier conversation par signes avec les plus intelligents. Je leur fis comprendre que nous avions été volés sur mer, dépouillés et exposés sur leurs côtes. Pour nous marquer qu'ils m'avoient entendu, ils nous donnèrent aussitôt des aumônes abondantes, chacun selon son pouvoir, en plumes, en ivoire, en coquillages et autres choses pareilles. Comme je leur nommai plusieurs fois le cap Corse et Juda, pour leur en demander le chemin et la distance, ils me répondirent, par leurs gestes, que la route de Juda n'étoit pas praticable par terre, et qu'il nous falloit seulement cinq tours de soleil pour nous rendre au cap Corse; mais qu'à la fin du premier jour nous trouverions un village de nègres avec lesquels ils étoient en guerre, qui étoient les plus méchants du pays, et qui nous mangeroient infailliblement.

Ils nous offrirent de leurs flèches et des arcs pour nous défendre contre leurs redoutables voisins; mais je leur fis signe que mes camarades ne pouvoient pas se servir de ces armes : pour moi, je pris celui de leurs arcs qui me parut le plus fort; et les faisant tous écarter un peu, je tirai en l'air une flèche qui les étonna beaucoup, en s'élevant bien plus haut que les leurs, et en retombant à pic à mes pieds. Ils m'en firent tirer aussi plusieurs contre une figure d'homme faite d'écorce d'arbre et couverte de peaux, sur laquelle apparemment s'exerçoit leur jeunesse ; et voyant que de trente pas plus loin qu'eux je ne la manquais point, ils se mirent tous à me caresser en me frottant les bras et les épaules, et faisant devant moi mille gestes d'admiration et de respect.

Il me prenoient sans doute pour un homme extraordinaire. Ils nous firent après cela, non des charités, mais des présents ; et s'apercevant que rien ne nous plaisoit tant que la poudre d'or, ils nous en donnèrent une petite quantité, véritablement aucun d'eux n'en ayant une grosse provision. Ils n'en ramassoient que pour leurs besoins journaliers, et que pour avoir en échange tout ce qui leur étoit nécessaire. Le tout rassemblé faisoit près d'une livre, qu'on nous avoit donnée pincée à pincée, et que nous emportâmes bien liée dans les coins de nos chemises.

Nous passâmes la nuit dans ce village. Ils nous firent coucher seuls, dans une case séparée, sur des nattes de joncs, et nous présentèrent obligeamment à chacun une femme, pour remplir parfaitement les devoirs de l'hospitalité : nous les refusâmes le plus honnêtement qu'il nous fut possible, ne pouvant pas en conscience faire honneur à leur présent. Nous nous disposions à partir dès le lendemain matin ; mais nous fûmes obligés de différer notre départ, attendu que deux des nôtres se trouvèrent incommodés la nuit pour avoir bu du vin de palmier, quoiqu'ils n'en eussent pas fait débauche plus que nous. Épuisés que nous étions par le jeûne, une liqueur encore moins forte nous auroit monté à la tête.

Nos deux malades nous proposèrent de rester parmi les nègres; et je ne sais si l'envie d'amasser de la poudre d'or ne nous auroit point fait prendre ce parti, si Monneville, qui ne se soucioit de la vie que pour l'aller passer en France, ne nous eût représenté que nous trouverions une mort certaine dans les villages voisins que nous comptions déjà de piller à la tête de nos nègres, puisque n'ayant ni sabres ni armes à feu, notre fermeté ne serviroit qu'à nous faire percer de coups dès que nos nègres lâcheroient le pied; ce qui ne manqueroit pas d'arriver à la première occasion. Il avoit raison. Outre cela, la poudre d'or ne nous auroit pas aidé à gagner Juda, sans quoi elle nous eût été tout-à-fait inutile. Nous passâmes donc le jour suivant entier à nous reposer, et nous ne partîmes que le lendemain.

Nous aurions bien voulu que quelques nègres nous eussent escortés seulement une demi-journée; mais au diable s'il y en eut un seulement qui osât s'avancer avec nous vers le premier village par où nous devions passer, parce que c'étoit là que demeuroient leurs plus terribles ennemis. Nos bons nègres nous pressèrent de nous charger chacun d'un arc et d'un trousseau de flèches; ce que nous refusâmes d'accepter; en quoi, ce me semble, nous marquions quelque prudence. Comme il s'agissoit de nous attirer la compassion des nègres par les villages desquels nous avions à passer, nous aurions fort mal fait d'y paroître avec des armes.

On nous fit connoître par le soleil qu'avant qu'il fût couché nous arriverions au village terrible, et que nous trouverions fréquemment de l'eau en chemin. Nous n'emportâmes donc que de petits poissons cuits, que nous mangeâmes sur les deux heures après midi sous des palmiers que nous découvrîmes de bien loin, et que nos deux malades ne gagnèrent pas sans peine. L'un d'eux surtout étoit si mal, qu'il nous fallut le soutenir pour l'aider à marcher le reste du jour; ce qui ralentit notre marche, et nous empêcha d'arriver au village avant la nuit.

Nous traînâmes assez bien ce malade jusque vers les dix heures. Alors la fraîcheur de la nuit le saisit, et lui causa une grosse fièvre qui l'arrêta, de façon que nous fûmes contraints de le porter sur nos massues le reste de la nuit, en nous reposant à chaque moment. Tant que ce garçon eut de la connoissance, il ne cessa de nous prier de ne le point abandonner. Lorsqu'il fut jour, nous nous aperçûmes que nous étions malheureusement dans un lieu tout découvert. Cette observation fut cause que nous redoublâmes nos efforts pour porter promptement ce misérable encore un grand quart de lieue, afin de gagner un petit fond où nous jugions que nous serions du moins à couvert de la vue de ces formidables nègres, sur le terrain desquels nous nous imaginions être encore.

Nous y demeurâmes jusque sur les neuf heures du matin, que l'ardeur du soleil nous en chassa. Nous ne savions de quel côté tourner pour trouver de l'ombre. Outre nos deux malades, Monneville, qui n'avoit jamais marché nu pieds, les avoit tout déchirés; et, ne pouvant presque plus se soutenir, il nous dit avec une fausse tranquillité, qui tenoit du désespoir : Adieu, Messieurs, je vous souhaite un bon voyage; pour moi, je vais rester ici. Je veux mourir au soleil; je languirai moins long-temps qu'à l'ombre. Il y avoit parmi nous un Parisien vigoureux, nommé Roland. Je lui proposai de me suivre pour secourir nos malades malgré eux. Il y consentit. Nous laissâmes là les autres pendant deux heures, au bout desquelles nous revînmes à eux avec chacun un paquet de joncs et d'herbes que nous avions été prendre au bord d'une rivière qui étoit à quelques milles de là sur la droite.

Notre dessein étoit d'en faire une espèce de parasol pour couvrir nos camarades, et les préserver des rayons du soleil, et particulièrement celui que nous avions porté si long-temps. Notre bonne volonté lui fut inutile : nous le trouvâmes qui expiroit, et ses deux autres compagnons qui pleuroient à genoux, et prioient Dieu pour lui aussi bien que pour eux-mêmes, tant ils étoient persuadés que nous ne reviendrions point, et qu'ils alloient le suivre.

Notre retour ne parut pas leur faire beaucoup de plaisir. Leur résolution étoit prise. Ils étoient las de lutter contre un sort à la rigueur duquel ils ne voyoient aucune apparence de pouvoir échapper. Celui de l'agonisant seul leur sembloit digne d'envie. Qu'il est heureux ! s'écria Monneville en nous le montrant : il défie maintenant les monstres, les nègres et la faim, et nous sommes encore exposés à tous ces maux. En cessant de vivre, ajouta-t-il, il a senti tout son bonheur. Il a repris connoissance un instant, et il a employé ce moment à remercier le ciel et à nous plaindre. Il a vu que nous n'étions plus robustes que lui que pour être plus long-temps misérables.

Savez-vous, continua-t-il, ce que le malheureux vient d'exiger de nous en mourant? Je n'ai plus d'inquiétude que pour vous, nous a-t-il dit. J'espère que, pour satisfaction de mes fautes, le Seigneur se contentera des peines que je viens de souffrir, et je vais mourir content si vous me promettez d'exécuter ce que je vais vous dire. Au nom de Dieu, que ma mort vous devienne utile. Ne périssez pas de faim de propos délibéré dans ces déserts, pour deux ou trois jours de chemin qu'il vous reste à faire. N'épargnez point ma chair; vous en pourrez manger dans un moment, et emporter le reste.

Vous êtes arrivés, Messieurs, poursuivit Monneville, comme il prononçoit ces dernières paroles, et vous venez de le voir expirer. Si cette sorte de secours vous convient, nous pouvons vous faire les mêmes offres. Nous ne lui survivrons pas long-temps. Un désespoir si marqué me mit véritablement en colère contre Monneville. Je lui fis des reproches sur son peu de courage, et lui dis que je le forcerois bien à nous suivre.

Nous fîmes une fosse peu profonde, parce que nous n'avions pour la faire que nos massues et nos ongles. Elle suffit cependant pour le mort. Nous mîmes sur lui une croix que je fis de son bâton, que nous avions apporté jusque-là. Voilà son mausolée. L'écorce d'arbre qui lui avoit servi de chapeau, et les manches de sa chemise furent employées à faire une chaussure pour Monneville, qui nous suivit volontiers après cela, et même plus facilement que l'autre malade. Nous regagnâmes la rivière que j'avois découverte avec Roland.

Nous résolûmes de suivre son cours, afin de ne nous pas trop écarter de la mer, et dans l'espérance d'y trouver, plutôt que dans les terres, quelque village de nègres; comme en effet deux heures après nous en vîmes un sur notre gauche. Nous en prîmes la route, persuadés que nous exciterions plutôt leur compassion que leur appétit dans l'état où nous étions réduits. Mais huit ou dix nègres que nous rencontrâmes nous épargnèrent la peine d'aller jusque-là. Ces incivils, au lieu de nous recevoir gracieusement, se mirent à faire des cris affreux, et nous poursuivirent à coups de flèches pendant une heure entière.

Leur acharnement à nous décocher de loin des traits qui pouvoient nous atteindre, m'impatienta ; je voulus joindre ces lâches ennemis; mais ils furent plus alertes que moi. Ils nous firent toutefois plus de peur que de mal. Après cette désagréable rencontre, nous regagnâmes notre rivière sans obstacle ; et nous étant éloignés de ce canton de deux ou trois lieues, nous passâmes la nuit au bord de l'eau sur le sable, où nous fîmes notre souper d'une pinte d'eau tout au moins chacun. Quelque peu solide que fût cet aliment, nous éprouvâmes que l'eau a la vertu de calmer un peu la fureur de la faim.

On n'a pas à la vérité après cela le sommeil aisé. Ne pouvant dormir, je quittai mes trois camarades, et passai une partie de la nuit à chercher des arbres pour en manger quelques feuilles. Pour mes péchés, je n'en trouvai point; et j'étois prêt à perdre toute espérance à mon tour, quand je fis réflexion que nous ne devions pas être bien éloignés du cap Corse, où du moins nous serions entre les mains d'ennemis qui nous traiteroient selon les lois de la bonne guerre, et nous échangeroient à la première occasion.

Roland, aussi courageux que moi, au lieu de succomber à sa tristesse, songeoit à la conservation de sa vie. Il lui vint aussi dans l'esprit que nous étions près du cap Corse. Il me communiqua sa pensée, et me dit que nous y arriverions ce jour-là même, si nous partions au clair de la lune sans attendre l'aurore. J'étois fort de son avis; mais nous n'osions réveiller celui de nos camarades que nous avions eu tant de peine la veille à traîner jusque-là. Il étoit vieux, et par conséquent il avoit plus besoin de repos que nous. Ce n'étoit pas la peine de le tant ménager, puisqu'il étoit mort, et non pas endormi. Nous ne nous en aperçûmes qu'à la pointe du jour.

Il étoit fils d'un riche négociant de Rouen. Il s'étoit mis d'abord sur mer en qualité de chirurgien de vaisseau, puis il avoit quitté la lancette pour se faire flibustier, et porter ainsi ses os en Guinée. Pour lui, plus patient que nous, il ne craignoit la mort que parce qu'elle abrégeroit ses peines, qu'il croyoit ne pouvoir être trop longues ni trop cruelles. C'est moi, sans doute, qui vous attire tant de maux, me disoit-il en particulier dès le premier jour de notre misère, quand il nous vit menacés de périr dans les sables. C'est le malheur qui vous a d'abord associés à moi, qui vous enveloppe aujourd'hui dans la punition de mes crimes.

Je voulus le consoler en lui disant que peu d'entre nous avoient tenu dans leur jeunesse une conduite bien réglée, et que le plus souvent on n'embrassoit notre profession, que parce qu'on étoit incapable d'en exercer aucune autre. Non, non, reprit-il, je suis le seul criminel, le seul que la justice divine devroit punir. Jugez-en vous-même, mon cher chevalier; voici une partie de mes forfaits:

Je commençai dès l'âge de seize ans à mériter ce que je souffre aujourd'hui. Je faisois la cour à une jeune héritière que je recherchois moins par inclination pour sa personne, que pour le bien qu'elle devoit posséder un jour. J'avois un rival qui me fut préféré. Je voulus m'en venger, et j'en trouvai si facilement le moyen, que je n'eus pas le temps de réfléchir sur les suites de l'action que je méditois. Mon rival n'étoit point en garde contre mon ressentiment. Il crut que j'avois pris mon parti de bonne grâce, parce que j'avois cessé d'abord de voir mon ingrate, sans chercher à lui faire des reproches. Ainsi lorsque je leur fis ma visite huit jours après leur mariage, ils me reçurent avec politesse, et même avec amitié. Bien loin de soupçonner mon mauvais dessein, le jeune époux me fit entrer dans son cabinet, où, me voyant seul avec lui, je le frappai de plusieurs coups de poignard.

Je sortis aussitôt de chez lui; et, m'éloignant promptement de la ville, je gagnai la forêt, où je demeurai caché jusqu'à la nuit, que j'employai tout entière à marcher pour tirer pays; mais dans le trouble qui m'agitoit, je m'égarai de façon que j'étois encore dans le bois quand le jour parut. En cherchant des yeux quelque maison où je pusse aller me pourvoir de vivres, je découvris trois cavaliers qui venoient droit à moi.

Pour les éviter, je m'enfonçai dans le plus épais du bois; mais un d'entre eux, ayant mis pied à terre, m'y suivit le pistolet à la main, et m'eut bientôt arrêté. Je m'imaginois déjà être sur l'échafaud. Néanmoins j'en fus quitte pour la peur; car on me cria : *la bourse ou la vie*.

Ces paroles me rassurèrent, et je cessai de fuir. Pendant que cet honnête homme me faisoit vider mes poches, ses deux camarades l'appelèrent; il me conduisit devant eux; je leur contai mon malheur; et, me jetant à leurs genoux, je les priai de me sauver. Ils s'entre-regardèrent en riant, et l'un d'eux me demanda si j'avois du goût pour leur profession. Je leur protestai que je me regarderois comme le plus fortuné de tous les hommes, s'ils me jugeoient digne de l'exercer avec eux. Ils me dirent qu'ils ne pouvoient m'accorder ma demande, qu'au préalable je ne leur eusse donné des preuves de ma vocation, et que je ne me misse en état de les suivre en priant quelque passant de me prêter son cheval.

Je vous entends, Messieurs, leur répondis-je, donnez-moi de quoi me faire respecter de plus loin que ne le peut faire mon épée, et vous verrez que ce n'est pas par une injuste présomption que j'ose aspirer à l'honneur de vous être associé. Ils me donnèrent aussitôt le seul fusil qu'ils avoient, et me placèrent dans un lieu commode pour faire mon emprunt. Ils m'y laissèrent, et se retirèrent à cinq ou six cents pas de là, non sans m'avoir averti de ne rien entreprendre, quand il paroîtroit plus de deux hommes à la fois.

Je fus long-temps en embuscade sans rien voir que

des malheureux, dont la défaite ne m'auroit fait ni honneur, ni profit. Ensuite il me passa devant le nez deux cavaliers bien mis, et dont la monture m'auroit fort accommodé; malheureusement pour moi, ils avoient l'air d'être gens à se bien défendre, et ils étoient suivis de quatre ou cinq hommes à pied. Ce ne fut que sur le midi qu'il se présenta un cavalier seul qui venoit du côté de mes nouveaux camarades. Ils le laissèrent passer impunément pour me laisser la gloire de le démonter. C'étoit un bourgeois d'une petite ville voisine, qui, voulant apparemment gagner Rouen avant le dîner, alloit assez vite.

Je me préparois à le coucher en joue, quand je le reconnus pour un de mes meilleurs amis. La liaison que j'avois avec lui étoit telle, que si je n'eusse eu rien à risquer en retournant à la ville, je me serois joint à lui contre les trois voleurs. Mais, comme ç'auroit été me perdre sans ressource, je l'arrêtai d'un ton de voix terrible. Je lui ordonnai de descendre et de se mettre ventre à terre; puis, l'ayant volé, je montai sur son cheval, et rejoignis comme en triomphe les trois juges de mon action.

Je me flattois d'avoir mérité leurs applaudissements, et je ne fus pas peu surpris de la réception froide qu'ils me firent. Un de ces trois illustres brigands me dit, en me regardant de travers : Que voulez-vous faire de cet homme-là? L'avez-vous épargné pour mettre la ville en rumeur par le récit qu'il ne manquera pas de faire de l'accident qui vient de lui arriver? Votre pénétration sans doute ne va pas jusqu'à prévoir que, dans une demi-heure, il n'y aura personne dans Rouen qui ne sache que nous sommes ici et ce que nous y faisons.

Frappé de ces reproches, je retournai au galop vers mon pauvre ami, et lui cassai la tête d'un coup de pistolet. Pour cette fois-là, je m'imaginois avoir bien fait mon devoir, et je m'attendois à voir mes juges fort contents de moi. Je me trompois encore. Autre étourderie! me dirent-ils, aviez-vous quelque chose à craindre de cet homme à qui vous n'aviez laissé aucune arme? Je ne l'ai pas craint non plus, Messieurs, leur répondis-je, puisque je l'ai tué. Il falloit, reprirent-ils, l'entraîner dans le bois, et là l'expédier à coups d'épée; premièrement, parce qu'un coup d'arme se fait entendre de loin, et fait mettre sur leurs gardes les voyageurs qui peuvent suivre de près celui qu'on vient de tuer; secondement, c'est qu'en se défaisant d'un homme dans une forêt, on s'épargne la peine de l'y traîner pour le dérober à la vue des passants.

Je priai ces messieurs de considérer que je n'étois qu'un novice, et que par conséquent ils ne devoient pas s'étonner si je faisois des fautes. Dans ce moment-là, plusieurs marchands passèrent, et virent la belle besogne que je venois de faire. Ils en répandirent le bruit dans la ville; ce qui, joint à l'assassinat que j'y avois commis la veille, fit mettre tant d'archers à nos trousses, que nous fûmes obligés de nous écarter du canton.

Nous nous retirâmes vers Caen, dans le château d'un gentilhomme, où il me parut que l'on se croyoit en sûreté, quoique plusieurs voisins nous y visitassent fréquemment. Ils en agissoient tous si cordialement les uns avec les autres, que je vis bien qu'ils se connoissoient. Au bout de quelques jours, il arriva dix-huit autres cavaliers dans le château, qui s'y assembloient sur un avis reçu de Rouen, qu'un monsieur nommé La Mothe le Bailly, riche commerçant de Caen, devoit partir un tel jour avec beaucoup d'argent qu'il retiroit de toutes parts des mains de ses correspondants. Un de ses valets, qui avoit quelque liaison avec nous, eut la bonté de nous en avertir, ajoutant à ce bon avis, qu'il croyoit que son patron avoit envie de se réfugier en Angleterre pour les affaires de la religion, et qu'il seroit facile de démeubler sa maison auparavant.

Je m'imaginois qu'on iroit attendre le marchand sur la route à son retour de Rouen; ce que l'on ne jugea point à propos de faire, notre troupe étant trop forte, et par conséquent trop fière pour se contenter d'un vol sans éclat. On prit un autre parti. Dès que l'on sut que la famille du bourgeois l'attendoit à sa campagne, et que son fidèle valet nous eut fait avertir de son arrivée avec celui de ses fils qui l'accompagnoit ordinairement, nous montâmes tous à cheval pour nous rendre chez lui.

Il n'étoit pas encore nuit quand nous entrâmes dans sa cour. On m'avoit mis à la tête pour m'éprouver. Le maître du logis vint au-devant de nous, et nous demanda poliment s'il y avoit quelque chose pour notre service; je ne lui répondis que d'un coup de pistolet, et je le couchai par terre. Sa femme et son fils furent traités de la même manière. On épargna le domestique qui nous avoit si bien servis, avec quelques autres. Nous les conservâmes pour nous préparer à souper. On laissa aussi la vie à un des enfants de M. La Mothe, et cela, parce qu'on nous dit qu'il étoit sourd et muet. Néanmoins cet enfant reconnut dans la suite quelques-uns de la troupe qui lui furent présentés, et contribua fort bien à leur faire éprouver le supplice qu'ils avoient mérité.

Je me souviens que les compliments que mes confrères me faisoient en soupant m'ayant mis de belle humeur, je saisis un perroquet qui se tourmentoit dans une cage, et crioit *quel meurtre!* mot qu'il avoit souvent entendu répéter. Je lui coupai la tête, et la fourrai dans la bouche du bourgeois mort, en disant quelques plaisanteries qui m'attirèrent de nouveaux applaudissements. Un jeune gentilhomme de mon âge, que l'on nommoit Gruchi, me dit alors d'un ton ironique, qu'on étoit bien heureux de tenir de la nature d'aussi belles dispositions que les miennes.

Il déplut par ce trait railleur à toute la compagnie, qui conclut de là que le jeune Gruchi, avec ses sentiments de compassion et d'humanité, ne feroit jamais fortune dans le métier, et on le condamna tout d'une voix à ne point passer outre. Son père, comme si ce reproche eût déshonoré son fils, demanda grâce pour lui. Il promit de l'aguerrir; et, pour expiation de sa foiblesse, il lui fit boire sur-le-champ un grand verre du sang des mourants.

C'est ainsi que ce malheureux compagnon de mes misères me fit sa confession, dans l'amertume de son cœur: J'avois résolu de ne rien dire de sa vie à Monneville et à Roland, de peur qu'ils ne prissent moins de soin de lui; mais il se mit par sa mort en état de se passer de nous tous. Monneville, nous le voyant couvrir de sable, se mit à soupirer; et nous regardant tristement : Ce n'est pas la peine d'en faire à deux fois, nous dit-il, faites-moi une place auprès de ce misérable; aussi bien c'est à moi de partir le premier. En essayant d'aller plus loin, je ne ferai que vous embarrasser, et vous empêcher peut-être vous-mêmes de gagner le cap Corse. Tâchez, Messieurs, d'y arriver seuls, et ne vous obstinez point à vous perdre en voulant me sauver.

Ces paroles de Monneville nous attendrirent, et nous lui dîmes que s'il perdoit ainsi tout espoir, et ne faisoit pas un dernier effort, nous allions demeurer avec lui, et nous laisser mourir lâchement. Je tâchai pourtant de le consoler, en lui protestant que s'il vouloit rappeler tout ce qui lui restoit de forces pour nous suivre, nous allions nous abandonner aux premiers nègres que nous rencontrerions, pour périr ensemble par leurs mains, ou pour en obtenir du secours. Monneville se rendit, et nous partîmes aussitôt, après avoir bu copieusement de l'eau de notre rivière.

Tout épuisés que nous étions, nous nous mîmes en chemin, dans la résolution de ne nous pas arrêter si tôt, et nous marchâmes assez vîte, même jusque vers les huit ou neuf heures du matin, que nous trouvâmes des nègres occupés, à ce qu'il nous sembla, à faire une espèce de chaussée dans un gros ruisseau. Quelle que pût être leur cruauté, nous étions dans un état à la désarmer. Et comme si la seule nécessité nous avoit donné des forces, nous cessâmes d'en avoir dès que nous vîmes d'autres hommes qui pouvoient nous secourir.

Nous n'eûmes pas le choix de la manière dont nous les saluerions. Nous tombâmes de foiblesse à leurs pieds.

Ils nous donnèrent d'abord à manger un peu de riz; ce qui sans doute nous sauva la vie. Après nous avoir examinés avec attention pendant un quart d'heure sans nous parler, ils se remirent tous à l'ouvrage, excepté deux des plus vieux qui restèrent auprès nous, comme pour nous garder. Le premier effet que produisit en nous la nourriture que nous venions de prendre, fut de nous ôter un étourdissement que nous sentions tous; et elle nous causa ensuite un si grand assoupissement, qu'en moins d'une demi-heure nous nous endormîmes tous trois d'un profond sommeil.

Quelques heures après nous nous réveillâmes en sursaut au bruit que fit en arrivant une nouvelle troupe de nègres, à la tête de laquelle étoit le chef du canton, à qui l'on avoit été donner avis de notre arrivée. Concevez, s'il est possible, quel fut notre étonnement quand il nous salua, et nous dit en françois : *d'où êtes-vous?* Nous crûmes entendre la voix d'un ange. Je lui appris en peu de mots de quelle nation nous étions, et les disgrâces qui nous étoient arrivées. Sur quoi il nous exhorta à prendre des forces, nous assurant que nous pouvions nous croire autant en sûreté avec lui qu'en France.

Pour nous faire revenir de la surprise où il nous voyoit, il nous conta qu'il avoit été élevé à Paris dès l'âge de dix ans; qu'il y avoit été baptisé à Saint-Sulpice, et tenu sur les fonts de baptême par madame la duchesse de Berry, toute jeune; et qu'ensuite on l'avoit renvoyé à Juda au comptoir françois, dans l'espérance qu'il y seroit d'une grande utilité pour le commerce; mais qu'il avoit bientôt tout quitté pour se réjoindre à ses compatriotes, avec lesquels, quoique fort grossiers, il s'accommodoit encore mieux qu'avec les François, parce que, disoit-il, je trouve qu'il vaut mieux vivre en maître avec des stupides, qu'en esclave avec des gens d'esprit.

Il savoit son Paris parfaitement ; il en nomma tous les quartiers à Monneville et à Roland, de même que plusieurs familles que ce dernier connoissoit particulièrement. Le généreux nègre, bien aise d'avoir occasion de nous marquer qu'il avoit appris à vivre en France, fit tout ce qu'on auroit pu attendre du François le plus poli. Il fit faire des espèces de brancards sur lesquels on nous porta par son ordre jusqu'à son village, qui étoit assez loin de là.

Dès le soir, il nous régala de cabris, et le lendemain il fit tuer exprès pour nous le meilleur de six ou sept jeunes porcs qu'il avoit fait acheter pour en peupler son canton. Il ne tint qu'à nous de demeurer avec lui jusqu'à ce que nous fussions entièrement rétablis. C'est ce que nous ne pûmes gagner sur nous. L'impatience de nous revoir en mer nous prit dès qu'il nous eut dit qu'il n'y avoit plus que deux petites journées de là au cap Corse, et que les nègres dont il nous faudroit traverser les villages, n'étoient pas de mauvais hommes.

Après cinq ou six jours de repos et de bonne chère, nous lui demandâmes notre audience de congé, et ce brave filleul de madame la duchesse de Berry, nous voyant déterminés à partir absolument, nous donna un jeune nègre pour nous conduire, et porter des vivres pour toute notre route. Ce ne fut pas tout : il nous fit présent d'une demi-livre de poudre d'or; et ce qui me charma le plus en mon particulier, c'est qu'il me prêta un bon sabre qu'il avoit apporté de Juda, me priant de le lui renvoyer par son nègre, sitôt que nous serions arrivés. Il nous conseilla de marcher plus de nuit que de jour, à cause des chaleurs; et pour reconnoissance de tant de bons traitements, il n'exigea de nous que la promesse de faire ses compliments à cinq ou six valets et servantes de Paris, avec lesquels il avoit été lié spécialement, et dont il nous répéta plusieurs fois les noms et les surnoms.

Nous trouvâmes dès le premier jour une des trois grandes rivières qu'il nous avoit dit être entre son village et le cap Corse; et comme Monneville ne savoit pas nager, il fallut le charger sur mon dos. Nous pensâmes nous noyer tous deux; ce qui fut cause que, pour lui faire passer les deux autres rivières, nous attachâmes ensemble quelques pièces de bois, ce qui faisoit une espèce de petit radeau que nous poussions, Roland et moi, en nageant.

Nous passâmes près de plusieurs petits forts européens, où il n'y avoit dans chacun qu'une garnison de quatre ou cinq soldats; leur petit nombre les tenant en garde contre la surprise, ils refusèrent tous de nous y recevoir, menacèrent même de tirer sur nous, si nous en approchions. Notre guide nous fit voir aussi en passant une mine d'or [1]. Tous les nègres qui y étoient avoient des anneaux d'or aux doigts des pieds et des mains. On en voyoit jusque dans leurs cheveux. Les petits fourneaux où ils faisoient ces bagues, des cœurs, et autres pareils petits bijoux étoient sous terre, et en

---

[1] Saint-George de la Mine, à trois lieues du cap Corse.

mauvais ordre; aussi tous leurs ouvrages paroissoient-ils très mal faits. A peine ressembloient-ils aux choses dont ils portoient le nom. Ils nous en donnèrent pour de la poudre d'or, avec beaucoup d'équité, et presque poids pour poids.

Nous arrivâmes enfin au cap Corse, où nous avions tant d'envie de nous voir, sans pressentir le nouveau malheur qui nous y attendoit. Nous retombâmes entre les mains du même capitaine anglois qui nous avoit fait prisonniers. Quand il nous revit, il crut que c'étoit une vision, ne pouvant s'imaginer que l'on pût échapper aux périls où ils nous avoit exposés en nous mettant à terre. Assurément, dit-il, en me montrant du doigt à M. de Cazali, si nous ne mettons cet enragé à la bouche du canon, nous ne nous en déferons jamais. Vous ne gagneriez pas à le faire, lui répondis-je en anglois. Du moins, si vous l'aviez fait plus tôt, vous y auriez perdu ma rançon et celles de mes camarades, que nous vous apportons. Alors nous lui présentâmes ce que nous avions de poudre d'or, qu'il prit sans façon; et, après que nous lui eûmes raconté toutes les peines et les misères que nous avions souffertes durant le pénible voyage qu'il nous avoit fait faire à pied si cruellement, il nous envoya dans un souterrain, sans s'expliquer sur le traitement qu'il prétendoit nous faire.

M. de Cazali sollicita fortement en notre faveur. Il représenta au capitaine que nos deux compagnons, qui étoient morts si misérablement, avoient assez payé pour nous, et qu'il étoit persuadé qu'il auroit la générosité de nous laisser jouir en liberté d'une vie qu'avoient épargnée les nègres et les monstres. Notre avocat ne gagna rien, et nous demeurâmes encore quinze jours dans le souterrain. Nous n'en sortîmes même qu'à l'occasion d'une sottise, qui seule auroit dû m'y faire enfermer, si les hommes n'étoient pas aussi corrompus qu'ils le sont, et aussi familiers avec le crime.

D'abord M. de Cazali, qui n'avoit songé qu'à nous procurer une nourriture capable de nous rétablir, en nous envoyant souvent en secret d'excellents morceaux dont il se privoit lui-même, me vint un jour faire une assez longue visite dans ma prison; et s'étant aperçu que je n'avois sur le corps que les mauvais restes de ma chemise bleue, qui me couvroit à peine la moitié du corps, il m'envoya, dès qu'il fut de retour chez lui, une de ses chemises par une négresse qui le servoit. Cette friponne ne s'acquitta qu'à demi de sa commission; elle se contenta de me faire des compliments de la part de son maître, et d'y joindre de la sienne une infinité de choses obligeantes; mais elle garda la chemise.

Lorsqu'elle fut retournée de ma prison chez elle, M. de Cazali lui fit bien des questions sur mon compte, et il jugea, par les réponses qu'elle lui fit, qu'elle n'avoit pas donné la chemise. Il lui demanda pourquoi elle en avoit usé ainsi; elle prit le parti de dire effrontément que la chemise lui appartenoit légitimement, et que je lui en avois fait présent pour avoir ses bonnes grâces. Elle soutint ce mensonge avec tant de fermeté, que M. de Cazali la crut pieusement, quoiqu'elle eût tout au moins quatre-vingts bonnes années.

Il trouva ce trait si plaisant, qu'il ne put s'empêcher d'en faire part à quelques officiers anglois, qui s'en divertirent avec lui. Ils contèrent ensuite cette belle histoire au capitaine, qui en rit encore plus qu'eux. Pour se procurer à mes dépens une nouvelle scène comique, ils m'amenèrent tous en cérémonie, après souper, cette beauté bisaïeule. Plusieurs flambeaux la précédoient, comme une mariée que l'on auroit conduite au lit nuptial. Je vis bien que tous ces gaillards venoient là pour s'égayer à mes frais; et, sans savoir encore pourquoi ils prenoient ce divertissement, je me prêtai de bonne grâce à leurs plaisanteries. Je badinai avec eux sur les charmes de la belle brune; et ce que je leur dis là-dessus les mit de si bonne humeur, que M. de Cazali nous vint dire le lendemain que nous étions libres, et qu'on nous alloit conduire à Juda, où l'on me permettoit même de mener avec moi ma jeune maîtresse.

Juda, sur les côtes de Guinée, est un port neutre en temps de guerre. Les gros vaisseaux n'y sauroient entrer, et sont obligés de rester à la rade, parce qu'il y a une barre ou une espèce de banc de sable qui leur en bouche l'entrée. Cette barre fait faire des lames d'eau qu'il faut prendre bien à propos, même avec des chaloupes, pour n'y pas périr. Le vaisseau qui nous portoit à Juda y alloit acheter des nègres. Quand nous fûmes dans sa chaloupe, je m'aperçus que les Anglois faisoient une mauvaise manœuvre en passant la barre; je voulus gouverner : on m'en empêcha, et nous fîmes capot dans le moment.

Il y a là toujours beaucoup de nègres qui, accoutumés à ces sortes d'accidents, et sûrs d'attraper quelque récompense, se jettent à l'eau, et vont secourir ceux qui en ont besoin. Deux d'entre eux m'aidèrent d'abord à sauver Monneville; puis, donnant mon attention à Roland, mon autre camarade, je le vis assez loin de moi, et il me sembla qu'il se noyoit. Je laissai aussitôt Monneville entre les mains des deux nègres, et je me rendis promptement auprès du Parisien, que je raccrochai par les cheveux. J'eus bien de la peine à le soutenir sur l'eau, jusqu'à ce qu'il me vînt du secours, parce qu'il n'avoit plus de connoissance, et qu'il ne s'aidoit aucunement. Nous le crûmes mort quand il fut à terre; cependant il reprit insensiblement ses esprits, et vingt-quatre heures après il n'y paroissoit plus.

Nous nous aperçûmes bien que nous étions enfin avec des compatriotes. M. de Chamois, gouverneur du fort françois de Juda, eut pour nous des bontés qui tenoient moins d'un bon François que d'un père. Il nous fit laver, frotter, raser, fournir du linge, des habits, de l'argent, et nous donna sa table tant que nous y restâmes. Que ne fit-il pas pour nous engager à ne le point quitter! avec quelle ardeur nous offrit-il de contribuer à nous faire faire une fortune considérable! Il est constant qu'il auroit eu grand besoin de nous dans le pays.

Il se donnoit la peine d'enseigner lui-même l'art militaire à beaucoup de nègres, avec lesquels il auroit bien voulu secourir son allié, le roi de Juda, qu'accabloient ses voisins; mais il lui falloit des officiers à la tête de ses nègres, sans quoi c'étoient toujours de mauvaises troupes. Il ne fit aucun effort pour retenir Monneville, quand il sut pour quel sujet et avec quels ordres il avoit quitté la France; mais, pour Roland et moi, il nous déclara en termes formels qu'il ne nous laisseroit point si tôt échapper.

Il se passa près de trois mois avant qu'il se présentât aucune occasion de nous remettre en mer; et je désespérois presque de quitter ce pays, quand un flibustier de la Martinique vint mouiller à la rade de Juda. C'étoit le vaisseau nommé *le Brave*, de six pièces de canon, dont l'armateur s'appeloit Hervé, et le capitaine De Gennes. Il y avoit dessus plusieurs flibustiers de Saint-Domingue qui me connoissoient. Quand ils apprirent que j'étois là, ils vinrent avec leur capitaine me prier de me joindre à eux; ce que je leur promis de faire, même malgré M. de Chamois, s'il vouloit s'y opposer.

Je m'attendois effectivement que ce gouverneur pourroit être tenté d'y mettre obstacle; néanmoins nous ne lui en eûmes pas plus tôt demandé la permission, Roland et moi, qu'il nous l'accorda, en nous témoignant avec politesse le regret qu'il avoit de nous perdre. Il exigea pourtant de nous une chose que nous ne pûmes lui refuser; c'étoit de lui prêter la main pour une expédition qu'il méditoit; après quoi il consentiroit à notre séparation, pourvu qu'à notre place on lui laissât du moins une autre personne de l'équipage.

Roland, plus sage que moi, s'offrit de lui-même à rester; ce qui fit un extrême plaisir à M. de Chamois, parce que le Parisien étoit un fort brave garçon, bien entendu, et qui lui devoit être d'un grand secours. Ce qui engagea Roland à prendre cette résolution, c'est que les périls qu'il avoit courus sur mer, et surtout le dernier, dont je venois de le sauver, l'avoient dégoûté de cet élément. L'acquisition de la poudre d'or des nègres, quoique plus lente, lui parut préférable à l'attente de ces grands coups de flibuste que peu de gens ont le bonheur de faire.

Il fit en effet si bien ses affaires à Juda, qu'en 1719 je l'ai vu passer par Nantes, riche de quatre-vingts livres de poudre d'or qu'il portoit à Paris, dans le dessein de s'y établir avantageusement. Ma rencontre lui fit plaisir. Il ne se lassoit point de me répéter que je lui avois sauvé la vie; et je ne pus me défendre de recevoir de lui une livre de poudre d'or, qui valoit alors environ 2,500 livres. Je ne sais ce qu'il est devenu; je n'en ai point entendu parler depuis.

Pour revenir à M. de Chamois, il exigea que nous allassions ravager l'île du Prince, je ne sais pour quelle raison; car il y avoit très peu de temps que M. Parent l'avoit saccagée avec celle de Saint-Thomé. L'île du Prince est presque sous la ligne, et elle appartient aux Portugais. Nous y arrivâmes en sept jours. Nous prîmes terre à deux lieues de la ville, conduits par un mulâtre, fils d'un blanc et d'une sauvagesse de cette île. Il connoissoit le pays, et M. de Chamois nous l'avoit donné pour nous servir de guide. Il prit si bien sa route et son temps, que nous nous avançâmes jusqu'à l'entrée du faubourg sans être découverts.

Nous le fûmes alors par quelques nègres, qui donnèrent l'alarme dans la place. Nous sentîmes bien que, sans la surprise, nous ne l'aurions jamais emportée, à cause de notre petit nombre, puisque cinquante bourgeois nous arrêtèrent pendant une grosse demi-heure sur un pont fort étroit par lequel il nous fallait passer. Ils ne firent cette résistance que pour donner aux autres habitants le loisir de se retirer dans les bois avec ce qu'ils avoient de meilleur, puisque les défenseurs du pont n'eurent pas plus tôt lâché pied pour s'enfuir à la débandade, que nous nous rendîmes maîtres de la ville sans opposition. Les habitans qui s'étaient enfermés dans la citadelle, l'abandonnèrent pendant la nuit; de sorte que le jour suivant nous y entrâmes sans coup férir. Nous y trouvâmes huit pièces de canon que nous enclouâmes et renversâmes dans les fossés.

M. Parent avait si bien ruiné les habitants de cette île, que nous n'en pûmes rien tirer par les contributions. Ainsi, après avoir occupé quelques jours leurs maisons, tandis qu'ils couchoient dans les bois, nous y mîmes le feu, afin que M. de Chamois apprît que nous lui avions du moins tenu parole. Nous résolûmes ensuite d'aller sur les côtes du Brésil; mais avant notre départ de cette île, nous commençâmes à éprouver ce que le sort nous gardoit pour ce voyage. En voulant enlever quelques troupeaux de moutons, plusieurs de nos camarades furent pris par les habitants, et déchirés si cruellement, que nous résolûmes de venger leur mort. Par malheur, les ennemis à qui nous avions affaire étoient si alertes, qu'ils nous échappoient lorsque nous nous imaginions les tenir. Leurs partis surprenoient toujours quelques-uns de nos gens; ajoutez à cela les chaleurs du climat, encore plus difficiles à supporter que les fatigues de nos courses. Plusieurs de nos compagnons tombèrent malades. Il en mourut dans l'île une partie, une autre sur mer, de façon que nous perdîmes au moins vingt personnes en voulant imprudemment en venger trois ou quatre.

De là, jusqu'aux côtes du Brésil, nous fûmes retenus si long-temps en mer par le gros temps, que l'eau commençoit à nous manquer quand nous y arrivâmes. Ainsi notre premier soin fut de chercher de l'eau douce. Pour cet effet, nous descendîmes à terre deux nuits de suite sans en trouver; ce qui nous fit résoudre à en prendre le jour sur quelque rivage écarté. Cela ne nous réussit point. Nous fûmes aperçus et repoussés partout.

Le plus grand mal que nous firent les Portugais, c'est que nous ayant vus, pendant le jour, examiner l'embouchure d'une petite rivière, et ne doutant point que nous n'eussions dessein d'y faire une descente pendant la nuit, ils nous y dressèrent une embuscade. Dès le troisième voyage que nous y fîmes, ils enlevèrent notre chaloupe; et dix de nos camarades, qu'ils surprirent, furent massacrés, sans qu'il nous fût possible de les secourir.

Après ce malheur, nous fûmes trois mois entiers le jouet des vents; tantôt poussés par devant Rio-Janeiro, vers Buénos-Ayres; et quand nous comptions d'y pouvoir relâcher, nous étions aussitôt ramenés le long des côtes vers Cayenne, où nous abordâmes à la fin tous malades, ayant été long-temps réduits à ne boire chacun qu'un demi-verre d'eau en vingt-quatre heures, et n'avoir enfin que nos voiles à sucer le matin, quand elles étaient mouillées par la rosée.

Hors d'état de pouvoir tenir la mer, nous résolûmes de nous retirer à la Martinique sitôt que nous fûmes un peu rétablis. Avant que d'y arriver, nous rencontrâmes en chemin M. Dugué, capitaine des flibustiers de Saint-Domingue, qui, avec un équipage gaillard et frais embarqué, faisoit route vers Angole[1], sur le *François;* bâtiment de huit pièces de canon. Nous parlementâmes. Nous leur contâmes notre désastre; et comme je savois que De Gennes alloit désarmer, j'acceptai la proposition que Dugué me fit de me prendre sur son bord.

Monneville n'avoit garde de me suivre. Il étoit si fatigué de la mer et des misères qu'il avoit souffertes, qu'il n'étoit pas reconnoissable. Il me conjura, les larmes aux yeux, de ne le pas quitter, et de le conduire en France, m'assurant qu'il avoit de quoi me faire vivre heureux avec lui, et m'offrant dès lors la moitié de son bien; mais je n'étois pas encore assez las de la mer pour accepter ses offres. Tout ce que je pus faire pour lui, fut de prier De Gennes de lui chercher occasion de repasser en France, et de me rendre caution de tout ce que mon ami lui pourroit devoir.

Dugué avoit le plus fort équipage que j'eusse encore vu dans la flibuste, et son vaisseau étoit excellent voilier. Ainsi je me trouvai là avec des camarades qui, n'ayant pas moins bonne opinion d'eux-mêmes que de disposition à bien faire, me promettoient de me dédommager de la mauvaise équipée que je venois de faire. Nous n'allâmes pas jusqu'aux côtes d'Afrique pour mettre à l'épreuve leur bonne volonté. Nous rencontrâmes, à la hauteur de l'île de Sainte-Hélène, où nous comptions tous de relâcher, un vaisseau anglois de trente pièces de canon.

Nous nous disposâmes à l'aborder, et lui à éviter

---

[1] Sur les côtes d'Afrique, vers les 10 degrés de latitude méridionale.

l'abordage. Il fit feu sur nous pendant deux heures entières, et nous tua bien du monde. Le malheureux Dugué fut du nombre des morts, et l'on me fit capitaine sur-le-champ. Je me mis aussitôt à donner des ordres pour l'accrocher; et la longue résistance des Anglois nous animant contre eux, aussi bien que la mort de notre chef, nous les maltraitâmes si fort, que, lorsqu'ils amenèrent, il n'en restoit presque pas un qui fût en état de se défendre.

L'extrême désir que j'avois de me venger des maux que les Portugais m'avoient faits, fut cause que je proposai à mon petit conseil de retourner en Amérique croiser sur les côtes du Brésil. Mon avis fut approuvé unanimement, quand j'eus fait observer la difficulté qu'il y avoit à nous défaire de notre prise ailleurs qu'à Saint-Domingue ou à la Martinique, et que je leur eus représenté que rarement les flibustiers faisoient fortune sur les côtes d'Afrique, parce qu'il s'y rencontroit presque autant de vaisseaux de guerre que de marchands, et qu'il n'y avoit point là pour eux de retraites commodes.

Quand nous approchâmes du Brésil, nous envoyâmes six des nôtres, avec quelques Anglois, au petit Goave, pour y vendre notre prise; et revoyant ces petites îles où deux mois auparavant on m'avoit refusé de l'eau, j'y fis faire des descentes que les pêcheurs qui les habitent ne pouvoient plus empêcher. Nous mîmes tout à feu et à sang, et jetâmes dans la mer une quantité prodigieuse de poissons secs que nous y trouvâmes, et qui faisoient tout leur bien. Nous passâmes pendant la nuit tout au travers de la rivière du Janeiro, pour aller faire du bois et de l'eau dans l'île de Sainte-Anne.

Quoique cette île soit fort petite, n'ayant guère qu'une lieue de circuit, il y a cependant vers le milieu un très beau bassin d'eau douce. C'est là que j'ai vu des oiseaux d'une couleur bien extraordinaire. Leur corps étoit d'un rouge fort vif, leurs ailes et leurs queues du plus beau noir du monde. Nous approchâmes ensuite du continent; et faisant de temps en temps des descentes, nous ruinions les habitations, et mettions à un prix excessif la liberté des prisonniers qui pouvoient se racheter.

Nous enlevâmes entre autres, à douze lieues de Rio-Janeiro, un capitaine garde-côtes, sa femme, deux grandes filles, un carme et plusieurs esclaves. Le carme étoit frère du capitaine, et s'étoit transporté chez lui de son couvent de Saint-Sébastien [1], par ordre exprès de leur bonne mère, qui vouloit, avant que de quitter ce monde, avoir la consolation de voir ses deux fils assemblés, et leur donner sa bénédiction. Cette pieuse mère, après leur en avoir départi à chacun sa part et portion, prenoit congé d'eux, quand nous assaillîmes l'habitation. Les premiers coups que nous tirâmes interrompirent le lugubre cérémonial de leurs adieux, et une frayeur muette succéda aux plaintes et aux cris mesurés dont la maison venoit de retentir.

Personne ne fit mine de s'opposer à nous, qu'une jeune dame plus aguerrie que les autres, qui se mit en devoir de nous fermer impoliment la porte au nez; mais, par malheur pour elle, un coup de mousquet

---

[1] Capitale de la province de Rio-Janeiro.

l'envoya dans l'instant tenir compagnie à la bonne femme. Le carme effrayé s'enfuit dans le jardin. Le capitaine, qui s'y étoit pareillement jeté, tirailla d'abord sur nous, sans s'apercevoir que nous enlevions sa femme et ses filles. Dès que ses yeux furent frappés de ce spectacle, et qu'il prit garde que nous nous préparions à mettre le feu à la maison, il cessa de se défendre, et se rendit de bonne grâce. Le moine y fit plus de façons. Il nous somma d'abord, de la part du ciel, de lui laisser la vie; puis, comme s'il se fût défié d'obtenir de nous cette grâce de cette façon, il se radoucit tout à coup, se prosterna humblement à nos pieds, et nous conjura par le cierge bénit à la clarté duquel l'âme de sa mère venoit de s'envoler, et qu'il tenoit encore entre ses mains.

Ne jugez pas de moi par l'habit, nous crioit-il; je suis prêtre, Messieurs. Ne trempez point vos mains dans le sang d'un ecclésiastique, d'un religieux, d'un carme. Je ne vous demande que la vie. Accordez-la-moi par pitié, ou plutôt pour votre propre intérêt. Je connois cette habitation, et je m'offre à vous indiquer tout ce qu'il y a de bon, et qui vaut la peine d'être emporté. A un discours si pathétique, nous le rassurâmes, à condition qu'il nous tiendroit parole : ce qu'il ne manqua pas de faire. Il nous ouvrit tout ce qui fermoit à la clef, en nous disant : Prenez, Messieurs, tout est à vous; et il disoit ces paroles avec tant d'ardeur, de bonne foi et de désintéressement, qu'il n'étoit pas possible de douter qu'il n'eût sincèrement renoncé aux biens terrestres.

Nous lui eûmes obligation de bien des choses qui,

sans lui, auroient échappé à nos recherches, et surtout de douze nègres qu'il nous fit prendre dans un endroit où jamais nous ne nous serions avisés de les aller chercher. Ils ne firent aucune résistance, persuadés qu'ils étoient comme l'âne de la fable; que, puisqu'il leur falloit être esclaves, il leur devoit être indifférent de qui ils le fussent.

Comme il est difficile de contenter tout le monde, le procédé généreux du carme révolta toute sa famille. Sa belle-sœur principalement, un peu mutine de son naturel, s'emporta contre lui sans ménager les termes. Le pourriez-vous croire, Messieurs, nous dit-elle, quand ils furent tous sur notre bord, que cette créature qui vient de périr étoit la compagne de ce révérend père, qui a eu l'effronterie de l'amener chez moi, quoiqu'il n'y vînt que pour recevoir les derniers soupirs de sa mère.

Elle alloit continuer l'éloge du moine, quand son mari lui imposa silence pour nous faire excuse de son emportement. Vous voyez bien, Messieurs, nous dit-il, que c'est la colère qui répand tant de venin sur le portrait qu'on vous fait de mon frère. C'est un coquin, j'en demeure d'accord; mais on n'auroit pas dû vous le dire, pour notre honneur et pour celui de la religion. Ne soyez pas scandalisés de ce que vous venez d'entendre. Les religieux ne sont pas ici tels qu'on vous a dépeint celui-ci. Ils sont éclairés, vertueux, zélés pour la foi, et toujours prêts à la sceller de leur sang.

Le bon Portugais ne disoit rien qui ne fût véritable; mais il n'ajoutoit pas que dans ce nouveau monde il y avoit aussi beaucoup de moines ignorants, oisifs, libertins, et qui n'avoient pris le parti du couvent que pour vivre avec impunité dans le luxe, la mollesse et l'abondance. Il ne nous avouoit pas, ce que nous savions déjà, que, dans ce pays là, qui dit moine, dit un homme puissant, absolu, fier, indépendant; un homme craint des grands, respecté et presque adoré du peuple, qui n'a ni l'esprit ni la hardiesse de se scandaliser de sa conduite.

Comme ce n'étoit pas des mœurs de nos prisonniers qu'il s'agissoit alors, mais de leur rançon, nous les obligeâmes d'écrire au gouverneur de Rio-Janeiro, dont ils étoient parents, que nous lui demandions, pour leur liberté, une certaine quantité de farines, de viandes et d'eau-de-vie; que si nous ne recevions cette provision dans vingt-quatre heures, et s'il sortoit du port le moindre bâtiment, le capitaine en répondroit aussi bien que toute sa famille. Apparemment que le degré de leur parenté avec le gouverneur n'alloit pas jusqu'au droit héréditaire en faveur de celui-ci, puisqu'il le servit à point nommé, malgré ce que les conditions que nous lui imposions avoient de dur et de fier.

De notre côté, nous n'eûmes pas plus tôt les provisions abondantes que nous avions demandées, que nous mîmes nos prisonniers à terre, très contents de notre procédé. Le capitaine surtout nous témoigna qu'il étoit moins touché de la liberté qu'il recouvroit, que des égards et du respect que nous avions tous eus pour sa femme et pour ses filles. Quant à elles, en tombant entre les mains des François, et des François flibustiers encore, je suis sûr qu'elles ne s'étoient point attendues à tant de modération. Véritablement, je ne sais si la continence tant vantée de Scipion l'emportoit de beaucoup sur celle que nous eûmes dans cette conjoncture.

Pour le carme, il n'eut pas sujet de se louer de nous. Une heure avant qu'il nous quittât, on lui fit une pièce à laquelle je n'eus point de part, et que je désapprouvai fort. Quelques flibustiers se firent un jeu de le traiter comme l'amant d'Héloïse. Je les blâmai, et toutefois je ne pus m'empêcher de rire aussi, lorsque le chirurgien, à qui principalement je voulus faire des reproches, me dit du plus grand sang-froid du monde que cette cure lui feroit honneur, que l'opération n'avoit duré qu'une minute, qu'il répondoit de la guérison corporelle de son malade, et qu'il y avoit tout lieu d'espérer la spirituelle.

Le gouverneur de Rio-Janeiro fut outré de notre hardiesse; et, regardant comme le dernier affront la loi que je lui avois imposée de nous fournir lui-même des vivres, il jura solennellement ma perte, et ne songea qu'à se venger. Il communiqua son dessein aux quatorze capitaines des côtes; et mettant ma tête à prix, il les pria de faire publier qu'il donneroit quatre mille pièces de monnoie d'or à celui qui la lui apporteroit. Quelle différence, grand Dieu! je n'en trouverois pas aujourd'hui quatre sous!

Je me sentis si fier de l'honneur signalé que les Portugais daignoient me faire, que je leur donnai souvent occasion de travailler à gagner le prix proposé. Nous faisions continuellement des descentes, et dans nos pillages nous ne conservions que les nègres; puis, quand nous en avions un certain nombre, nous mettions pavillon anglois pour les aller vendre plus loin. On connut bientôt la tromperie; et, sans respect pour le pavillon bleu, on tiroit souvent sur nous. On nous dressa tant de piéges, que ma tête précieuse pensa faire enfin le voyage de Rio-Janeiro sans le reste de mon corps.

Le gouverneur, ayant appris que nous étions entre sa capitainerie et celle de Spiritu-Santo, fit sortir sur nous plusieurs frégates, qui, prenant le large, se flattoient de nous surprendre vers les côtes, et de nous y envelopper. Le capitaine de la première, que nous aperçûmes, fit une manœuvre dont tout autre que moi auroit été peut-être la dupe comme je le fus. Il poussoit devant lui deux mauvais bâtiments appelés semaques, montés chacun de douze à quinze hommes, qui ne nous voyoient pas si tôt, qu'ils feignoient de faire tous leurs efforts pour nous éviter, et cependant ils se laissoient prendre.

Quand la frégate parut à son tour, ses sabords étoient fermés, ses voiles en pantaines comme celles d'un vaisseau délabré, sa manœuvre languissante, et sept ou huit hommes qui paroissoient dessus, sembloient aussi se tourmenter pour nous échapper et gagner la côte. Je crus sottement que c'étoit un troisième semaque, aussi facile à prendre que les deux autres, et qu'il suffisoit d'aller voir avec notre chaloupe s'il n'étoit pas plus riche qu'eux. Le calme qui régnoit alors, et qui nous empêchoit de le joindre aisément avec notre vaisseau, fut cause que je pris ce parti.

Je descendis donc dans la chaloupe avec une douzaine de flibustiers, et nous l'eûmes bientôt atteint. Le trop de vivacité des Portugais nous sauva. Au lieu de nous laisser monter sur leur bord sans se découvrir, ils se levèrent avec précipitation dès que nous fûmes à la portée du pistolet, et firent sur nous une décharge de deux à trois cents coups de fusil qui nous troublèrent terriblement. Notre chaloupe, d'un autre côté, pensa périr par le mouvement subit que nous fîmes pour virer de bord à ce coup de surprise. Nous étions d'autant plus éloignés de nous y attendre, qu'à notre approche trois ou quatre de ceux qui paroissoient sur la frégate avoient mis un pavillon françois, comme malgré leurs camarades, et avoient crié vive le roi de France, nous disant qu'ils étoient canonniers de Saint-Malo, et qu'ils n'avoient pris parti parmi les Portugais, que parce que M. du Guay-Trouin les avoit laissés malades à Rio-Janeiro, après l'expédition dans laquelle il avoit pillé cette ville, pour venger les traitements faits à M. Le Clerc.

Ils étoient effectivement canonniers françois; mais les traîtres, après avoir trahi leur patrie, ne demandoient qu'à faire triompher d'elle ses plus cruels ennemis. On peut juger dans quels termes nous les apostrophâmes en nous éloignant; tandis que ces perfides, faisant usage de leur adresse, nous répondoient à coups de canon, tant que nous fûmes à sa portée, et n'en tiroient guère à faux. Nous ne doutâmes point que cette frégate ne fût soutenue; et, nous écartant d'elle et de la côte à force de rames, nous tâchâmes d'éviter les suites d'une manœuvre si bien concertée. En effet, au bout d'une heure, nous découvrîmes une autre frégate qui n'attendoit que le vent pour venir tomber sur nous.

Une telle conspiration contre ma tête ne demeura pas impunie. Je fis de nouvelles descentes et de nouveaux ravages, jusqu'à ce qu'ayant appris que, pendant que nous nous amusions à les faire, un riche vaisseau revenant d'Angole étoit entré paisiblement dans la rivière de Janeiro, nous changeâmes de batterie, et résolûmes de croiser quelque temps devant son embouchure. Nous eûmes bientôt sujet de nous en applaudir. Il n'y avoit pas un mois que nous y étions, quand nous aperçûmes un vaisseau que nous ne pûmes joindre qu'à la vue de la côte. Il étoit de 36 pièces de canon. Il revenoit de la mer du Sud, et certainement on ne l'attendoit pas, puisque, depuis sept ans qu'il étoit parti pour les îles orientales, il n'avoit point donné de ses nouvelles, et qu'on le devoit croire perdu.

Le capitaine étoit un jeune homme des plus braves, qui ne demanda pas mieux que d'en venir promptement à l'abordage, quoiqu'il n'eût que cent hommes d'équipage. La vue de leur patrie, où ils rapportoient de grandes richesses après tant de travaux et de dangers, leur inspiroit à tous un courage héroïque. Pendant plus d'une demi-heure que nous restâmes en deux fois sur leur pont, il nous fut impossible de gagner sur eux le moindre avantage. Ils nous faisoient toujours déborder et retirer honteusement à notre vaisseau. Il se faisoit alors une suspension d'armes de part et d'autre, comme pour reprendre haleine; puis, quand nous retournions à la charge, nous trouvions une égale résistance.

Pleins de honte et de dépit, nous redoublâmes nos efforts, et résolûmes la troisième fois d'y périr plutôt que de reculer. J'avois remarqué, qu'après la première décharge de leur mousquetterie, les Portugais s'en tenoient, comme nous, à l'arme blanche, et combattoient presque tous l'épée à la main. J'en parlai à mes camarades, et leur ordonnai de s'attacher chacun à son homme autant que cela se pourroit; ce qui nous réussit parfaitement, parce que nos ennemis avoient moins d'adresse que de courage, et que, se battant avec fureur, et par conséquent sans mesure, ils ne faisoient point de fautes dont nous ne sussions tirer avantage. Leur nombre commença donc à diminuer plus que le nôtre; et, quoiqu'ils combattissent toujours avec le même acharnement, nous sentîmes bien que la victoire étoit à nous.

Le capitaine, voyant enfin qu'il n'y avoit plus de ressource, se jeta à la mer pour essayer de gagner le rivage en nageant, et se sauver du moins avec ce qu'il avoit sur lui; mais il reçut dans l'eau un coup de fusil qui lui cassa la cuisse. Il fut contraint de se nommer pour conserver sa vie. Le reste de l'équipage demanda quartier en même temps. La bravoure de ces Portugais fit changer en estime la haine que nous avions pour toute la nation. Nous fîmes panser les blessés, et n'eûmes pas moins de soin d'eux que de nos propres camarades.

En déshabillant pour cet effet le capitaine, qui n'avoit plus de connoissance, nous trouvâmes dans sa chemise plusieurs paquets de petits cailloux bien enveloppés; et, comme je ne me connoissois guère en pareille marchandise, je la regardois attentivement. J'entendis une voix foible, qui, de la foule des morts et des mourants, me disoit : *Diemainté, diemainté, segnor; fortouna, fortouna.* C'étoit un Portugais expirant, qui, dans la crainte que notre ignorance ne nous fît mépriser et perdre un butin si précieux, avoit la bonté de nous en faire connoître la valeur. C'étoit une quantité considérable de diamants bruts. Il y en avoit au moins pour 300,000 livres, si j'en juge par la part que j'en eus. J'en vendis à Nantes, en 1713, une partie à M. de Bonnefond, commissaire à Brest; et à M. de Pradine, frère de ce M. de Cazali, capitaine de corsaire, dont j'ai parlé.

Je gardai cinq ou six jours une vingtaine de Portugais, qui ne voulurent pas mourir de leurs blessures. Nous fîmes tous nos efforts pour les engager à rester avec nous, et à remplacer les camarades que nous avions perdus. Ces Portugais, si braves et si dignes d'être flibustiers, ne furent point tentés de cette qualité; ils aimèrent mieux l'état obscur de bourgeois de Rio-Janeiro. Nous les mîmes donc à terre à vingt-cinq lieues de cette ville, leur laissant leurs habits, des vivres, et beaucoup plus d'argent qu'il ne leur en falloit pour s'y rendre. Nous fîmes plus. Voyant que notre prise étoit des plus riches, nous leur donnâmes une assez grosse partie de leurs marchandises pour les sauver de la mendicité.

Leur capitaine, qui guérit de sa blessure, se sentit si touché de notre procédé, que, s'adressant aux Portugais: Non, leur dit-il, ce n'est pas les François qu'il faut regarder comme nos ennemis, ce sont les ministres de la cour de Lisbonne, qui osent déclarer la guerre à une si généreuse nation; puis, se tournant vers nous, il nous jura sur son honneur qu'il étoit bien moins sensible à la perte de ses richesses qu'à notre générosité. Il ajouta qu'en sa considération, j'allois être autant aimé dans sa ville, que j'y étois haï. J'aimai mieux l'en croire sur sa parole, que d'éprouver s'il avoit assez de crédit pour cela sur l'esprit de ses compatriotes.

J'emmarinai ma prise, que je menai à Saint-Domingue, où nous la vendîmes 1,800,000 livres. Quelque temps après, au commencement de 1712, je passai à la Martinique, où j'appris que M. Phélipeaux, qui en étoit gouverneur, faisoit armer pour une entreprise contre les Anglois. On avoit résolu de leur enlever Antigoa, ou du moins d'y faire le ravage. Ce fut M. Cassard[1] qui se chargea de l'expédition. Il prit pour cela cinq vaisseaux de roi et trois mille hommes de troupes, auxquelles M. Phélipeaux nous engagea de nous joindre près de trois cents flibustiers, qui nous trouvions alors à la Martinique.

Les Anglois étoient sur leurs gardes, et nous essayâmes inutilement de faire une descente dans Antigoa. M. Cassard en fut piqué jusqu'au vif; et ne voulant pas qu'il fût dit qu'il avoit fait en vain une telle levée de boucliers, il rabattit sur Mont-Serrat, où les Anglois se trouvèrent trop foibles pour empêcher notre débarquement. Ils avoient en récompense fait huit ou dix petits retranchements qu'il falloit forcer avant que d'arriver à la ville. M. Cassard rangea son armée en bataille, et ordonna aux flibustiers d'être exacts à l'ordre, comme les autres troupes.

Nous gardâmes donc gravement les rangs jusqu'au premier retranchement, que nous emportâmes après quelque résistance. Nous fûmes choqués de cette façon de combattre; et trouvant ridicule le flegme avec lequel les soldats d'un bataillon comptent discrètement leurs pas, et ne songent qu'à mesurer leur démarche, tandis que les ennemis ont le temps d'en déranger la

---

[1] Jacques Cassard.

symétrie à coups de fusil, nous nous laissâmes aller à notre impétuosité dès le second retranchement; et laissant là les drapeaux, les tambours, pour courir à la débandade sur les Anglois, nous les poussâmes de retranchement en retranchement, et nous entrâmes avec eux dans la ville.

M. Cassart fut alors bien obligé de doubler le pas. En entrant dans la place, il nous fit les plus rudes réprimandes. Il nous représenta qu'outre la faute de désobéissance, nous nous étions exposés à nous faire tous tailler en pièces par notre imprudente vivacité. Cependant, comme il voyoit son éloquence contredite par l'événement, et notre étourderie justifiée, il n'en fut plus question, et le reste du jour fut employé à piller la ville, et à ruiner les habitations.

Le butin se portoit en commun sur les vaisseaux, pour être partagé à la Martinique; ainsi le pillage se faisoit d'abord dans la ville avec plus d'ordre que nous n'en avions observé pour la prendre; mais la mort d'un de nos flibustiers pensa faire dégénérer en guerre civile celle que nous faisions si paisiblement aux Anglois. Ce flibustier s'étant présenté pour entrer dans une maison d'assez belle apparence, un officier françois qui étoit à la porte avec quelques soldats, voulut l'en empêcher. Le flibustier lui demanda de quel droit il s'emparoit de cette maison, lui qui, non plus que ses camarades, n'avoit pas contribué à la prise de la ville. L'officier, au lieu de lui répondre, le fit repousser par ses soldats; et tandis que le malheureux se retourna pour nous appeler à son secours, il reçut deux coups d'épée, dont il tomba mort sur la place.

Beauchêne.

Quelques flibustiers s'en aperçurent, et nous en avertirent. Nous commençâmes à nous rassembler, et à faire appeler ceux des nôtres qui se trouvoient éloignés. Heureusement M. Cassart, informé des mouvements qu'on nous voyoit faire, accourut, et nous trouva prêts à attaquer les François, qui se préparoient à nous recevoir courageusement, dix au moins contre un. La présence du chef ne nous désarma pas; et peut-être eût-il été forcé de se mettre contre nous à la tête des siens, si, nous offrant satisfaction, il ne nous eût promis de nous livrer l'officier dont nous nous plaignions. Cette promesse nous apaisa; elle ne fut pourtant point accomplie, l'officier disparut, et nous oubliâmes cette affaire.

La suite des Aventures du chevalier de Beauchêne est à Tours entre les mains de madame son épouse : si elle me l'envoie, j'en ferai part au public.

www.ingramcontent.com/pod-product-compliance
Lightning Source LLC
Chambersburg PA
CBHW070432170426
43201CB00010B/1065